全世界，也不表示歷史的終結。各地民主的實質內容並不一樣，彼此的利害衝突不會消失，南北的差距越來越大，地球的公害不斷加劇，人類問題的解決遙遙無期。唯一可以說的是熱戰的可能性不大，但世界上還有格達費那樣的狂人，要是掌握了核子武器的秘密，就也難以避免○○七式的故事的橋段。總之，歷史是難以預測的，誰要去預言歷史，誰就不了解歷史的性質。這種過份偏頗的意見是不值得我們重視的。

思想的結怎麼解開？

但是福山的論調也傳達了一個信息：現在流行的哲學思想又由馬克思倒回到黑格爾了。蘇聯近數十年來一直沒有什麼變化，為什麼戈巴契夫一上台就發生急劇的變化呢？由此可見決定變化的不是外在客觀的物質條件，而是戈巴契夫的思想先改變了，這才去推動改革。大概不需要多少時間，就會把華沙公約和大西洋公約的組織瓦解，將歐洲和整個世界帶進一個新的情況。這不是說物質條件不重要，而是說這些條件一定要通過解釋，在人的意識內部發生轉變之後，才能夠引致更根本的變化。從這樣的觀點去看天安門的慘劇，就知道它的根源在鄧小平的思想太僵固了，趕不上時代，所以在十年開放之後，忽然倒行逆施，產生了極端惡劣的效果。《時代》雜誌兩次把戈巴契夫選為風雲人物，在他之前，鄧小平也曾經有過這樣的榮譽。然而現在戈巴契夫被選為十年來的風雲人物，鄧小平則飽受譏嘲，成為歷史的負面人物。兩相比較，簡直判若雲泥，一龍而一蛇，連帶使得我們中國人也抬不起頭來。

中國開放的步伐在前，結果反而墮後，究其原因，不能不說是由於思想上的障礙。一念之差，造成如此嚴重的後果，豈不令人嗟嘆！

中國眼前的現實很難看出有什麼前途。本來是由經濟改革的要求去搞政治改革，如今整個倒退回來，原來的問題沒有解決，還要加上新的問題，不知如何得了！鄧小平一方面推出江澤民來繼續搞開放，另一方面又讓李鵬去搞緊縮，這個樣子左右手互搏，能夠搞出怎樣的名堂來？幾個老傢伙去見了馬克思，中國免不了一場大亂。在我們面前的決不是一條康莊大道，而是崎嶇的彎路。思想上的結又要怎樣解開呢？現在官方推銷的都是些陳腐的東西，居然又在那裏提倡雷鋒精神，這樣的貨色還會有任何作用麼？

三個因素的健康互動

未來的出路也決不會是全盤西化。西方的貢獻是提供了民主的政治架構，這樣的大氣候是不可能逆轉的，遠東的骨牌也終會一個個倒下來。但資本主義的經驗既不是可以重複，甚至也不是可欲的經驗。美國對於資源的浪費與霸佔可以說臭名昭著，未來的人類不再有這樣的資源去浪費與霸佔。而美國人漸漸喪失了他們的工作倫理，八〇年代以來，美國已由債權國淪為負債國，有識之士早就在憂慮他們會在將來更進一步地落後於受到儒家倫理影響的日本。連沾上了資本主義習氣的臺灣也給人以不良的印象，劉賓雁最近訪臺，雖稱讚臺灣的民主試驗，仍直言臺灣的酒色財氣之不能令人消受。

大陸未來的希望仍在傳統文化、馬克思主義以及西方三個因

理想與現實的糾結

劉述先著

臺灣學生書局印行

自 序

　　三年來不覺又積累了不少文字。這適當世局激烈動盪的時刻，我的思考與寫作也明顯地反映了這樣的徵狀。這次收了幾篇讓我們可以感覺到時代的脈動的文章，認識周遭世界的情況，這才得以更深一層使我們體認到價值重構的重要性與必要性。

　　走向二十一世紀，我察覺到在世界上有兩種不同的趨勢在同時進行着。一方面整個世界越來越變成了一個地球村，第一、第二和第三世界不可分割地緊密關連在一起；另一方面民族主義、多文化主義的熱潮正給與我們強大的衝擊，有越演越烈之勢。統一與分裂，一元與多元，向心與離心，兩方面竟有同樣強大的吸引力，造成了一種緊張與迴漩，令人難以適從。

　　正是爲了回應這個問題，近年來我致力於給與宋儒首先提出的「理一分殊」以全新的現代解釋，在宰制劃一的「絕對一元主義」與分崩離析的「相對多元主義」的對立的兩極之外，另覓第三條路。既尋求通貫的共識，又鼓勵多樣的表現，在兩方面找尋一種動態的辯證的均衡。無論在世界、國家、或者個人的層次，都要以此爲規約原則，這才能夠有希望在迷茫之中覓得指路的南針，走上一條康莊的大道。

　　在長時期追尋探索的過程之中，我學到了兩項重要的睿識。首先我漸漸明白系統哲學的追求並不要求「藍圖」的建構。瞬息萬變的世界不容許同一個計劃千年萬世永遠不變，用激烈的手段

去追求烏托邦幻想的實現，很少不陷入災難之中。建立了不可動搖的終極關懷之後，人必須盡最大的努力掌穩舵盤，指向理性、仁愛的「方向」，根據實際的情況，不斷修改航線，作永無休止的旅程，不容許有片刻的懈怠。其次，理想的境界固然必須好好護持，決不可聽其失墜，但我們却不可以把嚮往的理想誤認作眼前的現實，明末王學末流所謂「滿街皆聖人」正坐此病。理想之可以下貫到現實是一回事，理想之與現實有一定的差距又是另一回事。兩方面必須互相平衡：一方面當下即是，無所虧欠；另一方面永遠不足，努力不懈。這樣理想與現實之間才能形成一種健康的互動關係，而君子以自強不息。對於事物必須同時採取徹底理想主義以及徹底現實主義的觀點，才不會流於一偏，產生不良的後果。

本書共分三部。由第一部分可以充分感覺到時代的脈動，亟盼由世變的角度去探尋價值重構的方向。第二部分致力於對傳統的理念如「內聖外王」、「理一分殊」、「兩行之理」等作出創造性的闡釋，這些文章需要受到嚴格的學術標準的檢證，却又不缺乏現代的意義與重要性。第三部分檢討美、日、歐洲文化呈現的景觀，通過互相觀摩比較以自培慧識。全書內容涉獵極廣，却不乏統一的宗旨，正好符合我想要凸顯的「理一分殊」的主題，是為序。

劉述先

一九九二、十一、廿七於香港中文大學

理想與現實的糾結　目錄

第 一 部

由世變看價值重構的方向

一、時代的脈動三章

1.　走向二十一世紀

　　一年以前，美國的福山寫了一篇文章論「歷史之終結」。他的意思是，自由民主已經戰勝共產極權，意理上既無爭議，則歷史乃告終結；人類沒有了大的問題，不免會感到無聊，一直要到有新的意理爭議起來，才會有新的歷史發生。我當時對於這種論調的直接反應是，福山把問題看得過分簡單了，世界上只要有利比亞的格達費這一類的狂人存在，就難有安枕之日。那知冷戰剛剛結束，就有波斯灣危機發生，冒出了海珊這樣的狂人，把整個世界捲入了漩渦之中。歷史的發展根本沒法子預卜，何言終結！乃是抱着這樣的心情，我們走向二十一世紀。我們只能就我們現在看得到的水平線，進行一些反思。

　　十分奇怪的是，現在竟然有兩個表面上看來完全相反的潮流正在席捲着世界。一方面由於交通與資訊的發達，人類逐漸生活在一個全球的村落之中，第一、第二與第三世界的命運緊密地糾纏在一起。最富於象徵意義的一件事是，英法海底隧道已經接通，可望於三年之後通車。島國的孤立自外的形勢，柴契爾夫人的負隅頑抗，終將成爲歷史的陳迹。遲早英國終必納入歐洲共同市場的體系之中，北歐與瑞士也有可能加入，將來歐洲可能使用同一

貨幣。這明顯地是一種不可抗拒的統一的趨勢在發生作用。但在另一方面，蘇聯的鐵一樣的控制已經不再存在，各加盟共和國紛紛要求獨立自主，觀察家推論，不出數年之間，蘇聯的中央集權便要瓦解。同時世界上各民族、各宗教都普遍要求肯定自己的傳統，有時不免陷於劇烈的矛盾衝突之中。南非的種族隔離，愛爾蘭新舊教派的衝突，是老問題。而海灣危機，無可諱言地，背後隱伏着回教徒與白人所支持的以色列的猶太人之間的深仇大恨以及無可避免的爭鬥。印度最近則爆發印、回之間的糾紛。中國則有西藏的問題。很明顯地，這是一種難以抑制的分離的趨勢在發生作用。一個外星人驟然降臨到地球之上，想必會被這種奇特的景觀弄得莫明其妙，很難把握到其間極端錯綜複雜的關係。

由思想的角度來觀察，過去的正統或大一統的觀念是無可避免地過時了，白人中心或男性中心的意理受到強烈的批評。啟蒙時代的理性是淺薄的，今天我們所需要的是一種多元的解放的心態。然而在另一方面，難道我們竟需要無保留地去接受相對主義的思想麼？價值要是沒有相當定準的話，那麼我們竟然會找不到充分的理由去反抗納粹，「權力即正義」會變成唯一的選擇！人們固然應該珍惜自己的傳統，但要是完全廢棄「古典」的觀念，把《湯姆叔叔的小屋》與莎士比亞同列，把流行漫畫與熱門音樂和梵谷、貝多芬放在一起，只怕最激進的人撫心自問，也會感覺有點不倫不類吧！各色各樣的人種、不同宗教的信徒要生活在同一個星球上，仍然必須尋求一種寬鬆而低限度的「共識」，這才可以讓大家和平共處，發揮自己的創造力，開創一個互相爭奇鬥艷的局面。中國的文化傳統的經驗雖不能直接搬到現在應用，但

中國人的天下意識、王道精神、「理一而分殊」、「生生而和諧」的理念，如果加以適當的重新解釋與改造的話，仍可以有豐富的現代的意義。

　　現代科技文明無論多麼進步，仍然得面對人與自然、人與人、人與自己的基本問題。過去不用錢買的空氣和水日益受到污染，將來可能會變成貴重的商品。家庭的紐帶鬆開，人與人的關係變得日益淡薄，將來要怎樣找到感情上的依託呢？而生物遺傳的技術日進，試管嬰兒、借胎生育一類的倫理、法律的問題究竟要怎樣解決？同時人的壽限越來越長，卻越來越感覺到空虛無聊，人要怎樣建立自己內在終極的關懷呢？這些都是我們走向二十一世紀必須面對的嚴重的問題。我們只能希望人類不至於走上自毀的道路，而必須依靠我們的智慧與毅力，開創出一個美麗的新世界。

（原刊於《二十一世紀》第三期，一九九一、二）

2.　九十年代中國的思想出路

　　沒有人能夠預料到一九八九年會發生這麼多震人心弦的大事情，如今蛇年——己巳的除夕在九○年一月廿六日——的震盪餘波未了，正需要我們作一些哲學層面的反思。

民主毀滅？還是自由萬歲？

　　東歐各國像骨牌一樣一個個倒下，至少證明了一種七十年代以來流行的思想是錯誤的。近至八三年，法國著名的記者、哲學

家拉威爾（Jean-Francois Revel）還出了一部暢銷書：《民主如何毀滅》（How Democracies Perish），開宗明義便說：

> 民主可能終究不過是歷史的偶然而已，一個短短的括弧就在我們眼前終結了。……從那些促使它毀滅的力量的成長速度來判斷，它會再持續兩個世紀多一點就完了。

不言而喻，對民主最不利的力量就是世界共產主義的擴散。但是不過幾年時間，這種說法就被一種相反的論調所代替。八九年日裔美人福山（Francis Fukuyama）發表了一篇題目叫：《歷史的終結？》的文章，引起了廣泛的討論。他認爲西方理念的勝利顯而易見，除了西方自由主義以外，已經找不到任何足以替代它而且具有活力的體系，這是人類意識形態演化的終點，而西方自由主義的民主制度會成爲人類政府的最終形式而普及於全世界。馬列主義先從中國消失，然後從蘇聯消失，國與國之間發生大規模衝突的可能性也降低了。依他的說法：

> 「後歷史」時期將不會有藝術或哲學，只剩下對人類歷史博物館的永久性照顧工作。或許，可預想到歷史終結後的「無聊世紀」情景，正可以刺激歷史，再重新開始。

福山的想像力未免太豐富了！我就很難想像無聊世紀的來臨。福山過份誇大了西方自由民主的力量，事實上不只民主還難以在東歐與蘇聯生根，在中國更受到頑强的抵制。而且即使民主席捲

素之間的健康互動之上。我們既不能叫數千年的傳統文化、數十年的馬列主義的灌輸突然之間消失不見，就只有盡量發掘在裏面可以利用的資源，把它們積澱的負作用限制在極小的限度，同時吸收西方的長處加以轉化以適合我們的國情，作出一種新的綜合。當然這只是我們夢寐以求的理想，事實常常夠不上這樣的理想，但我們卻不能夠輕易放棄這樣的規約原則與理想。

最近捷克的革命，選出哈維爾（ Vaclav Havel ）當他們的總統。他是荒謬劇場的大師，過去二十年間不斷坐牢，不斷奮鬥，如今終於有了初步的結果。但他強調的是，走入新時代每一個人的道德責任，決不是向錢看的物質主義。他說：

> 在每一個人之中都有某種希祈，渴慕人性，合乎正義的尊嚴、道德的完善、對於存有的自由表達，以及一種超越世間存在的感覺。

不只我從來沒有聽過東方的政治領袖講出這樣的話，連西方的學院哲學家也講不出這樣的話。哈維爾所表現的理想主義正是現在西方社會所缺乏的東西，也是索忍尼辛爲什麼要嚴厲批判西方的根由。

人要有追求「分殊」的自由，但不可流於相對主義，另一方面還要有民主的共識，對於超越的「理一」的祈嚮。但我去年八月到夏威夷去參加第六屆東西哲學家會議，卻發覺絕少有人了解這一層微意。這使我感覺到哲學的眞正生命不一定體現在學院之內，而表現在眞正對人性的尊嚴、道德的完善、超越的祈嚮有體

會的個人身上。我們不可一味跟風走，必須把握自己內在的定盤針默默地耕耘，開拓思想與精神的境界，以迎接二十一世紀的來臨。

（原刊於《九十年代》總二四一期，一九九〇、二）

3. 多元主義的隱憂

近年來我們多講民主自由、開放多元，我自己也相信這是中國文化在未來必須走上的方向。但是不知不覺便形成了一種傾向，把複雜的問題簡單化。這樣的發展是有害的，我想利用一些晚近的事例來說明無條件地支持多元主義的不合理，它背後的隱憂是有必要提升到意識層面上來而加以正視的。

一般人往往未覺察到，民主的實行是有一定的預設的。民主是建立在一些基本的信仰之上：理性有能力設計一套制衡的機構來限制權力的過分集中，人能夠通過理性的討論與溝通來解決實際的問題。換言之，民主的背後是假定了一個根本的共識，如果這樣的共識不再存在或者不再發揮作用的時候，它就會陷入危殆之境。

理一而分殊，脫離了理一的分殊並不一定是積極正面的價值。以蘇聯為例，在史太林到布列茲涅夫以來一貫的高壓政策下，蘇聯維持了統一與和平；但是現在哥巴契夫想要攪民主，控制放鬆了，却又未能建立新的民主的共識，於是問題發生了。邊陲的小國要求獨立，回教的阿塞拜疆與基督教的亞美尼亞發生衝突，

現在暴亂更擴散到其他地區，不知要如何收拾這樣的局面?民族、宗派主義的精怪一下放出了瓶子，要是收不回去的話，那可不得了！一元的蓋子掀開，多元的力量冒了出來，卻又在彼此之間缺乏共識，找不到和平共處之道，勢必鬥個數敗俱傷。理性的聲音越來越微弱，得勢的是激進的極端份子，各自堅持自己的意識型態，一意孤行到底，那又何貴於這樣的多元呢？我們當然很希望哥巴契夫能夠重建蘇聯的秩序，但是這樣的轉變能否做得成功？現在還言之過早。

其實即使在民主傳統根深蒂固的國家，自由與秩序的要求之間也始終存有一種相互消長的緊張磨擦關係。且不說在戰時，公民的自由和權利會受到種種的限制；即在民主的體制感到受威脅的時候，也會有麥加錫時代那種獵取妖巫的實際行動發生。在一個民主的社會之中，言論的自由通常是受到保障的，但到怎樣的限度爲止呢？記得有一年新納粹要到支加哥郊區一個猶太人集中的地點去集會，發表有挑激性的演講，這樣的活動是不是可以容許呢？當地的猶太人羣情憤激，要求禁止這樣的集會，但這是否妨害了新納粹的言論自由的權利呢？後來地方政府以不能維持治安爲理由，取消了這一次集會。美國的公民自由協會（ACLU）卻站在新納粹的一邊，堅決衞護他們言論自由的權利，結果引起舉國輿情大譁，一夜之間就有好幾萬人退會。我認爲公民自由協會這次是作了一個錯誤的決定。新納粹當然有權利花自己的錢延聘最好的律師去爭取他們的言論自由。但他們的言論的目的就是要挑起仇恨剝奪別人的權利和自由，公民自由協會竟然要爲他們辯護，那是在搬石頭砸自己的腳。要換另一個情勢，這樣的行爲

竟可以造成自掘墳墓的結果！協會的主事人竟然為了遵守法律條文，而忘記了協會成立的精神，可謂不智之尤。美國的自由主義者後來逐漸喪失民意的支持，恐怕是和這類背棄常識的作為有脫不了的關係。

據說李光耀初當律師的時候曾經為一個殺人犯辯護，出乎意料之外，他雄辯滔滔鼓其如簧之舌，竟然贏得無罪釋放的結果。但到半夜裏他自己良心感到不安，全身直淌冷汗，他想到街上如果就讓這樣的惡人橫行的話，那成甚麼世界！從此他對西方的一套採取十分保留的態度。其實我並不是一個李光耀的仰慕者，但他對西方那種保留的態度是值得我們參考的。西方民主社會發展到一個階段以後不免產生種種問題，有些毛病連西方人自己都看得明明白白，我們何必一定要蹈他們的覆轍呢？

《時代雜誌》近期（二、五）有一篇短文很能把美國當前所面臨的教育問題清楚地展示出來。去年測試六個國家十三歲兒童的數學程度，結果以南韓居首，美國包尾，落在西班牙、英國、愛爾蘭、加拿大的後面。在測驗的同時還問了一個問題：你是否同意「我的數學很好？」結果卻剛好倒轉過來：美國有百分之六十八答是，排在第一位，而南韓卻只有百分之二十三答是，排最後一名。由此可見，美國的「自尊」教育做得十分成功；美國的孩子們做得很糟（ doing bad ）卻覺得很好（ feel good ）。然而美國的教育家卻覺得很糟，八三年就出了《國危矣》(Nation at Risk ）的報告，作出建議，不容許聽任教育的水準一路滑落下去。

另一個相關的問題是，每一個少數團體都要求平等待遇。於

是加州的法律規定，教科書不只不可以歧視，還得平等對待女性、少數民族與傷殘人士。無論講歷史或時事、藝術或科學，女人和男人的貢獻都要在數目上差不多均等。連一位女歷史家都說，這樣下去歷史書沒法寫了，請問人權法案史怎麼可以用相等的篇幅來講女人的貢獻呢？所謂「歐洲中心主義」乃處處受到攻擊，史丹福大學甚至放棄了它講西方文明的課程，而在偉大書籍的系列之中也放進了少數民族與性別的限額規定。

　　這種做法是把一切問題政治化。為了要讓大城市裏的少數民族有自尊，教科書裏要儘量清除任何對於少數民族有負面描述的東西。但是紐約這樣做了好幾十年，能不能解決吸毒、少女懷孕、輟學這一類的問題呢？真正的自尊是由真實的成就得來的，不是由感覺上的舒服得來的。雷根主政的這些年間把美國的教育整個帶上了一條歧路。

　　當然美國教育的問題不能只怪到雷根頭上。七〇年代中學課程引進了大量選課，孩子們很多去選木工、金工，忽視了基本課程，結果讓英文、數學的成績一落千丈，到了八〇年代才又有回到基本課程的呼聲。問題的根本癥結在於開放多元、自由放任到了一種不可收攝的程度，就變成了一種社會的疾病。在價值上既缺乏定準，於是一切都可為，何必勉強人去作一些他們不要做的事情呢！但我們忘記了，二加二等於四並不是由投票來決定的。教育當然並不傳授絕對的真理，但若一切東西放在天平上都是同樣的份量，有學問也和沒有學問一樣，那還有甚麼教育可言呢？人們是把人權的平等、受教育機會的平等和成就的平等、知識的平等整個混淆起來了。這裏面所隱涵的那種反智的傾向是令

人憂心的。

我們現在攻擊古典的理性觀念太專制，並不是完全沒有理由的，但其含意卻不是說這樣的觀念在古代沒有發生過積極的影響，也不是說今天我們就可以變得非理性、反理性。我們今天要講民主自由、開放多元，正是要在理性的範圍之內增加更多的彈性，使得我們今日的作爲比往日更爲合理，而不是說，我們可以完全放棄理性的規約原則，竟可以自由地爲所欲爲，像歷史哲學家福格林（Fogelin）所斥責的，「自由去逃課，自由去無知。」我們在這個時代仍然要有所守，不能順著時代潮流往下滾，否則到頭來再後悔，就來不及了。

當然在美國這樣的多元社會裏面也有一些正面的事例，值得我們讚賞！不久以前我偶然打開電視，看「六十分鐘」的時事節目，有一節講「泰勒的孩子們」（Taylor Kids），使得我深受感動。原來在路易西安那州有個名叫泰勒的人，他在生意上賺了一些錢，就用來做教育事業。他跟些黑人小孩子和家長說，只要孩子們的成績平均到二點五的標準，他就保送他們進大學。最初大家以爲他是胡說，後來果然一一兌現，大家才相信他了。有的孩子乃下決心苦讀，不遊蕩、不懷孕、不吸毒、不輟學，果然有了一些成效。泰勒後來更努力爭取修改州法律；成績優良的學生都可以保送進大學。

泰勒的例給予我們一個啓示，事情不能光由政府來做。泰勒的價值觀念是清楚的，他認爲教育有價值，就用實際的行動來推動。他一年的花費是五十萬美金，這對很多有錢的人來說並不是甚麼了不起的大數目。如果有許多人來做，就會變成一股很大的

力量。而民間的推動也可以改變法律，促使社會向前進步。

　　而這正符合我平時所謂兩隻腳走路的說法。政治要限權，就不能不民主。但民主並不是萬靈藥，政府的力量是有限的，並不能夠做所有的事情。如果民間的道德淪喪，教育文化垮了，這樣的社會一樣要完蛋。如果政府能夠開明，儘量提供條件讓人人可以發展，而民間則充滿了活力，絕不只是向錢看，而知道怎樣把由社會賺來的錢用之於社會，提倡教育文化，這才能夠真正建立一個理想的健康的社會。

　　　　　　　（原刊於《法言》總十五期，一九九〇、四）

二、從海灣戰爭看世界的未來

　　海灣戰爭爆發了，海灣戰爭結束了。在螢幕上看到炮火的光華昇空，眞像超現實的科幻電影。但這不是想像虛構的產物，這是眞實世界的景象。完全出乎意料地，戰爭像迅雷似地過去了，留下的是無窮後患：環境生態破壞，民族仇恨高漲，內戰殘害人民，百姓無處伸寃。

　　這是一場由理性的觀點看來絕對不可以打的戰爭。無怪乎在戰爭爆發的前夕，還有許多人拒絕相信戰爭會來臨。但是無情的戰爭終於爆發，很明顯是有強大的非理性的因素在發生作用，而且它們必定披着理性的外衣，才能產生衝力，鼓動戰爭爆發。這是極爲奇特的理性與非理性的因素糾纏在一起所產生的結果，而這也恰正是眞實人生的反映，需要我們提升到哲學的層次來反思，才能眞正掌握到這一場戰爭的信息與含義。

一、布希把全世界的人都騙了

　　這場戰爭的主角無疑是美國的布希與伊拉克的海珊。我們必須重構他們對於整個情勢的理解才能夠明白這場戰爭爲何不可避免。

　　首先由布希說起。布希今年初被《時代》周刊選爲風雲人物，頗引起輿論的訾議。他被描繪爲一個雙面人，在外交上縱橫捭闔，

頗有一套，但在內政上則是首鼠兩端，毫無作爲。他在雷根任內
當副總統並沒有什麼突出表現，而且一向有「軟弱無能」(wimp)
的名譽。但他在競選時最後卻使出殺手鐧，大買廣告對杜加基斯
作惡毒的人身攻擊，這才贏得選舉，登上總統寶座。回過頭來看，
這一類作爲很顯示他性格的另一方面。

其實了解布希的背景，就知道這個人絕不簡單。他出身東部
的長春藤校耶魯，是典型的北佬。但他卻跑到南部的德州去創業
並從政。他做過中央情報局的頭頭，還當過駐北京聯絡處主任，
有多方面的經驗。他決不像雷根那樣頭腦簡單。競選時他說決不
加稅，要大家注意他的嘴唇，但結果仍然要加稅，引起選民的憤
怒。據說他更關心國際政治，也比較在行。海灣事故是他等了一
輩子的一個千載難逢的機會。而他保持低姿態，表面上下不了決
心，把全世界的人都騙了，而這有助於他贏得一生最大的賭博，
突然之間變成歷史上一個重要的人物。

事後看來，伊拉克侵科威特，布希從頭到尾都要打，但他把
自己掩蓋得很好。戈巴契夫的特使普里馬可夫著回憶錄，便說，
蘇聯方面一直相信，在最後一秒鐘，布希還沒決定要打。事實上
布希感到最困難的反而是戰前的部署與遊說的工作，一到眞正動
手，在戰爭上兵戎相見，問題就簡單多了：戰爭的機器一開動，
不達到它邏輯的結果，是不會干休的。

二、布希打的是正義之戰嗎？

從一方面看，布希顯然是有理的。無論科威特怎樣不對，即

或像伊拉克所譴責的那樣竊取了它的石油，也不能就此揮軍直入，滅了人家的國家。聯合國安理會通過要伊拉克無條件撤軍的議案決不是偶然的結果。如今國際局勢與越戰時期有了極大的變化，美蘇關係好轉，而且蘇聯內部問題嚴重，自顧不暇，講道理也決無可能偏袒伊拉克的一方。北京則因受到「六四」的影響，外交上一直打不開，海珊的出現，使它有如釋重負的感覺，趁機討價還價，投棄權票，以博取西方的好感。由技術的觀點看，硬要把巴勒斯坦問題與科威特問題拉在一起談，也是不能夠接受的。如此布希在外交上乃建立了盟主的聲勢，要扮演國際警察的角色，絕不容許侵略者得逞；在世界新秩序形成的過程中，美國更是積極爭取主動，要扮演領導者的角色。美國自從越戰以來，民心士氣不振，經濟也讓日本爬頭，一直處於低潮狀態。如今卻揮舞着義戰的大旗，號令二十八國聯軍，證明了自己超級強國的地位，並構想第二個美國世紀的來臨。

然而從另一方面看來，布希打的真正是義戰嗎？美國民眾示威，就明白指出這是石油資源的爭奪戰。同時，為什麼伊拉克一出兵，美國就要動手，而以色列侵佔巴勒斯坦、戈蘭高地，西方列強卻默不出聲呢？種族的差異顯然是一個重要的因素。而最根本的問題是，究竟是誰造成了海珊這個被布希比之為希特勒的「惡魔」呢？原來恰正是美國的政策一手造成的。美國人永遠要突出一個超級邪魔當作抗爭的對象。伊朗與美國鬧翻之後，柯梅尼（伊朗精神領袖，已故）就是這樣的邪魔，凡反柯梅尼的都要加以援手。伊拉克與伊朗打了八年仗，美國通過各種渠道給伊拉克軍事支援。一直到後來伊拉克要發展核子武器，列強才略有戒

心。海珊由哪裏得來這麼多軍械？結論是世界各國都有份。現在柯梅尼去了，海珊忽然又變成了邪魔，乃必須加以摧毀。這與美國在巴拿馬培植諾列加後來又捉拿諾列加的情況如出一轍，只不過這一次美國要面對的是海珊在沙漠的百萬雄師，當然非同小可。

這是百分之百的權力戰爭，義戰是漂亮的外部裝飾而已！

三、回教「霸主」之理

再看海珊這一邊的理，偏西方的傳媒往往過份將他加以醜化，故此難作持平之論。其實海珊的心理並不難於了解。他生於偉大的薩拉丁的故域，從小就欽佩納塞（前埃及抗英、美的領袖），相信回教徒要出一個霸主，聯合阿拉伯人的力量，能夠與以色列及西方力量抗衡，洗雪民族恥辱感。這些都是我們中國人很容易明白的情懷。

海珊吞併科威特為伊拉克的第十九行省，並非完全沒有他的根據。歷史上兩國本來是一體，阿拉伯人是遊牧民族，並沒有固定的疆域觀念，科威特是西方硬造出來的產物。而科威特擁有豐富的石油資源，統治的皇室為富不仁，生活腐敗，媚外以自保。伊拉克入侵是替天行道，而阿拉伯人的問題應由阿拉伯的兄弟自行解決，與西方人沒有任何關係。要伊拉克退出科威特沒有關係，那就要以色列也退出巴勒斯坦、戈蘭高地，把這個地區所有的問題一同解決。海珊講的阿拉伯人那一邊的理，在巴勒斯坦、約旦以及各回教國家內部都得到羣衆的廣泛擁護，只有少數知識份子才表示異議。但沒有人不感到這個地區的不平是有相當理由的。

四、野心障蔽了他的神智

　　然而海珊卻把公義和他的私慾糾纏在一起，野心障蔽了他的神智，以至作下了自我毀滅的判斷。憑什麼他認為只以他一國之力就可以抗衡二十八國聯軍的力量呢？

　　他的如意算盤是，戰爭一爆發，他只要把以色列拖下水，阿拉伯的兄弟都會站在他一邊，使得整個戰爭變質。然而在事實上，沙烏地阿拉伯、敍利亞、埃及一直屬於敵對的陣營，伊朗也緊守中立的立場。海珊最大的錯誤在於認定美國沒有決心打這一場沙漠戰爭。他堅信越戰使得美國人普遍厭戰，沙漠打仗尤非所長，因此至多止於虛聲恫嚇；眞要訴之於軍事行動，也可以借用地利打持久戰，拖垮美國的民心士氣。海珊的計劃是，只要對耗上一年半載，美國的輿論就會轉向，逼使布希下台。據說最後伊拉克外長阿濟茲與美國國務卿貝克會談時，海珊派了他的異母兄弟做觀察員，看美國人的眼神，回來報告謂美國方面根本缺乏決戰的意志，於是決定不退兵，終於釀成不可收拾的局面。

　　戰爭爆發之前，大家對於海珊的謀略感到高深莫測，總覺得他會在最後一秒鐘撤軍，只要阿拉給他託個夢，就可以有藉口幡然改圖，攪得美國人窮於應付。其實美國人最怕的就是海珊退兵，甚至一直捱到最後法國人提出和談計劃，蘇聯加以附和之際，還有機會。只要海珊宣佈單方面撤軍十萬，擺出談判的姿態，聯合陣線就會有分裂，美國人將不知如何應付是好。但戰爭居然就此爆發了，海珊的愚蠢眞是令人難以相信。把薩達姆·海珊的名字

改譯成「傻蛋」還不夠，只有將之譯成「屎蛋」才差不離。他這一個瘋狂的決定勢必使得伊拉克首都巴格達與科威特化爲火海，人命死傷無算。即使他的計劃完全成功，也是個徹底把人民當作芻狗的反理性的決定。

五、海灣戰爭的荒謬本質

戰爭打完，海珊之不堪一擊固然昭然若揭，但在過程之中，卻不乏令人憂慮的時刻。起初的轟炸過分順利，接着說炸的只是些模型，海珊居然還能出動飛毛腿飛彈襲擊以色列，就令很多人的信心不免動搖。而在戰爭進行中，海珊越發狂言，聯軍就打得越兇，明目張膽的理由是爲了減少士兵的傷亡，除了不動用核子武器之外，就可以無所不用其極！結果是打得這樣慘，卻並不令人感到殘酷，這豈不是荒謬到極點的現象！

最後伊拉克的阻力根本不存在，成千上萬向聯軍投降，平時愼言的聯軍統帥施瓦茲科普夫將軍這才下了個幽默的總結說：海珊不是什麼軍事家，也不是戰略家，根本不知行軍佈陣爲何物，甚至不是個士兵，也不是個將軍，要是這些都不算的話，他倒是個勇敢的戰士。由這個評論更可以凸顯出這場海灣戰爭的徹底荒謬的本質。伊拉克這一類極權國家的致命傷是，只要當權的獨夫做了一個錯誤的決定，整個國家民族就要受到百年的禍害。

六、「世界新秩序」在哪裏？

美國能夠統率聯軍在這樣短的時間之內，以這樣少的傷亡贏

得戰爭，布希當然是躊躇滿志了。美國自越戰以後的霉氣一掃而空，信心恢復過來。

但布希所講的世界的新秩序在哪裏呢？他所痛恨必去之而後快的海珊依然在位。美國為了怕庫德人的分離主義抬頭，又怕伊拉克的什葉派與伊朗連為一氣，沒有完全摧毀伊拉克共和軍的力量，現在卻變成了海珊當作內部鎮壓的本錢。三百萬的庫德人則變成了被迫害的流民，有滅族的危險，成為聯合國討論的焦點所在。在戰爭時期，以色列由於忍讓之故，獲得了更多的軍備援助，反過來巴勒斯坦解放組織的阿拉法特由於押錯了寶，變得信譽盡失！難道中東問題能夠就這樣無限期地拖延下去，沒有一個合理的解決嗎？美國人碰到猶太人的強橫似乎就一籌莫展，這樣子的盟主對於第三世界來說還有什麼威信可言呢？

七、放眼看東歐、蘇聯

再把問題放大來看，東歐的改變使華沙公約與北大西洋公約的對壘形勢變成了歷史的陳跡，而透露了新的曙光。但怎樣使集體經濟轉變成為市場經濟，到現在還沒有人找到可以付之於實行的良策。東西德的合併使得西德總理柯爾變成了民族英雄，但西德強大的經濟並不能使得東德的經濟好轉，柯爾現在又被痛責為罪人。蘇聯的分離主義高漲，戈巴契夫的處境極為尷尬。一方面人們同情波羅的海三小國獨立的要求，但在另一方面站在戈巴契夫的立場，他能夠就此放手，聽任各加盟國獨立,讓蘇聯瓦解嗎？戈巴契夫所面臨的最嚴峻的，依然是經濟問題，市場上根本沒有

貨品，一味加價並不是個辦法！難怪他的聲望要掉到最低點。俄羅斯聯邦議會主席葉爾欽就向他提出挑戰。但葉爾欽能夠解決蘇聯的經濟問題嗎？

　　蘇聯許多地方仍然是保守派當權，激進的改革得不到足夠的支持，人民的心理與思想還沒有扭轉過來，這種硬闖的做法能夠行得通嗎？搞得不好甚至可以又回到保守派復辟乃至軍人干政的局面，使和解的趨勢受到頓挫，世界又增加一個不寧的因素。

八、中國的命運如何？

　　再回頭看中國大陸的情勢，「六四」以後，李鵬政府雖未如民運份子所預測的垮台，一切抽緊，好像得以渡過危局。然而經濟的問題依然嚴重，要沒有有效的改革，這樣的情況能夠無限期地拖延下去嗎？中國大陸雖然還沒有鬧分離主義，但中央與地方的緊張關係　向是存在的。

　　至於港、臺的問題，雖已提出了「一國兩制」的公式，究竟如何落實？許多實際問題始終懸而未決。香港為建新機場的「玫瑰園」計劃與預留儲備金的數目，與北京還有很深的歧見。臺灣、大陸的統一問題更為遙遠，目前還停留在言詞之爭，滯留在伸出觸角來互相試探的階段。未來中國的命運究竟如何？始終要繫在幾個老人的生死之上，不免令人喟嘆！

九、會有第二個美國世紀嗎？

　　由一九八九年的震盪開始到海灣戰爭結束，舊的世界秩序是

在崩壞，新的世界秩序在形成中，究竟我們要怎樣走向二十一世紀呢？

當前的一個熱門話題是，海灣戰爭證明了美國是世界上唯一的超級霸權，這種新的情勢頗引起一些人的憂慮。我自己倒並不感覺這是一個什麼十分嚴重的威脅。美國在中東的影響力會加強，在科威特的重建上會得到利益，這是不在話下的。但是真能有第二個美國世紀嗎？我看這是漂亮的修辭多於真正的實際。

美國的經濟現正在低谷的階段，戰事迅速結束像是打了一劑強心針，但失業率仍然高企，甚至破了紀錄，經濟要復甦還要一段時間。海灣戰爭即使證明了美國在軍事上的優勢，但當前的問題並不完全可以靠軍事的力量來解決的。二次大戰後美國實行馬歇爾計劃，無可置疑地在世界上居於領導的地位。現在美國的經濟力量相對地減弱，德日是強大的經濟力量，卻不是超級的軍事力量。美國在軍事上雖然有優勢，卻並不能改變將來歐洲共市的經濟圈、東亞的經濟圈與北美的經濟圈鼎足而三，分庭抗禮，以及北半球領先南半球的基本局面。美國的領導必須依賴各國的合作才能夠發揮作用，有時更不免受到批評。譬如這次對於庫德族難民的救援就落在後手，受到各國輿論的壓力以後才採取行動。這個世界已經不是一個超級強國想做什麼就做什麼的時代了。

十、美國不是理想的楷模

未來想必仍然是一個經濟掛帥的時代。而世界所面臨的最大問題是如何把共產國家的集體經濟轉變成為某種接受市場機制調

節的經濟。目前的情勢是十分嚴峻的。有謂必須無條件地作激烈
的改革，先亂然後才有前途。但甘廼廸時代白宮的經濟顧問蓋爾
勃萊斯卻強力駁斥這種觀點，他認為先亂是必不會產生任何光明
的前途的。在他看來，對於糧食和房屋的低限度的保障乃是必要
的條件，要在安定的前提之下努力追求改革才會有較好的效果。
對於盲信自由經濟的人，他不客氣地嗤之以鼻。而無保留地讚頌
雷根、柴契爾夫人的成就是可哂的，要沒有前人留下的基礎，他
們能做什麼？又做了些什麼？蓋爾勃萊斯雖然沒有提出具體的解
決問題的辦法，但是他所持的審慎的態度是值得考慮的。而美國
的知識份子則強力批評雷根的政策只是使得富者越富、貧者越貧，
美國的社會問題多多，並不是一個理想的楷模。沒有保留地去推
銷美國的方式，是有識之士，包括許多著名的美國知識份子，所
無法苟同的。表面上看來，共產集團瓦解，理都在美國的一邊，
然而這卻是反理的推論。

十一、 理性與非理性的糾結

　　由以上所說可以看到，現實世界是理性因素與非理性因素交
織在一起產生的結果。純粹的理性只能在天國，不會在人間。世
間所顯示的是理性與非理性的糾結，海灣戰爭就是一個活生生的
具體的例證。必是雙方同時都覺得有理，才有大規模的矛盾衝突
的可能。非理性主義的哲學終究只是在書齋裏空想出來的理論，
在現實世界裏人人都爭說自己的立場最合乎理性。布希和海珊都
肯定自己是代表真理與正義，一旦商議解決不了問題，那就只有

兵戎相見，而這本身已是某種非理性的表現。

　　戰爭的結果是，海珊的一方理與勢違，走上了自毀的道路；布希的一方理與勢合，取得了勝利。但布希的理並不是他所說的那樣清楚明白的，其實是隱涵歧義的。如果海珊眞像他所說的壞過希特勒，那爲什麼讓他的軍隊留下來殘害百姓？美國的作爲並不使人感覺是眞理與公義的代表，眞實情況與理想之間的差距是遼闊的。不爲外表的修辭所迷惑，這就是理性眞正發揮作用的表現。

十二、兩個不可阻抑的世界潮流

　　八百多年前，李延平教誨朱子：「理不患其不一，所難者分殊耳」，這番道理到今天還是適用的。人人都追求理，但只有眞正能夠了解客觀的情勢把自己主觀的理想具體落實的才是了不起的豪傑。經過海灣戰爭一役，證明海珊固然不是豪傑，布希也未必是豪傑。他只是在修辭上空談世界的新秩序，其實既無觀念，也無決心以行動來領導世界實現這樣的新秩序。

　　但是歷史之輪是不會終止的，無論如何世界的新秩序是在默默形成的過程中。走向二十一世紀，我們正需要新的觀念與行動來面向未來。就目前的水平線看來，世界上似乎有兩個不可阻抑的潮流：一方面是統一的趨勢，全球變成了一個地球村，第一第二第三世界交參在一起，沒有人能過遺世獨立的生活；另一方面卻是分離的趨勢，每一個民族、文化、性別、年齡的代表都要求有自主的發言權。這兩方面都似有理，卻又免不了隱涵許多矛盾

衝突的危機，應付不當便有嚴重的破壞性的效果發生。現代的人智慧增進，多元化的傾向無疑是一個健康的傾向。但要把這一個傾向推到極端，就會產生徹底的分崩離析，而造成了反理性的結果。現代人依然需要共識，把各種不同的力量滙聚起來，才能夠成功地應付這個地球村必須共同面對的問題。

由這條線索追溯下去，將來國家的界限會慢慢無可避免地打破，先是像歐洲那樣成立共同市場，最後可以體現眞正聯合國的理想，像康德在兩百年前所構想的那樣，世界得以享受持久的和平。但這樣的統一不會取消各地區、民族、文化之間的差別性。「理一而分殊」，將來的世界應該是一種寬鬆的邦聯制，既有分殊的特色，也有統一的共識，人們要以理性的溝通，不再以破壞性的戰爭來解決問題。

當然這些只是建築在理性的基礎之上的規約理想，將來的世界會不會眞正是這樣呢？那就不是我們在今天所可以預見的了。如果人們只以虛幻的一己之見當作理，把破壞性的手段當作解決問題的手段，那麼人類的自毀是指日可待了！反過來，若能以理造勢，轉化非理性的力量爲理性所用，那就可以看到未來的曙光與希望，人類的前途依然是光明的。

（原刊於《九十年代》總二五六期，一九九一、五）

三、美國暴亂展示的
社會文化危機

　　最近洛杉磯發生二十多年來最大的一次暴亂，起因由於四個白人警察毆打一個黑人，有錄影帶爲證，竟然被判無罪，由抗議引發騷亂，迅速蔓延到美國十幾個城市，如三藩市、阿特蘭大、紐約等，總統布希不得不下令派遣軍隊與民兵平亂，事情才得以暫時平息下來。冰凍三尺決非一日之寒，我想借用這個事件，對於美國在當前所遭逢的社會文化危機問題作一省思，追索其背景，解析其成因，找到其癥結之所在，才可望對展示在眼前的事象有一比較深刻的了解。

一、令人遺憾的暴亂

　　一九九一年三月九日晚，在公路上經過一番高速追逐之後，終於截停了羅德尼・金，警察把他拖下車，又踢又打，腿骨都斷了。本來這樣的事發生，根本不會有人留意。那知路旁有好事之徒把這一段經過全部錄影下來，短短八十一秒鐘的時間之內，金扒在地下被痛打，總共挨了五十六棒。這樣的影像出現在螢幕上，舉世爲之譁然，其他傳媒也大幅加以報導。很快一年時間過去，到四月底宣判，四個警察竟然被判無罪，簡直令人驚詫到了難以置信的地步。洛杉磯立刻有群眾示威抗議，很快就惡化成爲搶掠放火的暴行，卻沒有警察維持治安，終於變得不可收拾，成爲洛

杉磯一九六五年瓦茨郡黑人區暴亂以後最大的一次暴亂，委實令人遺憾。

這次的審判怎麼會攪出這樣的結果呢？事情的經過漸漸曝光出來。回頭來看，最重要的一項發展是，去年十一月廿六日，法官裁決，洛杉磯郡因傳媒過分渲染，先見已經形成，不適宜作審判的地點，而同意辯方的要求，搬遷到市區西北邊五十六公里的西米谷，此處有十萬居民，極大多數是中產階級的白人，許多警察與公務員的家屬，這樣結局早已經決定了一大半。陪審團一共十二人：十個白人，六男四女；加上一位西裔、一位亞裔（來自菲律賓），都是女性；裏面一個黑人也沒有。就其背景來說，有三位曾作過護衛，三位是槍協會的會員，還有一位是退休警官的兄弟。審判的程序並不能說有什麼差錯，陪審員也全力以赴，盡力找尋他們認為合理的結論，而矢口否認他們是種族主義者。

二、控辯雙方的策略

但控方與辯方的表現是完全不對稱的。廿九天的聽證之中，控方只提出了六個證人，其中一個是金的搭客；辯方倒提出了四十九個證人，多數是警官或執法的專家，共同的意見是，這四個警察的行為並未超出規條所容許的範圍以外。由於金曾搶劫，坐過牢，有案底，名譽不佳，控方竟未叫他出庭作證，令人看不到他的傷勢，也沒有機會面對面地盤問他，這造成控方在策略上最大的失誤。而辯方的策略卻完全成功了。本來那一卷錄影帶似乎足以坐實了非刑拷打的罪名，事實卻大謬不然，分解開來一截一

截的看，反而呈現了不少的疑點。辯方使陪審員相信，金喝醉了
酒，又在藥力影響之下所以格外能夠忍痛，這樣一個彪形大漢，
對執行任務的警察來說，形成了巨大的威脅。他們決不是那麼容
易就可以逮捕他，給他戴上手銬就好了，萬一他翻身起來，搶了
警員的槍，可就有大麻煩了。故此真正的問題是，金始終不肯投
降，一直在反抗，警察無可奈何，才只有繼續打下去。而警察的
一貫訓練就是幹這種不愉快的勾當的，必要時即使打傷人也在所
不惜。錄影帶上的警察並不是沒頭沒腦一輪急打，而是打打停停，
這就表示他們有節制。至於表面上看來的腳踢，其實只是踩住他，
免得他挨更多打。有的陪審員的確傾向於認為警員使用了不必要
的暴力，但這需要指證出個別的動作，才能採信作為證據，而這
是做不到的，便也只有放棄了。這樣便只有判他們無罪了。

三、背離民意的判決

奇怪的是主控的黑人，從未嘗試提出強而有力的種族主義的
指控，好像沒有意欲要贏得這場官司似的，現在剩下的只是聯邦
政府有關金的人權可能被侵害的調查與審訊了。但無罪判決的結
果與民眾一般的觀感是背道而馳的。《時代》雜誌在四月三十日
做了民意調查，訪問了798個白人與200個黑人，所得到的結果
如下：問題，如果你在陪審團上，你會怎樣投票？回答，白人62
％認為有罪，4％認為無罪，34％不定；黑人92％認為有罪，
2％認為無罪，6％不定。又問，在判決公布之前，你認為結果
會怎麼樣？回答，白人 79％ 認為有罪，7％認為無罪， 14％

不定；黑人 78 ％認爲有罪，15 ％認爲無罪，7 ％不定。就這一項來看，黑白兩方面的觀感幾乎是完全一致的。

到暴亂發生以後，一位陪審員接受電視訪問，她深感遺憾，但覺得她並沒有做錯事，再來一次還是會投同樣的票。問題在法律並不是自然科學，人的意見是隨着人的觀念而轉移的，觀念又受到種種外在條件的約制。事後可以看得很明白，西米谷是個相當孤立的社區。多數居民是由市區搬出來住進郊區的，只有 2 ％是黑人，他們認爲警察是保護他們的身家財產的，這個任務可不好擔當，在基本上是同情警察的；而有案底的大黑人，既酗酒又吸毒，還訴之於暴力，在基本上是對於社會秩序的威脅，不妨加以嚴懲。這些既是西米谷人無言的預設，那麼，無可諱言，社區的不同的確造成了觀念的不同。西米谷的白人根本就感受不到黑人必須面對的那些問題。

四、黑、白觀念的差異

《時代》雜誌的民意調查訪問的結果如下：問題，如果你和警察打交道，你有沒有感覺危險會受到不公平的待遇？回答，白人 23 ％答是，72 ％答否；但黑人 48 ％答是，41 ％答否。連總統布希的敏感度都明顯地不足。四月廿九日判決剛公布時，他還掌握不到情況，竟對着記者說：「我們的法庭制度是有作用的。現在需要的是平靜，對法律的尊重。」次日他嚴厲譴責暴亂，但對判決的結果仍不贊一詞。又過一天他與黑人領袖商議以後上電視發表聲明，這才改變了態度，一方面派遣民兵平亂，另一方面

才說毆打金的錄影帶叫人「反胃」、「憤怒」、「痛苦」，事情決不會到西米谷就完結，他已下令要聯邦機構徹查，研究起訴警察侵害金的人權的法律根據，連金本人也上了電視，含着一泡眼淚祈求大家節制——這個樣子亂搞實在太不值得了。如今暴亂雖然暫時平息，將來要處理不當，肯定還會有大事發生，我們且等着瞧吧！（註：兩名白人警察已被裁決有侵害人權的罪名。）

五、根深蒂固的偏見

這幾天洛杉磯成為政客雲集之地，兩黨的主要總統候選人都來了。黑人領袖傑西·傑克遜曾經到訪，令人想起六五年馬丁·路德·金的到訪。回顧六五年暴亂的鏡頭，與現在簡直沒有任何差別，真是叫人傷心。其實今日的情況還遠遜於往昔，六十年代的黑人還對未來抱有莫大的希望，現在的黑人卻完全不抱任何希望，也不聽從黑人領袖的號令，洛杉磯的市長布萊德雷就被譏嘲為湯姆叔叔。這二十多年間究竟發生了什麼事，才使美國走上今日的局面呢？

一九六四年我初到美國留學，參加了在印第安納大學為外國學生舉辦的新生營。那時學生中心的餐廳還是隔離的。一位黑人學者應邀向我們講話，他向我們訴說，完全不是因為他的行為惡劣，應該受到懲罰，單純只是因為他的膚色不一樣，他就要受到歧視的待遇。這是我們這些外國留學生所不太能夠明白的一件事。新生營結束，我由印第安納去南伊大，中間經過一個小鎮叫愛文斯維爾。一位老者需要人幫忙，我幫他把行李存進儲物箱，取下

鑰匙交給他，他對我十分感激，臨別之前他特別給予我一個重要的忠告——他說你這人看來不錯，可千萬別娶一個黑女孩，否則你的子孫的血就被染汙了，這是清清楚楚根據《聖經》傳留下來的記載，決不會有錯的。這位老者外表看來很良善，一點也不像個會整人的人，他甚至不知道我在臺灣已經有了妻兒。由此可見，在這種保守地區的白人，對於黑人有多麼根深蒂固的偏見！

我很快在南伊大取得博士學位，並繼續留校執教，一待就是十多年，七四年升任正教授，早就在炭谷買了房子，又生了一個孩子，變成了美國的納稅人，對於美國的情況自較前有比較深刻的了解。原來炭谷附近有好幾個小鎮，過去曾經是3-K黨的據點。南伊大的作風卻是自由的，於是南伊大被人家叫做中西部的巴克萊，視為培植「共匪」（ Commies ）的溫床。六十年代尾在美國是個上下鼎沸的年代，內憂外患，不一而足。國外在打越戰，社會的內部也發生了急遽而重大的變革。勞勃·甘迺迪、馬丁·路德·金被刺，但黑人的人權卻節節上升。種族隔離被判非法，政府劃撥出巨大的資源來打破隔離的實際。最富有象徵意味的兩件事是，一位黑人被護送進一向隔離的密西西比大學就讀，全國的黑白學童都用巴士接送來打破種族隔離的現狀。我們也不期而然地參與在時代的大浪潮之內，南伊大採取開放的收生政策，我教通識課程，通常有不少黑人學生在班上上課，在東方哲學一類較少的班上，甚至還促成了一對黑白通婚的佳話。

六、不可逆轉的潮流

這樣的潮流是不容許逆轉的，甚至連最保守的南方各州也不

能不就範。以後《根》的電視片集播出，更締造了高潮。海萊聽他祖母講述先世的故事，一代一代經歷口傳保留下來。原來他的遠祖在非洲還有貴族的血統，不幸被擄為奴，世世代代不幸在白人的主子下面受盡了屈辱。一直要到林肯解放黑奴，以後才有了根本的改變，現在的黑人只要通過自己的努力，受教育，創事業，未來的光明是無可限量的。「黑即美」，黑人必須要建立自己的認同，不能一切以白人的標準為依歸。而政府為了矯正以往對少數民族的歧視，採取保護政策，推行「肯定活動」（ affirmative action ），盡量促成少數民族充分就業的機會。在我住的對街，來了一位新出爐的黑人博士，住了不到一年，就在華府找到更好的優差而轉業了。黑人的精英成為社會最搶手的人才，每一間大學都在開設「黑人研究」的新課程。電影——《誰來家晚餐？》，由黑人明星薛尼·波特主演，老牌明星拍檔史賓沙·德里西與嘉芙蓮·協賓聯合主演，曾經轟動一時，恰正是這種情況的寫照。

美國的社會自大戰以後經歷了巨大的變化，由某方面看來是有其必要的。《憤怒的葡萄》所描繪的那種情形要繼續維持下去的話，只怕資本主義制度早就崩潰了。羅斯福實行「新政」，採納了許多社會主義的政策，其中有一項有深遠影響的是建立了「社會安全」的制度。它背後的意念是十分簡單而合理的，趁着人年青力壯有收入的時候存錢進去，到老病或失業時就可以領取救濟金，免於匱乏的威脅與災難。但一個良好的制度實行日久之後就不免百病叢生。後世的政客乃大灑金錢收買人心，弄得社會福利的財政入不敷出，發生問題。而且有人乃專以歛取救濟金為業，

這對於黑人的社區不期而然發生了十分惡劣的影響。頗典型的情況是，一個十多歲的黑人少女懷了孩子，缺乏職業技能的訓練，就專靠救濟金維生。孩子一個個生下來，只知有母，不知有父；黑的男人則不思進取，不找職業，成日遊蕩，酗酒吸毒，虛擲一生。下一代人學不到上一代人的好榜樣，便只有一代一代依樣畫葫蘆，沒法打破這一怪圈。而黑人的人口增長率遠超過崇尚節育的白人，每十個美國人之中至少有一個黑人，對於美國整個社會也產生了巨大的影響。

七、難以阻擋的趨勢

到了八十年代，大花費的民主黨終於在大選中遭受挫折，這也是一個不可阻擋的趨勢。雷根總統上台之後，對於社會福利、醫療保險等一干有民意代表護駕的項目根本沒法子插手，就乾脆不理它。他堅主減稅，削減政府的服務。他大幅裁減城市的經費、教育的經費，取消了職業訓練一類的節目。他唯一關心的是，讓有辦法的人去賺更多的錢，而根本不問什麼是長遠來說對基層比較有利的做法。

黑人的情況又是怎樣呢？象徵式的勝利取得以後，已不再是傳媒報導的重點所在，很少人再去理會他們的遭遇。晚近眞實的情況被揭露出來，不免令人大吃一驚，在過去二十年間，誠然有較多黑人精英擠入社會的中上階層之內，但卻有更多黑人掉到貧窮以下。海灣戰爭以後的樂觀情緒過去，美國經濟繼續滑坡，絕望瀰漫着黑人社區。布希自己號稱是位比較溫厚、注重教育的總

統，但他什麼也沒有做，這就是洛杉磯暴亂所以發生的社會背景！他們又搶又燒，只顧洩一時之憤，逞一時之快，絕沒有任何長遠的考慮。

八、緩不濟急的悲哀

任何人都知道，真正要由社會的底層往上爬，唯一的階梯是通過教育，但緩不濟急，這就是悲哀之所在。一堆黑學童在一起，死命讀書而沒有錢的就被同伴嫌棄乃至欺負，參加販毒的卻有大把錢可花，結果不免捲入性、吸毒、暴力的遊戲之中。去年我在加州巴克萊看了最近剛在香港放映的黑人電影《 Boyz N the Hood 》（港譯：街頭霸王），最後只有一對小黑人進入了大學，得成正果，其餘的都在幫派巷戰中死光了。而令我難以置信的是，坐在我前面的一堆大學城的小黑人，在「好」的一幫尋仇，冷血地殺死惡幫的「壞人」的時候，竟然大聲鼓掌，表示支持。而我只覺得悲哀——怨怨相報，何時得了，這樣的仇殺行為是最愚蠢無意義的行為。這幫小黑人所認同的是什麼，就令人不寒而慄了。

過去二三十年的經驗闡明，光把大筆錢注進社會福利，用巴士交通方式勉強促成黑白學童合校，並不能產生任何真正的效果，城市的貧民窟依然是貧民窟，而且每下愈況。現在連學術界也瀰漫着一種絕望的情緒，有些人甚至倒回來相信遺傳決定一切。從純學理的觀點看，這種觀點雖然不諦，但在另一方面我們當然不能輕視遺傳、文化的因素，決無可能夢想憑藉一些象徵式的外在的行動，就能把根本的問題徹底解決了。而使得問題加倍困難的

是，越戰以後亞裔移民的擁入，以及美國經濟的衰退，都對已經
夠複雜的局勢，又加進了新的變數。越戰是美立國以來對美國靈
魂傷害最大的一次戰事。二次大戰勝利，各地歡迎王師，把美國
人當作散布禮物的聖誕老人看待；韓戰雖然沒有討到便宜，無論
如何是以聯合國的名義誓師的；越戰師出無名，泥足越陷越深，
使美國人有史以來第一次對自己感到懷疑。

九、 無可避免的衝突

　　越戰結束，美國人爲了道義，不能不接受相當數量的越南移
民。美國在理論上是個民族的大熔爐，二次大戰既收容了歐洲移
民，現在沒有理由不收容亞洲移民。六四以後中國移民的配額也
獲得增加。而亞洲移民抵達美國，由最底層做起，直接競爭的對
象就是黑人。在這裏，文化的差別是明顯的，亞裔美人家庭關係
密切，勤勞節儉，孩子們學業成績卓越。這無可避免地引起黑人
與黃人之間的衝突。而美國經濟飽受到日本的威脅，數年前華人
陳果仁在底特律被當作日人誤殺，纏訟經年，兇手最後獲得從輕
發落，這是另一類的歧視的結果，令全世界華人爲之憤激不已！
這次在洛杉磯黑人到韓裔美人社區騷亂，引致生命財產損失，韓
國政府已提出抗議，並打算索賠。事實上由華人的觀點看，幸虧
韓人首當其衝，否則唐人街早已就遭殃了，而這次總算只有輕微
的損失。事實上種族的問題之外，經濟的問題是普遍的，窮困的
白人情況一樣好不了多少，情緒上要謀發洩，就只有找有色人種
洩憤了。而不幸的是，黑人破壞最烈也恰正是黑人本身的社區。

十、極爲奇特的現象

如今經濟蕭條，投資意願低落，加州新遭地震，尚未復原，又加上這一場新的災禍，聯邦政府雖已加援手。前途能夠讓我們感到樂觀嗎？

自雷根主政以來，美國發生了一個極爲奇特的現象。一方面保守勢力抬頭，相信《聖經》的權威，認爲世界乃由上帝所創造，主張敎室裏應容許禱告，堅決反對墮胎之類。前３Ｋ黨杜克這次還企圖出來競選總統，雖然不成氣候，卻也不能不視爲一個需要吾人留意的徵象。另一方面美國的自由敎育長期實行下來早已百病叢生。有一陣子中學生竟可以選木工金工不讀主科，弄得不能讀、不能寫、不能算，簡直不像話。如今重新注重基本學科，已經有了改善。又各大學重新注重通識，本來用意不差。但不幸校園裏被六十年代的激進分了意見宰制，認爲各文化、性別的貢獻都是平等的，這却走上了另一極端，不可支持。依這些人的看法，要敎莎士比亞，就得敎《湯姆叔叔的小屋》，加上亞非的東西，否則就被譴責爲歐洲中心白人沙文主義。事實上我們當然可以欣賞爵士樂，甚至也不排除熱門音樂，這不成問題，但說這些東西和莫扎特、貝多芬的古典音樂完全沒有質素上的差別，甚至進一步堅持世界各色人等對歷史文化的貢獻都是平等的，這却逾越了範圍。時髦的說法，借「多元化主義」之名以行，結果墮入了相對主義的窠臼，這是一種不幸。對於不同意見的容忍變成了對於有普遍性的眞理的追求的不容忍，馴至不敢說出自己眞正的意見，

這可以說是理智上的懦怯以及知識分子職責的放棄。

十一、普遍價值的重認

　　不久以前，曾有關於聘任黑人湯瑪士擔任大法官的如火如荼的辯論，我發覺有一派黑人的觀點頗值得我們留意。他們指出，白人在家裏是教導孩子們努力上進，而不是要他們享受生活，甘於平庸，故此黑人接受保護的待遇使得他們永遠不能與白人爭一日之短長。一般華人好在並未受到什麼特殊的保護，反倒不生此弊。畢竟家庭、勤勞、節儉、努力、知識、教育，這些是有普遍性的價值，並且世界上決沒有任何僥倖的不勞的收穫。美國這樣對待黑人當然是他們的污點，故洛杉磯暴動，舉世加以譴責。但我們千萬不要隨口跟在後面罵，而需仔細檢討一下其成因，這才可以看到，美國雖有許多問題，需要深切的自省和改進，但決不是說，他們就沒有值得我們學習的地方；尤其在看了他們的缺點之後，就更要自己提高警惕，採取步驟，不墮入他們的覆轍，才是自救之道。

（原刊於《信報月刊》總一八三期，一九九二、六）

四、由世變的角度
對於文化問題的再反思

　　這兩年的世局變化令人目不暇接。就在日裔美人福山寫了〈歷史的終結〉一文之後，研究當代歷史的人果然感覺到歷史沒法子寫。但理由並不是像福山所提議的，意識形態之爭既已結束，未來世界缺乏大的震盪，不免陷於沉寂無聊，就沒有歷史可言了。恰正相反，這兩年間歷史的震盪層出不窮，蘇聯、東歐、中國、中東、非洲以至南美的歷史都得改寫，而寫完之日也即是過時之日，試問這樣的歷史要怎樣寫呢？而思想觀念同樣是時代的反影，一個在基本上把儒家思想當作終極關懷的人，面對如許世變，對於文化問題又要進行怎樣的再反思呢？適承約稿，要我由新儒家的角度，討論文化運動的再出發問題，乃不揣譾陋，利用這個機會，發表一些我個人的意見。

　　文化是一個十分複雜的問題，它牽涉到傳統與現代、一元與多元、普遍性與特殊性等等的問題。還是讓我舉實例來說明罷！在鐵幕還未被摧毀之前，共產黨以鐵腕統治，宗教信仰與民族文化受到嚴厲壓制，倒也並沒有發生什麼大問題。但是在戈巴契夫提倡改革開放之後，中央權力威信驟降，情況就發生了根本的變化。繼波羅的海三小國爭取到獨立的權利，其他加盟共和國也紛紛宣布獨立，幾乎形成一分崩離析的局面。最令人擔憂的是，以往潛伏的問題都加速地爆發出來，前些時回教的亞塞拜疆與基督

教的亞美尼亞發生嚴重衝突，雙方羣衆情緒激動，竟要出動蘇軍
坦克鎮壓，才得暫時相安無事。如今蘇聯要怎樣重新結成一個經
濟與軍事的同盟還是一個問題，而南斯拉夫的武鬥卻率先爆發開
來，克羅地亞人與塞布人的戰爭已經造成了嚴重的損害，巴爾幹
仍然是一個火藥庫，種族文化之間的紛爭無時或已！其實整個中
東情勢歸根究柢亦仍然不外乎是宗教信仰派系紛爭以及民族文化
互相衝突的問題。正好像希臘神話裏的怪獸，伸出醜陋的多頭互
相爭食，人類如果缺乏智慧應付這樣的危局，就不免於數敗俱傷，
黎巴嫩的慘狀可爲殷鑑！

　　以美國爲首的自由主義資本主義雖然在意識形態之爭上面佔
了上風，海灣之戰尤其使美國成爲世界上唯一的霸權，但美國內
部並不給人一種欣欣向榮的氣氛。恰正相反，經濟趨向蕭條，在
戰爭勝利短暫的亢奮之後，民心士氣狀態低沈。社會內部有關信
仰（節制生育、墮胎、安樂死問題）、性別（同性戀、愛滋病問
題）、種族（種族歧視、哥倫布歷史地位問題）、文化（多元文
化主義問題）的爭論，有日益走向兩極化的趨勢。有一些訴求從
出發點來看似乎是好的，卻也引起了劇烈的爭論。譬如環保主義
者要求保護巴西的雨樹林，以免妨害世界的生態，但巴西卻認爲
要把雨樹林國際化的企圖，是帝國主義第二波的來臨，目的在阻
止巴西開發、作脫離貧窮線的掙扎的努力。也有一種看法認爲，
非洲原來的生產方式並不會造成現在這樣大規模的饑饉現象，但
爲了白人的需要，改種咖啡之類的作物，一旦市場發生問題，或
者歉收，就釀成了巨大的災禍。而白人種了惡因，卻拒絕承擔責
任，反而責怪非洲的貧窮落後，結果造成南北的差距更大於東西

的差距，卻並無良策來解決問題，不免令人沮喪。

　　總之，今日我們面臨的是一個全新的世界，人類以往累積的
經驗並不足以幫助我們來對付當前分分秒秒層出不窮的新問題。
一方面由於交通發達的緣故，整個世界已經變成了一個地球村，
第一、第二、第三世界互相關連，彼此的命運不可分割地糾纏在
一起。歐洲共同市場的形成，多多少少打破了傳統國界的畛域，
而顯示了一種統一的趨勢；而這不只是歐洲的趨勢，也是世界的
趨勢。但在另一方面，各不同的民族、文化、性別、信仰都站了
出來，要肯定自己的權利，而顯示了一種分離的趨勢，這同樣是
一種世界性的趨勢。向心的力量與離心的力量似乎一樣地強，兩
方面各有堅強的理據，彼此互不相下，我們究竟將何去何從呢？
這就是我們今日所必須面對的「人間情況」！

　　而我們的世界所以會走進今日的情況，又絕不是一個完全出
自偶然的現象。自產業革命以後，西方一直帶頭，居於先進的地
位，這是一個無可否認的事實。全世界到今日仍不得不以西方之
馬首是瞻，我們仍不得不往西方去尋找問題的根源之所在。而哲
學恰恰是文化的反映，彼此關係密切，互相影響。在這裏我並無
意採取思想決定論的立場，但無意識的作爲要提升到有意識的層
面來加以討論，仍不能不訴之於哲學，以下我就由哲學的立場對
於人類文化由近代走向現代的過程作出一些宏觀性的觀察。

　　在文藝復興以後，西方所以能夠脫穎而出的緣故，正如懷德
海（A. N. Whitehead）在《科學與近代世界》一書中所說，是
因爲西方發明了發明的方法，而其背景則是一套科學唯物論的思
想，它在牛頓的古典物理學找到了它的表徵。它的成功在於它的

抽象思考的方式，而古老的中國文明，正如李約瑟（Joseph Need-
ham）所指出的，雖然有不少科技的成就，卻因爲缺少了這一
個環節，以致墜落到西方的後面。韋伯（Max Weber）更以工具
理性的觀念貫串了近代西方的政治經濟結構，它的成就固然有目
共睹，但是它的偏向也同樣地彰明昭著。對於我們東方人來說，
最不幸的是這種科技商業文明的發展所造成的帝國主義的後果。
西方的有識之士也逐漸醒覺到這種文明所導致的不義而思有以針
砭，馬克思主義乃應運而起，它本來具備有強烈的理想主義的精
神，卻不期而然地成爲了極權政治的先驅，而造成了人類的災難。
處於這樣的情況之下，西方產生了反對一切意識形態的思想潮流，
乃是一個十分自然、完全可以理解的現象。

　　懷德海所謂的科學唯物論雖然在一個階段之內發揮了卓著的
功效，但到相對論出現以後就顯得破綻百出，它很明顯地並不是
一套很好的哲學。李約瑟預言，未來的哲學又會由朱熹式的有機
哲學當令。這樣的預言是否會實現，在目前來說還言之過早，但
對於近代西方科學後面預設的世界觀的批判則已蔚爲時尚，西方
現在已經很明顯地由現代逐漸步入後現代的階段。西方近代由文
藝復興以至啓蒙所標榜的理想已漸失去了它們的光彩而受到了強
烈的挑戰。而這歸結成爲了對於歐美白人所建造的文明的霸權的
挑戰，我們在目前所遭逢的恰正是這一類徹底與傳統解構的思想。
由笛卡兒以來的心物二元、主客對峙的思想被批判得體無完膚——
物質並不是那麼機械，心靈也不是那麼自主，真理也不是靜態的
反映在鏡子裏的事物的影像，科學更不是追求有普遍性的永恆真
相的學問。

　　平心而論，數百年來由於科技的成功，我們的確為一種科學主義的迷思（myth）所籠罩，現在應該是「解消神話」（de-mythologization）的時代了。要描寫這個時代的變化絕不是作者的學力與本文的篇幅所可以勝任的，但我們卻可以化繁為簡，借維根斯坦（L. V. Wittgenstein）的例，即可以闡明我在目前所要宣述的論點。二十世紀英美哲學的主流是分析哲學，可以分為前後二期，前期注重邏輯分析，代表學派為邏輯實徵論，後期則注重日常語言分析，維根斯坦一人卻同是兩個分析學派的先驅，這實在是一個奇蹟！早期的維根斯坦著《邏輯哲理論》，注重邏輯與科學的建構語言，認為語言是事實的圖象，凡不能用這樣的語言說清楚的，即屬於無意義的領域。晚年的維根斯坦卻幡然以早年的見解為非，而提出了語言遊戲的觀念，邏輯與科學語言只是一種語言遊戲，事實上人世儘可以有好多不同的語言遊戲，乃轉注重日常語言的分析以及生命世界的概念。早期的維根斯坦可以說是繼承了笛卡兒的傳統，卻把其間的理論效果推到了盡頭，人必須要學習精確的人工建構語言，才能夠進入邏輯與科學的殿堂，否則就會遺留在無意義的領域。這種觀點肯定了邏輯與科學的認知意義與普遍性格，卻把傳統哲學的形上學、宗教、藝術、道德倫理全部都放逐到缺乏認知意義的主觀情感領域。維根斯坦所開啟的邏輯實徵論的潮流頗顯示出一種專橫的性格，在這種觀點的判準之下，非西方的文化傳統大多被認為缺乏認知意義，還未能進入到實證科學的階段。但是日常語言分析卻放棄了邏輯與科學語言的優位性，而認為不同的語言有不同的功能，分析的作用只是在明白不同語言的規律與功能。日常語言分析排拒了邏輯

分析的專橫性格，這的確是發生了某種解放的作用。但它與歐陸解釋學（hermeneutics）的潮流合流的結果，卻無可救藥地掉進了相對主義的窠臼，而這正是我們在目前必須面對的情況。從後現代的觀點來看，我們似乎並沒有很好的理由說，一種文明一定比另一種文明更好，科學也仍然是文化的產物，它並沒有任何超然的優越的地位。科技的成功只證明了它本身的機括有一定的效率，但它並沒有證明它能幫助人類追求福祉。恰正相反，如果不加以適當的限制，它就會產生強大的破壞性的效果，降低生活的素質。

最奇詭的一個現象是，科學哲學內部的發展也傾向於根本否定了科學是純客觀的學問的看法。孔恩（Thomas Kuhn）指出，科學發展的歷史並不是積累的。同一個典範內部的科學成就是可以比較的，但當一個典範的可能性被窮盡時，就會發生科學革命，追求一個不同的典範，而典範之間並沒有可以共量的標準。費若本（P. Feyerabend）更進一步指出，科學的實驗是有理論擔負的（theory-laden），其實科學的成功並無定法，一般人過分誇大了專家的角色，其實專家與常人之間並沒有一條不可跨越的鴻溝。費若本的極端意見也許不能得到大家的同意，但啓蒙時代對於科學的信心至今卻是蕩然無存了。科學的進步不只不能解決人類所有的問題，恰正相反，藉着科學的名所作的勾當以及汎科學主義的信仰卻反而為人類帶來了災害。

現在人漸漸知道，無限制地攫取大自然的資源會造成生態的破壞，如果不加以制止，就會產生嚴重的問題。如今不只科學的客觀性受到了挑戰，進一步把科技文明的發展還原到文化的層次

來考察，就會出現完全不同的視野。如所周知，戡天役物是現代西方文明的產物，兩個世紀以來進步的西方科學被無疑問地接受為具有普遍性的判準，以此作為辨別文明高下的憑藉。到了晚近，這樣的觀念卻受到了嚴重的挑戰，我們可以借用最近爆發的有關哥倫布的論爭來說明吾人當前必須面對的問題。

照傳統歷史教科書的說法，哥倫布於一四九二年發現新大陸，到今年正好是五百年，西班牙、美國等各地都在籌備巨大的慶典。然而這真是那麼值得慶賀的一件事情嗎？且不論究竟是誰發現了新大陸的問題，難道在白人來到新大陸之前，美洲就沒有被發現嗎？這種白人中心的觀念就不去說它了。無論如何哥倫布來到美洲之後，歐美的航道才正式開啓，而這的確改變了世界未來的歷史，其重要性不言而喻。沒有了哥倫布，歐洲的文明就不會帶到美洲來，當然也就不會有美國的存在。但是功過如何呢？我們一向習慣的觀點是，美國革命成功，實行了人類歷史上最偉大的民主實驗，兩百年來成為了保障個體自由的安全港以及象徵。然而近年來卻湧現了一種截然相反的觀點：哥倫布所帶來的是歐洲的僭越、兇殘與富有傳染性的疾病，徹底摧毀了原居民的文化，奴役剝削簡直無所不用其極。從此加速度地破壞了我們的自然世界，到處掠奪、浪費能源，於今尤熾。哥倫布的旅程究竟是人類邁向進步的象徵，還是強暴西半球的噩運的開始呢？《時代》雜誌（一九九一、十、七）把這兩種對立的觀點活生生地呈現在我們的面前，值得我們深思。

西方人的僭越的態度確實是彰明昭著，無所用其遮掩的。波士頓的一家電視臺拍攝了大規模的哥倫布紀念專輯，第一集的一

部分是到香港來拍攝的。他們要找出何以中國沒有變成海上的霸
權，而西方卻後來居上的根由，我也應邀來發表我個人的觀感。
那時我並不知道哥倫布在西方所引起的爭論，我只是坦誠地說出
了我自己的見解。明代鄭和七次下西洋，曾經抵達非洲，當時中
國的船舶大過歐洲，後來為什麼不繼續下去呢？據我所了解主要
是因為經濟的原因沒法負擔，所以在成祖去世之後，只再下一次
西洋，就無以為繼了。但是深一層思考，為什麼繼續下西洋經濟
會無法負擔下去呢？如果中國人也像西方的殖民主義者那樣肆無
忌憚，侵占人家的領土，掠奪別人的資源，買賣人口作為奴隸，
那豈不是一本萬利的勾當！還會有什麼經濟問題呢？但是明代只
是去宣揚國威，從來沒有意思長期駐留海外，而進京朝貢的蠻夷
還要得到豐厚的賞賜，這樣當然就沒法維持下去了。而且當時倭
寇作亂，乾脆就實行海禁，不許中國人出海，於是中國很快就喪
失了海上的優勢。到了清末，帝國主義的堅甲利兵逼迫清廷割地
賠款，使中國淪為孫中山所謂次殖民地的地位。毫無疑問，中國
人的天朝型模的世界觀是有極大的限制和缺點，但是難道我們寧
可中國一早就走上帝國主義的道路嗎？像西方殖民主義者那樣兇
殘霸道嗎？而這恰正是當前世界問題的根源所在。當然中國人的
行為不能都用思想的因素來解釋，中國畢竟是以內陸為中心的，
不像英國、葡萄牙必須向外擴張去找出路。誠然我們不能否認，
西方文化是有許多長處，他們在近代以後脫穎而出，絕對不是偶
然的結果。但我們決不能說他們的一切作為都是好的，換一個角
度來觀察，晚近對於西方文化的批判也同樣不是偶然的結果，而
且並不只是有色人種才有這樣的反感，許多勇於自省的白人也一

樣有著同樣的判斷。

在這樣的情況之下，我們究竟該採取怎樣的立場呢？毫無疑問，對於西方文化的批判的確是有其必要的，然而單純的道德上的譴責是無濟於事的。由西方發動的科技、產業革命已經遍布全球，不是一個可以逆轉的趨勢。今日我們所要做的，不是開倒車，回到中世紀或者古代的世界去，那是不切實際的幻想。人發明了新的科學技術，要不去用它們是絕不可能的。但我們所要反對的其實並不是科學，而是汎科學主義那種盲目崇拜科技、把它當作唯一標準的偏頗的態度。科學本身並沒有什麼可以反對的，事實上正是科學的進步才使我們了解到環保、生態一類問題的重要性。因此我們不是要回復浪漫主義的看法，全面譴責科技文明，倒回頭去歌頌高貴的野蠻人。平心而論，部落文明確實有許多非理性的成分，如生人祭一類野蠻的風俗習慣，以及迷信一類的東西，這些不是我們可以加以讚頌甚至容忍的對象。我們所要清楚認識的乃是科技的限制，了解到科技的無限制的擴張並不能夠保證生活質素的提高。而我們所亟需的是用更新的科技來克服科技所造成的問題，例如目前最熱門的研究是如何找到廉價的方法去減低空氣與水的污染。同時也是由於科技的進步發明了避孕藥，才能造成婦女的解放。當然科技也製造了殺傷力強大的原子彈，乃至於核子彈，但這更逼使人類運用智慧，謀求避免走向終極毀滅道路的方策。西方的帝國主義、擴張主義固然造成了極端惡劣的後果，但西方的民主制度卻避免把權力集中在專制的暴君之手，而提供了一種比較合理的政治制度。我們需要平情地對西方文化的成就與缺點作出公平的估價。同時我們不相信文化的定命論。文

化是一種可以改變可以傳播的東西，誠然文化也表現了強大的惰性，但在時間與努力的雙邊夾持之下，雖則一時好像看不出什麼顯著的成效，其實無形的變化積累了一段時期之後，就會產生十分巨大的改變。試看佛教的華化需要經歷好幾百年的時間，而由清末到現在還不到一百年，固然有很多地方還像在原地踏步，也有許多地方發生了根本的變化，回顧起來仍然是令人咋舌的。

　　在這樣的情形之下，我們不妨回顧一下當代新儒家對於文化問題的看法。當代新儒家無疑是對於五四以來徹底反傳統、提倡全盤西化那種偏激的態度的反動產生的一個知識分子的運動。他們並沒有一定的成員，也沒有一致的意見，但卻有大體相同的方向。最有代表性的是一九五八年元旦由張君勱、唐君毅、牟宗三、徐復觀四位學者共同署名發表的文化宣言：〈中國文化與世界——我們對中國學術研究及中國文化與世界文化前途之共同認識〉，此文原刊於《民主評論》與《再生》，現收在唐君毅：《中華人文與當今世界》下卷（臺北，學生書局，　九七五）作為附錄。這篇宣言要求世人不能只由現實功利的觀點看中國文化，而要由一超越而涵蓋的胸襟去看問題的表裏與來龍去脈，積極肯定中國歷史文化之精神生命以及心性之學的意義。宣言指出中國文化造型的方向與西方不同，以致招致種種誤解，而思有以闡解說明。宣言並進一步對於傳統與西方作出雙向的批判：一方面中國文化當體現到本身理想的不足，必須由本身內在的要求，吸納西方科學與民主的成就；另一方面則籲求西方要虛心向東方學習：㈠當下即是的精神，㈡　圓而神的智慧，㈢　溫潤而惻怛或悲憫之情，㈣　如何使文化悠久的智慧，㈤　天下一家的情懷。

　　宣言發表，在當時並未產生巨大的回響。原因很簡單，幾個在現實上一無所有的學者，面對着強勢的西方率爾進言，要他們向弱勢的東方學習，難怪會受到忽視和冷遇！而在中國，大陸固然不去說他，在港臺也並未造成波瀾壯闊的文化運動。這篇宣言只是少數幾個流放於本土之外的中國知識分子，懷着孤臣孽子的心境所發出的一些肺腑之言，反而日久能夠看出這篇文獻的特殊意義。

　　宣言所言的觀點自非必人皆可以同意。在今日回顧這篇發表在三十多年之前的文章，不免令人感慨係之！宣言有一些明顯的弱點是很容易可以看得出來的：它把傳統中國文化過分理想化，也在理想和現實之間缺少明白的分際。但這是不難理解的，因為大陸赤化，傳統文化受到極度的毀損，由此而產生反激，很自然會強調它積極正面的性格，儘管在現實上沈淪到最低點，知識分子仍必須壁立千仞，爭此一線，在主觀的願望上期盼它抵於不墜，所體現的恰正是孔子那種知其不可而為的精神。宣言與今日的時潮所展現的時代脈搏也不盡相合。中國傳統所強調的那種大一統的精神，與今日反主流、反宰制的多元主義的傾向似乎南轅北轍，背道而馳，那麼當日當代新儒家對世界文化走向的期盼是不是完全落空了呢？

　　很奇怪地，今日重讀宣言，仍不能不驚詫於它的驚人的預見。五十年代以來一直到文革為止，多數知識分子惑於共產集團在外表上的成就，而不免自我懷疑動搖妥協，甚至迷醉於毛澤東的個人崇拜，當代新儒家卻由學理與思想的角度斷定，馬列主義之專政思想不當長久，事實上亦必不能長久。這兩年蘇聯與東歐的劇

變清楚地證明了這是真知灼見，只有中共在八九鎮壓民運之後還在攪四個堅持，反對和平演變，但終難抗拒世界大潮流的趨向，殆可以斷言。

宣言裏有一段話說：「真正的西方人之精神之缺點，乃在其膨脹擴張其文化勢力於世界的途程中，他只是運用一往的理性，而想把其理想中之觀念，直下普遍化於世界；而忽略其他民族文化的特殊性，因而對之不免缺乏敬意與同情的了解，亦常不從其他民族文化自身之發展的要求中，去看西方文化對其他民族文化之價值。」這一段話與西方當前反主流、反宰制的思想恰恰若合符節。西方人思想的轉變誠然是基於其內在本身原因的要求，不必一定是受惠於宣言的刺激，但宣言所顯示的洞察力，仍足使人驚異，不能輕易地將之放過。

然而宣言也自包含有與當前之時潮走向十分不同的意見。宣言並沒有徹底與傳統解構，而明白肯定西方希臘的科學哲學精神、希伯來的宗教精神，乃至近代之實用技術精神，有其普遍永恆的價值，只不過不承認這些價值窮盡了世間的一切價值，並指出其偏向乃是構成現代的矛盾衝突的思想根源，而籲請西方放寬胸懷，向東方學習。宣言並不認為相對主義、多元主義、實用主義的思想可以作為主導時代精神的思想，而主張必須吸收東方的智慧，才能夠在未來開出人類的新路。

宣言這樣說是為世界人類文化的開展指出了一個大的方向，但無論在理論與實踐上，都留下了許多漏洞，無法令人完全信服。它所懸的目標是東西文化的會通，所追求的是世界大同的理想，但由今天的觀點看，這樣的提法的最大的問題在，思想仍停留在

抽象的層面上，完全沒有接觸到如何落實的問題，以致沒法給人
很大的幫助。當代新儒家要有前途，還需要作進一步的思考，針
對各方面提出的質疑，作更細密的思考加以回應，才能夠有眞正
的時代的相干性。舉例說在抽象的層次上，對於各不同民族文化
有同情的了解與敬意，似乎是不成問題的，但落實下來，問題就
不是那麼簡單了。如果由第三世界的觀點來看，這篇宣言顯然過
分側重中西文化的大傳統，置其他文化傳統於無地，也就是說，
對它們缺乏足夠的同情了解與敬意。又，如果文化之間有矛盾衝
突，我們對其他文化的同情了解與敬意要到怎樣的限度爲止呢？
魯殊迪（S. Rushdie）寫《魔鬼詩篇》，被回教徒認爲詆毀穆罕
默德，這樣的作家專事譁衆取寵，旨在貿利，或者是十分無聊，
但柯梅尼竟下追殺令，對於接受言論自由、出版自由原則的人來
說，面對如此非理性的態度，怎麼能夠產生同情的了解與敬意呢？
由此可見，各民族文化雖然應該有生存的權利，但絕不可以有超
越批評檢驗的權利。同時各民族文化之間的互尊互諒，這是一回
事，但把各民族文化的成就和貢獻一體拉平，放在完全平等的地
位，那又是另一回事。當代思潮把多元主義推到了極端的情況，
那就不免會產生一些十分奇詭的效果！譬如史丹福大學教授人文
普通科便引起了激烈的爭論，激進派要平等講授各民族文化的貢
獻，於是不容許只講莎士比亞，也要講《湯姆叔叔的小屋》。現
代人應該培養更高的敏感度，盡量避免種族歧視的非理性的態度，
這是很有積極正面意義的發展，值得我們鼓勵。但要把各民族文
化在科學、哲學、宗教、藝術上的成就一體拉平，那卻是另一種
非理性主義的表現，不只不值得我們去提倡，還必須堅決加以反

對，才不至於陷落在文化價值的無政府狀態之內。故此當代新儒家思想的進一步發展，不可能接受西方後現代那種徹底相對主義的思潮，但卻在同時也需要提高警覺，不可不知不覺隨時流露出來一種大漢族沙文主義的心態。比較可行之道是給與宋儒「理一分殊」的原則以嶄新的現代的解釋：一方面由現代走向後現代，不是要完全擯棄傳統的理性，而是要理性變得更有彈性，這才需要對過去失之於單一獨斷的理性的表現提出深切的批評，另一方面乃必須努力追求多元的分殊的表現，不輕易排斥新的內容，但也絕不是要漫無歸止，仍然要維持高的標準，不容許人類文化變得日益低下，不斷墮落下去。

至於理想的落實問題，一方面我們固然可以維持超越的理想當作我們的規約原則，另一方面我們同樣要注重對於低沉的現實客觀的研究。中國文化所產生的絕不只是超越的心性之學的理想，在長期的歷史發展之下，也有了不少積澱，不容許我們對於國史一味只採取完全理想化的看法。一方面我們需要像當代新儒家那樣去發掘傳統文化的資源，建立民族的自信心，以迎接現代化的艱苦挑戰。另一方面也要充分體現到傳統文化的負擔，例如長期生活在專制底下所形成的屈服於權威主義的心習，絕不是很容易在一夜之間就可以去除的。我們的文化常常過分縱容主觀性的膨脹，而缺少對於客觀性的尊重，這對於我們走向未來往往形成了巨大的傷害。宣言要求中國文化通過自己的主動要求吸收西方的科學與民主，這是一個正確的方向。但宣言似乎低估了這一個歷程中所必須遭逢的困難，以致只描繪了一幅光明的遠景，光提出科學民主建國一類空洞的口號，而缺乏實行的方案。宋儒辦書院，

興教育，形成既廣大而又深遠的影響；當代新儒家的影響力則還只局限在學院中少數幾個知識分子之內，遠不足以言時代思想的主流，充其量只不過是一個不容忽視的學術思想潮流罷了！

當代新儒家在哲學上一方面反對馬列主義的專政，另一方面又反對相對主義的橫肆，是有它的理由的。同時它也不贊成實用主義作為主導的思想，可說同樣是無可厚非的。當代新儒家對於心性之學有超越前人的深湛的研究，這是無可否認的事實，但能不能以之為精神的泉源來解釋國史？這卻是充滿了爭議性的。至於是否恢復了這樣的慧識就能夠找到中國以及世界文化的前途？那更是見仁見智，莫衷一是，難以作成定論，他們所表示的只是他們自己的信仰罷了！而政教之間究竟應該有怎樣的關係？他們並不能夠給與我們令人滿意的回答。

雖然如此，當代新儒家對於當前文化問題的討論，絕不是沒有重要的相干性的，此中的關鍵在於他們對於東方與西方、傳統與現代所採取的雙向批評的態度。對於傳統過分強調單一理性的缺失，當代新儒家順應時潮，認為理性可以有多方面的表現而不必拘於一格，這樣才能形成自我的擴大，對於道德主體、認識主體、政治主體都有適當的重視。然而對於現代過分強調多元甚至不免流於相對主義的傾向，當代新儒家卻不予苟同，而給與了十分嚴正的批判。

如前所述，當前世界似乎有兩種完全不同互相反對的趨勢同時在進行著：一方面不斷趨同，全世界已經變成了一個地球村，另一方面卻又不斷趨異，每一個民族、性別、年齡、行業都在爭取和肯定自己的權利，形成了一個分崩離析的局面。當代新儒家

的自然傾向自比較容易同情前一種趨勢，世界大同是中國人一貫
的嚮往，《中庸》說：「致中和，天地位，萬物育」，世人應該
和諧地生活在一起。猶有進者，天人分離造成了種種的問題，古
老的天人合一的理念在現代又重新獲得了它的新生命，人對自然，
人對人，人對自己都要重新調整關係，中國過去的經驗對於今日
的世界的確可以提供寶貴的資源，給予現代人一些重大的啓發。
但和而不同，這樣的和諧不是靠權威與專制的壓迫之下獲致的，
今日人在「理一」之外，的確需要重視「分殊」，容許個性的發
揮與充分自由的表達，這樣才能超越傳統的限制，與現代接頭。
但這又絕不是要人自私自利、目光如豆，堅執住眼前的一些利害
關係，互相矛盾衝突，爭奪永無寧日，終於大家一同走上毀滅的
道路。順著當代新儒家的思想往前探索，人在肯定自我的權利與
追求個性的表達之餘，仍要肯定一種寬鬆的共識，才能真正走向
「道並行而不相悖，萬物並育而不相害」的境界：互相限制，互
相扶持，同心協力對付公害，而進入到一個既照顧到現實又有高
遠的嚮往的理想世界。這顯然不是一個容易達到的目標。在理性
的光輝的指導之下，不合理的宰制的枷鎖漸漸去除，走向未來世
界形成的新秩序，在第一個階段下應該是一個容許和平共存互助
互利的寬鬆的邦聯制，這在世界的層次如此，在國家的層次也該
如此。它並不是一個靠熱狂激情去追求的烏托邦，那將帶給人類
災難而非福祉，也不能靠任何口號與運動來完成這樣的目標。我
們只能衷心希望各種不同的人在各個不同的崗位，發揮不同的創
造的力量，不斷努力艱苦工作，嘗試克服內外的困難，造成點點

滴滴的進步，爲我們謠造一個比以前更好的未來。

（原刊於《哲學雜誌》創刊號，一九九二、五）

五、宗教信仰與世界和平

一、宗教的矛盾和普遍性

宗教的嚮往是超越的絕對，然而實際的宗教卻是一個文化現象，與現實的政治、社會結構有着緊密不可分割的關係。今日世界上有許多紛爭，像以色列與巴解、愛爾蘭的天主教與新教、印度的錫克教與印度教，莫不有強烈的宗教因素糾纏在裏面。卡西爾（勒）（ Ernst Cassirer ）說得好：

> 宗教不僅在理論的意義上始終是個謎，而且在倫理的意義上也始終是個謎。它充滿了理論上的自相矛盾，也充滿了倫理上的自相矛盾。它鼓勵我們與自然交往，與人交往，與超自然的力量和諸神本身交往，然而它的結果則恰恰相反：在它的具體表現中，它成了人們之間最深的糾紛和激烈鬥爭之源泉。宗教自稱擁有一種絕對真理；但是它的歷史卻是一部有着各種錯誤和邪說的歷史。它給與我們一個遠遠超出我們人類經驗範圍的超驗世界的諾言和希望，而它本身卻始終停留在人間，而且是太人間化了。（甘陽譯：《人論》，頁九二—九三）

同時，不要以為信奉無神論的共產集團就可以完全超離宗教

紛爭的問題。羅素在他的《西方哲學史》就曾指出，除了相信無神以外，共產黨的組織結構與敎會的組織結構有驚人的相似性，同時共產信徒的熱狂也不下於宗敎信徒的熱狂。當代新敎神學家田立克（Paul Tillich）就曾經把宗敎重新界定爲「終極關懷」，這樣無神論也可以是終極關懷的一種，只不過所信奉的對象與一般宗敎不同而已！凡人決不可能沒有某種終極關懷，由這樣的觀點出發，也可以說，宗敎的現象是普遍的。把宗敎當作一種過時的東西的看法是錯誤的。由現代進入後現代，宗敎仍然是一個強固的力量，它發生了一些正面的作用，也造成許多問題，需要我們對之加以正視。

八九年七、八月間，停開了二十年的東西哲學家會議在檀香山恢復開會，我還打算趁便到夏威夷的大島希羅去開國際中國哲學會，所以原則上決定不到其他地方去開會，已經婉謝了好幾個會議的邀請。那知到了八八年十月間，忽然收到巴黎的德國文化協會的邀請函，要我八九年二月到巴黎去開一個「世界宗敎與人權」的研討會。他們已經邀請了天主敎極負盛名的神學家孔漢思（Hans Küng）作主題演講，要我代表儒家的觀點發言，另外還請了猶太敎、回敎、印度敎、佛敎的代表參加討論宗敎信仰與世界和平的問題。我覺得責無旁貸，遂接受了邀請，並立即着手準備論文，八九年二月到巴黎去開會。

二、與儒家合轍的天主敎神學家

孔漢思是天主敎著名的自由思想神學家。由於他的觀點不合

正統，敎宗下令解除了他在瑞士大學神學敎授的職務。據《時代》雜誌報導，他最後一次演講聽者如堵，課室坐不下，要把擴音器掛在外面，有數百人坐在草地上聽講，由此可以看到他的吸引力。好些年前，他和一個團體到大陸去，途經香港到中文大學來，由我爲他們講解儒家倫理的要義。後來他約我爲Concilium 雜誌撰稿，討論儒家思想的宗敎涵義。當然，我也曾經和香港的德國文化協會合作，在八五年舉辦過「和諧與爭鬥」的國際哲學會議，英文的論文集剛剛由中文大學出版社出版。或許由於這幾重淵源的緣故，他們希望我到巴黎去開會，我也因爲孔漢思是主講人，才爽快地答應了會議的邀請。

　　孔漢思的文章的題目是：「要沒有宗敎之間的和平就沒有世界的和平」，副題是：「在眞理的熱狂與遺忘之間的萬國的(Ecu-menical)道路」。讀完全文，令我驚詫的是，他提出的論點幾乎莫不是我可以同意的論點。他的思想流露了一種濃厚的人文主義的色彩，與儒家的「內在超越」的思想簡直可以完全合轍。而他所提出的問題刺激了我的思想，使我極爲樂意由儒家的觀點給與回應。他努力嘗試要解決的問題是：一方面宗敎嚮往的是絕對的眞理，另一方面各宗敎之間又要和平相處——如果不能在兩方面找到調停的方策，在各宗敎之間展開對話與溝通的話，那麼許多現實上的紛爭是難以避免的。像黎巴嫩的分崩離析就是一個眼前的例證，基督徒與回敎徒之間無法對話與溝通，流血就不能夠避免。同樣，以色列與耶路撒冷、伊朗與伊拉克、印度與巴基斯坦、印度敎徒與錫克敎徒、過去越南的佛敎徒與天主敎徒、現在北愛的新敎徒與舊敎徒，都面臨着類似的問題：借着上帝的名義，

幹着燒殺劫掠的勾當——如果不能加以扭轉，那就前途堪憂。事實上宗教間的互諒互相了解，可以造成奇蹟般的改變。二次大戰以後，連德法間的世仇，都可以在基督教的共同信仰之下，找到解決的道路，如今歐洲共同體有着互相依賴的經濟、國防結構，便開創出了一個全新的局面。而世界未來的和平相處，實有賴於我們在未來共同的努力，作出智慧的抉擇。不幸的是，人在一方面對於真理有着一種熱狂的偏執，徹底地排除異己；另一方面卻又把真理完全遺忘了，以至甚麼信仰都沒有。這兩種情況都不是可欲的。我們要怎樣一方面可以維持我們自己的信仰，另一方面又能與其他信仰和平相處，這便是我們面臨的重要問題。

孔漢思認為有三種策略是不能奏效的：一是固守壁壘的策略，二是徹底消解的策略，三是廣大包容的策略。現在略加解釋如下。

第一種態度認定自己所信奉的宗教是唯一真實的宗教，其他一切都是異端邪說，一律加以排斥，這種態度只能增加問題，不能解決問題，自不足取法。第二種態度認為宗教根本沒有真理可言，各人信各人的，彼此之間有矛盾衝突，只能和稀泥拉倒算了，這樣弄得漫無歸止，也同樣不足取法。第三種態度認為自己的宗教才能把握到最終極的真理，其他的宗教只能把握到真理的浮面，雖也可以包容進來，但畢竟只是初階，往真正深入處挖，仍然只有一家真理，事實上有誰會接受別人那種紆尊的態度呢？一樣是解決不了問題！孔漢思提議，每一個宗教都應該由自我批評、自我檢討開始：只有看出自己的不足，才有資格去批評別人，同時也只有借鏡於其他的宗教，才能夠明白地找到自家經驗之不足。

就以基督教為例，決不要以為基督教是不可以批評的，事實

上別人對於基督教的批評就尖銳得很。基督教雖然講愛講和平，但在別人眼裏看來，排他性極強，絕不寬容，而且富於侵略性，既不仁愛，也不和平。同時由於它的他世情懷，鄙棄此世以及肉體，不能全幅肯定人生，以至內在充滿了掙扎奮鬥。它又過分誇大了人的罪、疚意識，幾乎到達了一種病態的地步：儘管人從中心徹底腐爛，卻能夠依靠上帝的恩寵而得到救贖。同時它也過份渲染了耶穌的神性。由這樣看來，佔世界人口三分之二的亞洲，經過好幾個世紀不斷的傳教活動，迄今為止，只有百分之五信奉基督教，這難道是一個偶然的現象麼？

三、不同宗教須尋求共同標準

無論這些批評是否正確，由此可見，宗教逃避不了真理與虛偽的問題。我們是否可以假借宗教的名義去作反人性的勾當，好像把人當作犧牲，或者驕奢侈佚，無所不為呢？絕對不能夠。當然每一個宗教都有它自己內在的標準，不容許它墮落變質、繼續腐化下去，宗教內部便有一種力量要淨化它自己。無疑每一個宗教都可以訴之於自己的傳統來建立標準，每一個傳統都有它自己的寶典，如聖經、可蘭、薄伽梵歌、佛典、四書五經之類。但由這些寶典樹立起來的權威至多只能夠拘索一個教派內部的信衆，而不能夠有普遍的效力。面對着世上許多不同的宗教，我們必須要尋求一些普遍為大家所接受的標準，好像世界各國共同接受的國際法一樣。

孔漢思十分希望能夠找到一些有普遍性的倫理道德標準。宗

教雖然是嚮往超越的絕對，但與現實的人間世卻有沒法切斷的干係，像十誡所頒佈的道德律令就是一個最顯著的例子。而他指出在世界各宗教發展的過程中，真實的人性（ the Humanum ）不斷被提升，這是極值得我們注意的一個現象。

我們的世界不斷在變化之中，進入近代，基督教就經過了一個痛苦的變化的歷程。啟蒙時代顯發了一種人文主義的精神，重視理性、自然與良心，傾向於俗世，好像往往是反教會、反宗教的。然而這並不必然如此。不只這一解放自主的過程使得基督教也得到好處，其實自由、平等、博愛，與「人性的尊嚴」本來就是基督教的價值，如今被重新「發現」了，往往並非通過教會而且是反對於教會而落實於人間世的。弔詭的是，正是由於這種解放自主的過程，真實人性才得以重新在基督教找到了它的家園。

同時不只宗教需要倫理才能落實，俗世也需要保持宗教的連繫才能得到支援而建立起價值意識。如今世風不古，人心日下，良心的形成不能只靠心理學、教育學、法律學或政治學。只有宗教才作出神聖的要求無條件地遵奉倫理道德的標準與規範，超越階級與種族的界限。

即使是蔑視宗教而受過相當教育的人也不能不注意到，進入近代以後，各宗教內部都有着人道增長的現象。譬如不再用火燒或酷刑來殘害異教徒，廢除以人陪葬的陋習，刑罰減輕，改善對於婦女的歧視等等。總之，世界宗教的共同傾向是：衛護人權、解放婦女、體現社會公正、譴責戰爭之違反道德等。孔漢思指出，一八九三年在芝加哥開過一次「世界宗教會」，到一九九三年的百年紀念，已經有許多宗教與學術團體發起，要把它擴成一個

「世界性的大事件」，以確定未來的指向。

孔漢思又指出，世界宗教的和平運動也有了長足的進展。一九七〇年在日本京都開的「宗教與和平的世界會議」就達成了以下的共識：天下一家，所有的人平等，享有人性的尊嚴；個人與良心的神聖性；權力非正義，人的權力並非自足或絕對的；愛、同情、無我、內在的真誠與精神的力量終必戰勝仇恨、敵對、與自利的力量；我們有責任站在貧窮與被壓迫者的一邊來對抗為富不仁的壓迫者；並深深地希望「善意」終必獲得勝利。毫無疑問，這樣的宣言已超過了「純粹理性的限度」，而奠基在對於無限的信仰之上。如果推動得法的話，確可以有移山的力量。

由此可見，各人的宗教信仰可以不同，但卻可以共同培育一種人道意識，建立「真實人性」的萬國標準。凡有助於體現真實人性的便是我們要致力追求的；反過來凡以反人性或以禽獸的方式來對待人的措施，就是我們要反對的。從正面來看，真正的宗教必有助於人性的發展，善惡、真偽有一定的標準。而從負面來看，只有虛偽的邪教才會做反人性的勾當，這種作為不可能有「神聖的」根源，而必須加以唾棄。

但這是否會令我們陷於循環論證之中呢？孔漢思斬釘截鐵地回答，決不會如此。我們所建立的乃是一種辯證的理解：㈠、真實的人性乃是真正宗教的預設，它是宗教的起碼的要求，真正的宗教是不可能違反人道的。㈡、進一步來看，真實的人性畢竟要靠真正的宗教來完成，宗教的無限與圓全的嚮往正是人性的充量體現的預設。建立了這樣的預設、標準，了解到我們應取的策略，我們就可以提出增進世界和平的建議與應取的步驟。

四、宗敎間的和平是國際和平之保障

宗敎的和平並不需要對終極眞理採取一種漠不關心或者相對主義的態度，也不需要採取一種調和折衷、和稀泥的態度。眞正值得我們嚮往的和平既要容許宗敎的自由，也要肯定宗敎的眞理。我們要體現到，沒有一個宗敎對於終極的眞理有獨佔性。我們需要建立雙重的視野：一方面由外在的觀點來看，世界上有好多眞正的宗敎，條條大路通羅馬；另一方面由內在的觀點來看，我把生命全心全力投進去信奉的確乃是唯一眞正的宗敎。理一而分殊，這兩方面不必互相矛盾衝突。正好像作爲一個政治家，一方面我可以效忠於自己的國家，另一方面我也可以與其他國家的領袖合作，尊重他們的權利，互助合作，以謀求世界的和平。沒有人可以完全背棄自己的傳統，這是不可能的，但每個人都應該站在自己的立場，盡量採取開放的態度，接受其他的觀點，造成自我的轉變與擴大。

只有在這樣一種方式之下，眞正的和平才有可能，而這與眞理的追求並沒有半點矛盾衝突。一方面對於自己的傳統保持一種批評反省的態度，另一方面則對於其他傳統保持一種開放包容的態度。或者有人會反對，這簡直是癡人說夢，完全是不切實際的幻想。但孔漢思回答說，能有希望、有幻想並不一定是件壞事，這可能正是一個起點，不期而然導致了未來的變化。沒有了前衛的思想和行動的衝擊，也就缺乏了一種動力去走向未來。

今日我們面臨的，是一個由現代走向現代以後的大時代。將

來的世界不再會是一個美蘇二元對立的時代，而會是一個多元、多教，超越文化的時代。宗教不只不曾死亡，反而進入了一個再覺醒的階段，現在比任何時代更需要一種全球性的宗教的了解。今日所需要的新典範將會是一種萬國的典範。

孔漢思並且作出了一些具體的提議，尋求一些萬國的律令（ecumenical imperatives）：

㈠　我們需要各大洲都有人致力於了解其他的地區與文化；政治家不能只講權勢，更要關注和平；企業家也不能純為貿利，而要把人當作夥伴互助合作；務須在統計、量化之外，還要重視歷史、道德、宗教與文化。

㈡　我們所需要的教會，不再是一獨裁的階層組織，而要親切地接近草根，了解當代的問題，有多元的傾向，以及自我批判的能力。神學要促進宗教間的了解、對話；教育則要深入基層，散佈和平的福音。

㈢　宗教之間必須和平共存，互助合作，彼此競爭，促成大家在精神上的轉變。大家都共同嚮往更深刻的真理、追求真神的奧秘。在每一個階層都要展開宗教之間的對話。

㈣　除了開會之外，宗教組織之間要保持不斷的連繫與接觸。各地在草根層面都要有宗教之間的對話，並謀求實際上的合作，以解決生活中不斷湧現的難題。

㈤　最後也需要高層哲學與神學的對話。聖凡之間也都需要交通，加深對於精神生活的理解與體會，將之融化到每日生活的內容之中。對外、對內都有不斷的對話。

這樣我們才不至於孤陋寡聞、一意孤行，努力不斷地向異己

的方式學習，自然而然就會增加寬容和愛的幅度。正因爲我們自己宗教的託付加深，才能對外開放，通過創造的交流，增富自己的生命，體現世界的和平。最後的結論是：沒有宗教之間的和平，也就沒有國際上的和平。

　　由於篇幅所限，在本文之內，我只能報導了孔漢思的思想。我只想指出，一位天主教神學家的思想竟然那麼富於人文主義的精神，簡直可以與當代新儒家的思想完全水乳交融，這是個令人可驚奇而值得振奮的現象。

（原刊於《法言》總第十期，一九八九、九）

六、論中國人的價值觀 在現代的重建

一、引 言

　　中國文化源遠流長，在過去曾經有過超卓的創獲。無論典章制度、價值規範，均爲鄰國所效法而成爲楷模，千百年來形成了所謂的超穩定結構。然而西風東漸，傳統的世界觀、人生觀、價值觀突然之間土崩瓦解，一直到晚近，全盤西化之說依舊甚囂塵上。但西方有識之士却深深憂慮價值之失墜。不只日本興起，必須對於東方的傳統重加考慮，由現代走向後現代，價值日漸失去準繩，有流入相對主義乃至虛無主義的危險。在這樣的情況之下，我們究將何以自處？如何利用我們傳統的資源促成價值的重建，乃成爲當前一個重要的課題。本文企圖由哲學的觀點提出一些線索對於問題加以探索並指點一個理論建構的方向。

二、中國傳統價值觀的特色

　　在這篇文章之中，我沒有可能把中國傳統各家各派的價值觀一一加以省察，概括以後才進而論述其特色。我只能針對中國傳統價值觀的主流思想，藉助於一兩位前輩學者的睿識作爲指引，把問題勾勒出一個大體的輪廓。這就當前的目的來說，便已經很

足夠了。

　　譬如方東美先生認為，中國哲人自闢蹊徑，孕育出別具一格的既超越而又內在之形上學思想體系。依照他的說法：

中國哲學精神之顯揚，恆以重重統貫之整體為中心，可藉機體主義而闡明之。作為一派形上學理論，機體主義可自兩方面着眼而狀舉之，其特色如次：

自其消極而言之，機體主義：

㈠　否認可將人物對峙，視為絕對之孤立系統。

㈡　否認可將宇宙大千世界之形形色色化為意蘊貧乏之機械秩序，視為純由諸種基本元素所幅湊排列而成者。

㈢　否認可將變動不居之宇宙本身壓縮成為一套緊密之封閉系統，視為毫無再可發展之餘地，亦無創進不息生生不已之可能。

自其積極面而言之，機體主義旨在：

統攝萬有，包舉萬類，而一以貫之；當其觀照萬物也，無不自其豐富性與充實性之全貌着眼，故能「統之有宗，會之有元」，而不落於抽象與空疏。宇宙萬象，賾然紛呈，然邇就吾人體驗所得，發現處處皆有機體統一之跡象可尋，諸如本體之統一、存在之統一、生命之統一、乃至價值之統一等。進而言之，此類紛披雜陳之統一體系，抑人感應交織，重重無盡，如光之相網，如水之浸潤，相與浹而俱化，形成一在本質上彼是相因、交融互攝、旁通統貫而廣大和諧之系統。 ❶

　　方先生很明顯地是把西方近代流行的科學唯物論思想作爲背景以凸顯出傳統中國哲學的特色。唐君毅先生則盛張中國先哲價值內在於自然萬物之宇宙觀之旨，也以之與主流西方思想對反。他說：

中國自然宇宙之最大特徵，吾人將以為在視自然本身為含美善之價值者。此亦易經思想之所涵，而為中國歷代哲人之所承，與西方以往之思想，最大不同處。吾人以前在西方近代科學，初所發現之自然與社會，為一生物之互相鬥爭，人類之階級與階級、及個體與個體相鬥爭，一切人物以力相爭衡之自然與社會。然中國易經，則早有一切自然與社會之矛盾衝突，皆可由變通而趨於和諧之敎。近代西方科學中，此種無情觀之淵源，可謂源於中世紀鄙棄自然與物質世界之思想。亦可謂源於希臘哲學中，自辟薩各拉氏至柏拉圖，與新柏拉圖派以來，以物質世界為較低之世界，物質為限制之原理之思想；及希臘唯物論者以自然之物為機械，而不涵價值之思想。此種種思想，皆可謂源於西方之純以數量、形相觀念看物質。亦促進近代西方科學家，只以數量形相之眼光，看自然界之萬物，而更不求發現或肯定其價值者。此即羅素所以主張，人對自然，當守道德的中立。唯懷特海，則以西方近代文化思想之最大缺點，即為其看自然守價值之中立，而不知

---

❶　方東美著，孫智桑譯，《中國哲學之精神及其發展》上冊(臺北：成均出版社，民國七十三年)，頁三二～三三。

價值之內在於自然。而影響近代社會思想甚大之達爾文、馬克斯等，則又反由不以價值眼光看自然與社會之結果，而只發現自然界有種種反價值或表現負價值之事實。於是在彼等科學思想中，自然與社會遂純為充滿矛盾衝突鬥爭之事實，處處表現違悖人生之價值理想者矣。❷

質言之，唐先生認為，典型的西方思想，由希臘、中世紀、以迄於近代，均把價值與自然打成兩橛，以至觸處都是問題。而中國先哲則弘揚價值內在於自然之旨。唐先生與方先生的說法恰合符節。傳統中國哲學思想在價值論上排棄二元，依易經所涵的義理，凸顯出生生而和諧之旨，確實可以表現出自己的特色，與西方的思想適成對比。

三、理想與現實的差距

依照方、唐兩位先生的說法，中國哲學思想在價值論上不僅自具特色，而且沒有西方思想的弊病。從根源上起，西方即強調理型與事物、天國與人間、精神與自然之間的對立，而陷入了一種二元分割、矛盾衝突的局面。現代民族國家之間的糾紛、階級之間的鬥爭似莫不有其思想上的根源。要解決價值的問題，似乎必須回歸傳統中國的睿慧。

---

❷ 唐君毅，《中國文化之精神價值》（臺北：正中書局，民國四十二年），頁八〇～八一。

這樣的說法陳義甚高，却難以落實，不免啓人疑竇。近百年來，我們中國人逐漸放棄自己的典章制度、生活方式、乃至價值規範，一是皆以西方之馬首是瞻。今日臺港的中國人，無論衣着、談吐、生活、習慣西化的程度，想必會令我們的老祖宗咋舌。果眞我們的傳統有一套遠比西方優勝的價值哲學，而在現實上，我們的價值規範却反而不斷被西方的一套所取代，這樣的現象應該作怎樣的解釋呢？歷史上誠然有野蠻戰勝文明、劣幣驅逐良幣的事例，難道現代中國所發生的一切也都可以作如是釋麼？

誠然我們無須自瀆，像王陽明詩所說的:「抛棄自家無盡藏，沿門托缽效貧兒」，但我們也不可以文過飾非，看不見我們自己傳統的缺失，無法鞭辟入裏，那也就難以掌握問題的根本癥結所在，更無法有效地謀求對治之道。今日在態度上我們必須避免兩個極端：對於傳統絕對無條件的衛護或者徹底加以污蔑的態度。好的地方就要說他好，壞的地方就要說它壞；有的地方需要我們重新加以闡釋，恢復傳統的睿識；有的地方却需要我們徹底加以改造，才可望開拓清新的視野。對於中國人的價值觀在現代的重建問題，我們必須作如是觀，才有可能融通東西，結合傳統與現代，開創出一個新的境界，以寄望於未來。

中國的傳統誠然如方、唐二位先生所說涵蘊極深的智慧，但二千年來的積澱已經產生了不可令人忽視的負面影響，民族的生力減弱，現實與理想的差距巨大，則近百年來面對西方的衝擊，華族所承受的一連串的屈辱與挫折，又決不是不可以想像或者了解的事情。

從理想上說，禮是仁的表現，內外一如，這是中國文化最高

的嚮往。從實際來說，所實現的往往是理想的反面。其實我們無
須長篇大論來證明這樣的論斷。亞里士多德認爲，詩比歷史更眞
實，偉大的文學作品常常在一種戲劇化的方式之下，把眞相赤裸
裸地呈現在我們的眼前。《紅樓夢》的世界是個熟到爛的世界，正像
焦大說的，除了門口一對石獅子之外，賈府裏可沒有一樣乾淨的
物事。而賈府恰正是中國的一個縮影，可見清初的中國已經像是
百足之蟲，死而不僵。民國以後，巴金的《家》更徹底揭發了傳統禮
教僞善的本質。現代中國人的價値規範、思想觀念、生活方式無
可避免地在急遽變化之中。抱殘守缺，已經證明不是一條可能的
出路。

　　由這樣的視域看問題，五四的傳統是一個必經的階段。五四
諸君子並不眞正是民族文化的虛無主義者，他們只是愛之深、恨
之切，爲了要治重病，乃不惜下虎狼之藥。他們揭櫫德先生、賽
先生的大旗，滿心希望中國走上現代化的道路。這一個世紀之內，
中國的變化不能說不大，中國人吃的苦頭不能說不多，然而廣大
的中國仍然貧窮落後，所謂封建思想仍然到處爲禍，科學與民主
仍然不能在中國生根，問題的癥結究竟是在什麼地方呢？我們不
能不說，既有傳統的因素，也有現代的因素。傳統生生的規約原
則並沒有能夠阻止中國變得老化僵化，而社會主義的改革却接上
了蘇聯集體主義的道路，一直到現在還在負隅頑抗，拒絕順應世
界潮流，走上民主自由的方向。很明顯，中國人的災難還沒有過
去，我們需要作進一步的省思，由各個不同的角度，探索文化復
興、價値重建的可能性。在本文之中我所能夠做的，只是在哲學
思想的層面，找尋一些線索，爲未來的理論建構做一點準備的工

作。

四、由西方的衝擊所造成的解放
與價值的迷失感

　　中國自漢代以來，朝廷的基本規模建立，兩千年來，內容的
細節迭有變更，根本處却毫無傷損。歷史經歷一治一亂的軌跡，
正如《三國演義》開始時所謂的，「天下大勢，分久必合，合久必分」。
中國文化雖然受到印度文化的衝擊，而吸納了佛教，使得儒、釋、
道三教成為文化的主流。但佛教却徹底華化，出家人畢竟只佔少
數，廣大的佛徒在家仍尊奉忠孝節義的品德，並沒有在價值上造
成真空的狀態。尤其明末普遍流行三教合一的思想，可見中國文
化成功地接受了外來的挑戰。即使在滿清的異族統治之下，也並
沒有感到有任何根本變革的必要。

　　然而西風東漸，却造成了完全不同的情況。西方的科學革命、
產業革命完全打翻了傳統的模式，把人類帶進歷史的一個嶄新的
階段。文藝復興，緊接著偉大的科學時期的來臨，相對於中世紀
來說，產生了巨大的解放的作用。這樣的影響傳播到東方，同樣
產生了巨大的反響。

　　東方首先震驚於西方的船堅炮利，而力圖自強，繼而感染到
民主、自由、人權、解放的浪潮，乃警覺到自己文化內在的缺失，
不能以野蠻戰勝文明一類的論調來給予我們一種虛假的自我安慰。
不只為了避免亡國滅種的命運，我們必須急起直追，向西方學習，
就是為了走出中世紀，我們也責無旁貸，必須向先進的西方文明
學步，以躋身現代的世界之內。

　　當然，中國的情況與西方完全不同，西方由中世紀轉入近代，必須將他世的情懷轉換成爲現世的情懷。這在中國完全不成問題，中國人從來就十分缺乏強烈的他世情懷，佛教華化而成爲禪，所凸顯的恰正是肯定當下即是的現世情懷。而在佛教的挑戰之下，宋明新儒學的復興可以說是完成中國式的文藝復興。但在近三百年間，西方科技商業突飛猛進之際，中國却閉關自守，不思進取，以至到現代淪爲孫中山先生所謂的次殖民地命運。中國人的問題不在他們輕視現世，自古中國人就重視正德利用厚生。問題是出在中國人過分實用的性格，以致沒有發展出純粹數學、科學唯物論一類的思想，正如李約瑟（Joseph Needham）所說的，缺少了一些必要的環節，以至無法躍入近代的畛域。

　　事實上不只中國人因爲過分實用，反而不實用，中國人也過分人性（all-too-human），反而非人性化了。傳統中國人過分着重人際關係，人生下來就被編織在一個極端複雜的社會網絡之中，以至個性不彰，形成一個禁錮作用，馴至產生吃人的禮教那樣惡劣的效果。禮的本義是仁的表現，誠於中，則形於外。但孔孟的仁義到漢代被固着化爲綱常，雖然爲中國造成了一個長期穩定的社會秩序，但兩千年來的積澱使得內在的精神完全喪失，只剩下一個外在的軀殼。到了後世，徒剩下滿嘴仁義道德，滿肚裏男盜女娼，僞善籠罩一切。社會老大，欠缺生力，自難以應付現代非常之變局。固着的君權、父權造成了一種根深蒂固的威權主義的心態，習焉不察，深入無意識的層面，積重難返。即使經歷了外在的革命，朝廷的日子早已過去，民族的習氣依然故我，威權籠罩，人際關係的網絡於今尤烈，這就是我們今天在走向現代化的

過程中，不得不面對的一個難局。

　　而西方，由於他們有政教分離，多元分立的傳統，早就走上了民主、自由、人權、法治的道路，逐漸擺脫了各種沙文主義的宰制。少數民族、女性、老年人，乃至同性戀者、愛滋病患者紛紛在爭取自己的權利。無疑，西方也一樣有偽善，不時有倒退的廻流，但他們的反省的確比較徹底，並且有具體的行動來抗議社會的不平。目前為止，他們的確仍居於先導的地位。問題在，我們是不是可以把西方的經驗照樣搬過來？這樣的做法是不是一定可欲呢？在世界往前走的過程中，我們是否永遠只能做「受」的一方，而不能作「給」的一方呢？

　　弔詭的是，正當我們急於向西方學步的時候，西方卻倒過頭來否認西方的價值為唯一或者正確的標準。這樣的現象其實並不難於了解。經歷兩次大戰，西方人被逼得自省，究竟自己的文化與價值是否在那些地方出了根本的毛病？而韓戰之後再打越戰，美國內部的抗議活動使得美國陷落在空前的自我懷疑的深淵之中。黑人與各少數民族奮起爭取權利，多元思想要真正受到正視，就不得不平等看待各色人種對於人類文化的貢獻。這樣東方的瑜珈、禪、易、老都變成了時尚，乃至當代新儒家也逐漸得到國際的承認❸。反而只有我們自己在否定我們自己的文化與價值，這豈不是咄咄怪事！

---

❸　舉例說，我接到《劍橋哲學字典》的邀請，要我撰寫有關中國哲學的條目，竟然包括熊十力、梁漱溟、徐復觀、唐君毅、牟宗三，以及「理一分殊」等，這是過去難以想像的事。

　　但是多元思想雖然產生了巨大的解放的功能，把它的理論效果推到極頂，却會衍生極端不利的後果。現在西方乃流行哲學已經走到盡頭的觀點❹。也可以說，當代西方哲學最不會處理的就是價值問題，我們很難由之得到什麼有用的指引。

　　簡單說來，當代西方哲學的兩大主流：分析哲學與解釋學都不免受到相對主義的侵蝕，而把我們帶進一種價值迷失的境地。邏輯實徵論者把認知意義（知識）與情感意義（價值）徹底打成兩橛。這種看法把價值當作我們主觀情感反應的結果，不免陷落相對主義的深淵。而歐陸的高達美（Hans-Georg Gadamer）則倡言存有的歷史性與語言性，一樣不能擺脫相對主義的糾纏❺。

　　即使受到後期維根斯坦的影響，分析哲學到後來不再像邏輯實徵論那樣專斷，片面地偏向於認知語言，而承認語言有不同的功能，然而有實質內容的價值判斷仍然不是它關懷的重點所在，倫理學的討論每每爲後設倫理學（meta-ethics）的討論所代替❻。他們花費了很多力氣嘗試去闡明，作道德的判斷要運用怎樣的語言來表述，用指令語言（prescriptive language）作推論要遵循怎樣的規則；然而他們仍然難以逃避「爲何我應該道德？」

❹　參Kenneth Baynes, James Bohman, and Thomas McCarthy, eds., *After Philosophy* (Cambridge, Massachusetts: The MIT Press, 1987)對於這一路的思想，我在拙文：〈『理一分殊』的現代解釋〉，法言第十七期（一九九〇年八月），頁三七～四二，第十八期（一九九〇年十月），頁二三～二八，作了初步的回應。

❺　同前註，參*After Philosophy*，頁三一九～三五〇。

❻　參黃慧英，《後設倫理學之基本問題》（臺北：東大，民國七七年）。

一類基本的問題而提不出令人滿意的答案❼。

　　一直要到七〇年代，洛爾斯（John Rawls）提出他的公正理論（Theory of Justice），引起廣泛而熱烈的討論，這才把學界的注意力重新帶回到規範倫理學（normative ethics）的問題上面，並在某一程度之下恢復了道德倫理的認知主義的觀點❽。但洛爾斯殫盡心力所要對付的乃是「分配公正」（distributive justice）的問題，這雖然是一個十分重要的問題，卻仍然失之於外在，未能鞭辟入裏針對我們內心感到切要的「為何我應該道德」的問題，提出一個正面的解答。洛爾斯的契約倫理所預設的仍是工具理性的觀念，他所接受的乃是自由主義的論點，認為個人的興趣、喜好、與目的是不可公約的個殊的東西，要訂定有普遍性的道德律則，不能不把這些東西放進括弧裏面❾。他的模型是經濟行為這一類典型的戰略行為，不可能接觸到價值的終極根源的問題。

　　相較之下，哈柏瑪斯（Jürgen Habermas）採取一種較為廣義的理性概念，在工具理性之外，他強調溝通理性的觀念。人在勞動之外，還有互動的行為。在對話或交談倫理的模式之下，人們通過交談以建立交互主觀的共同世界，不只規範是人們交談所要建立的對象，興趣、目的等同樣也應該是人們在交談中提出來討論的題目。依他之見，人們通過論辯，提出理由對各種提議提

❼　同前註，頁一〇三～一一四。

❽　參石元康，《洛爾斯》（臺北：東大，民國七十八年）。

❾　同前註，頁二〇二～二一六。

質難，價值的合理性也能像規範的合理性一樣被建立起來。許多問題只有靠妥協來解決，溝通可以幫助我們找到更多可通約化的興趣。但哈柏瑪斯並不能夠證明，這樣的情況一定是更可欲的❿。

　　哈柏瑪斯沒有像洛爾斯那那樣把「對」（right）與「好」（good）、規範與價值完全對立起來，照顧的面也更廣。但是對我們來說，這種西方現代的倫理觀還是難以令人滿意的，原因在於，交談倫理也是一種程序性證立形式的理論。在交談倫理中，一個道德原則之所以被接受，純粹是由於該原則所導出的基礎乃是建立在一個程序之上的⓫。現代人想避開實質倫理的問題，但終無法完全避開這樣的問題⓬。

　　簡單地說，進入二十世紀，現代人所追求的是解放。的確，柏拉圖的形上學、中世紀的神學、乃至啓蒙時代所歌頌的理性，以及東方古舊的儒家倫理，如果不加改造，是會產生嚴重的消極禁錮的作用。現代人往這個方向走是有其必要，而且有積極正面的意義。然而一味只談解放，一切以自然人的需求爲出發點，理想性減煞；也忘記人類文明的演進還是需要某種低限度在實質內容方面的共識。由現代走向後現代，相對主義的傾向加劇、價值缺乏準繩，令人感到迷失；而規範倫理的探索、價值重建的努力雖已起步，仍然問題重重。這就是當前我們所面對的情況的寫照。

---

❿　同前註。

⓫　同前註，頁一九八～一九九。

⓬　參我在拙文〈『理一分殊』的現代解釋〉中的批評，同註❹。

五、回歸康德與儒家的理論探索

康德是近代西方哲學的重鎮，有謂吾人可以超過康德而不可以避開康德，洵非虛語。十九世紀黑格爾的哲學如日中天，以後弱點暴露出來，其哲學系統破綻百出，不同的哲學由各種不同的角度對之提出批判，造成了西方哲學分崩離析的局面。黑格爾提出一個亙古以來最偉大的唯心論形上學的大系統，倡言凡現實的皆理想的，凡理想的皆現實的。兩次大戰以來，這種說法徹底破產，形上學的聲譽乃一落千丈。有謂黑格爾的哲學的霸道的衝動之所以造成蕩越的後果，正是因爲他罔顧康德批評哲學的精神。故此一度曾經發出回歸康德的呼聲，而形成所謂新康德學派。這個學派在二十世紀並不佔據主流的地位，然而康德哲學的線索從未曾中斷，晚近有關規範倫理、價值重建的探索，如前述洛爾斯、哈柏瑪斯，仍然以康德哲學思想的反省爲出發點。但他們似乎都不免流於外在，不能像康德那樣根於實踐理性，直下定立無上命令（categorical imperative），建立道德自律（moral autonomy）來得直接了當。當然康德的說法也在現代受到很大的衝擊，被譏評爲形式主義，而產生了嚴重的流弊。但無論如何，在今日要重新思考有關規範倫理、價值重建一類的問題，康德的睿識仍是一個不可或缺的重要參照系。康德的思想無疑是典型西方的產物，概念思考分析入木三分，在傳統中國根本找不到類似的東西，但在當代，却在中國哲學上發生了巨大的反響，這是一個十分值得我們注意並作進一步探索的現象。康德的批評哲學，先做出了《純粹

理性批判》，然後才作《實踐理性批判》，正如勞思光先生所指出的所謂「窮智見德」。康德在探索了知識的基礎、洞悉知識的限制之後，才體認到實踐理性的優位性，正是在這裏，他的睿識與傳統中國哲學的睿識接上了頭。在吸納了西方的哲學思辨之後，利用康德哲學的架構重新闡釋儒家思想，並進一步發展當代新儒家思想有卓著成果者，迄今為止，實莫過於牟宗三先生。

　　牟先生論宋明儒學的經典著作，三大卷的《心體與性體》，在綜論中有專章討論自律道德與道德的形上學，用了七十五頁的篇幅，通過康德所形構的思路加以闡釋、批判，反顯出中國哲學的睿識❸。以後牟先生系統性地發展他自己的思想，連續出版《智的直覺與中國哲學》❹、《現象與物自身》❺、《圓善論》❻，由書名就可以明白地看出來，他是通過與康德的對較來發展自己的思路。同時牟先生更從事三大批判的翻譯工作，由此可見他對於康德哲學的重視。

　　依牟先生之見，對於道德性本身之嚴整（莊嚴）而純粹的意義，唯孔子一人是渾淪的表現，但他並沒有用「超越分解」的方式，反顯出仁之為道德理性、為道德法則是先驗的，而且是普遍的。在西方哲學家中，只有康德始認眞地認識了這徹底而嚴整的道德意識。他所作的超越分解是有普遍性的意義的，但步步分解、建立，自不易達到最後的融和，這是概念思考的好處，也是其本

---

❸　參牟宗三，《心體與性體》卷一（臺北：正中書局，民國五十七年），頁一一五～一九〇。

❹　參牟宗三　《智的直覺與中國哲學》（臺北：學生書局，民國六十年）。

❺　參牟宗三，《現象與物自身》（臺北：學生書局，民國六十四年）。

❻　參牟宗三，《圓善論》（臺北：學生書局，民國七十四年）。

身所造成的障隔。康德的「強探力索」，是未至圓熟之境的 ❼ 。

　　牟先生批評康德之不透並不是一時的感興語，他是有義理上的根據的。他認爲康德只能建立「道德底形上學」(Metaphysics of morals)，而不能進一步展現一具體而圓熟的「道德的形上學」(Moral metaphysics)。前者是關於「道德」的形上學的研究，後者則是從道德的路進入，以由「道德性當身」所見的本源（心性）滲透至宇宙的本源，此就是由道德的反省進至形上學的反思 ❽ 。由牟先生的批評可以看到當代新儒家的走向雖也以康德爲起點，却與當代西方哲學家如洛爾斯與哈柏瑪斯的走向大異其趣。兩方面都感覺到停滯在康德的哲學是不足夠的，但洛爾斯與哈柏瑪斯的反省使他們深切地體悟到康德的一套下不來，而牟先生的反省却使他深切地體悟到康德的一套上不去。其實兩方面的工作都是需要做的，在前一節就已經約略說明，現代西方哲學家要鬆開啓蒙時代的理性的束縛，解脫於傳統所了解的理性的專橫與缺乏彈性，才能夠更有效地處理分配公正或者溝通理性一類的問題。雖然洛爾斯與哈柏瑪斯所做的仍然僅是理論建構的工作，但他們所要處理的乃是實際層面上分配公正以及理性溝通的問題。儘管書生論政依舊難以落實，至少他們的走向是實際的。反過來，牟先生由道德倫理的形上反省開始，做的是理論奠基的工作，最後要由心性論出發，建構一套普遍的形上學。這樣的走向是反身的，所證悟的是道體。康德限於他的基督教的背景，只能夠構想道德的

---

❼　參註 ❸ ，卷一，頁一一五～一二〇。

❽　同前註，頁一三九～一四〇。

神學（Moral theology）的可能性，因爲他否定人有智的直覺，乃看不到道德的形上學的可能性。而牟先生所說的形上學是中國式的境界的形上學，並不是希臘式的實有的形上學。在本節之內我將討論牟先生由康德的思想翻出、直透存在與價值本源的思路，並略加批評以爲未來思想做開拓與建構找到一個方向。

牟先生指出，依康德，自由意志所先驗構成的（自律的）普遍律是屬於睿智界，用今語說，是屬於價值界、當然界，而知性範疇所決定的自然因果律則是屬於感覺界、經驗界，實然或自然界。這兩個世界間距離很大，如何能溝通而合一呢？這個問題本也可以不必如此曲折艱思，中國哲學就不走這樣的道路，直指本心本性，但如缺少中國先哲那種原始智慧，則康德式的分解也是有其必要的。

康德最大的貢獻在指出道德自律與他律的分別。他以爲道德法則

㈠不能從經驗建立；

㈡不能從「範疇」引申；

㈢不能從「人性底特殊屬性」、「脾性（性癖）、性好、以及自然的性向」推演；

㈣甚至亦不能從「上帝底意志」來建立。❿

由這一切所建立的道德法則以決定我們的意志，都是康德所謂「意志之他律」，又可分爲兩類：一類是經驗的，一類是理性的，前一類從「幸福」底原則而抽引出，後一類從「圓滿」底原

---

❿　同前註，頁一二四。

則而抽引出。康德唯自「意志之自律」以觀道德法則，他只是由抽象的思考，以顯道德之體；通過經驗的與超越的對翻，有條件的與無條件的對翻，以顯道德之性。由中國哲學的觀點看，不幸地是他視「意志自由」爲一假定，爲一「設準」。至於這設準本身如何可能，這不是人類理性所能解答的。這樣意志底自律也只成了空說。只講到理上當然如此，根本不能落實。康德的道德哲學缺少自實踐工夫以體現性體心體一義，把意志弄虛脫了，只着實於客觀的法則與低層的主觀的興趣，兩頭不能會通，乃無法進至中國哲學儒家的心性論所體現的境界。

依牟先生的了解，康德雖未把他所講的自由自主自律的絕對善的意志連同它的道德法則無上命令視爲人之「性」，但儒家却可以這樣看。法則是客觀性原則、自性原則。心（興趣、情感）是主觀性原則、實現原則，康德却未能正視而使之挺立起。若以儒家義理衡之，康德的境界，是類乎尊性卑心而賤情的型態[20]。

一般對於儒家思想最大的誤解在，把孟子的惻隱之心，當作實然層面的經驗原則看待。但道德情感如不能提上去而把它貞定得住，則道德實踐即不能言。由孟子到陸王所着力的，正是把心（興趣、情感）上提而爲超越的本心，不再是實然層面才性氣性中的心，攝理歸心，心即是理。這樣，心即是道德判斷的標準，同時也是呈現，這是主客觀的統一。如是，理義必悅我心，我心必悅理義，理定常，心也定常，情也定常，這才是「純粹理性如何自身即能是實踐的」一問題的真實的解答。康德並不能到這一

_____

[20]　同前註，頁一二九，一六四。

個境界 ㉑。

　　牟先生指出，宋明儒的大宗遙契先秦儒家「踐仁盡性」之教，體證到「具體清澈精誠惻怛之圓而神之境」。用他的話來說，

> 如果想把它拆開而明其義理之實指，便是形而上（本體宇宙論）方面與道德方面都是根據踐仁盡性，或更具體一點說，都是對應一個聖者的生命或人格而一起頓時即接觸到道德性當身之嚴整而純粹的意義，（此是第一義），同時亦充其極，因宇宙的情懷，而達至其形而上的意義，（此是第二義），復同時即在踐仁盡性之工夫中而為具體的表現，自涵凡道德的決斷皆是存在的、具有歷史性的、獨一無二的決斷，亦是異地則皆然的決斷，（此是第三義）。㉒

　　在此三義中，第一義即融攝《康德道德底形上學之基本原理》中所說的一切，第二、二義則康德所不能至。康德不明白，經驗知識思辨理性底極限，並不是實踐哲學實踐理性底極限。他誤以知識為貫通一切的標準，遂誤移為實踐哲學之極限，實則只有衝破這一界限，道德始能落實，道德的形上學始能出現，也才真可以看出康德的道德哲學造詣到什麼境界之限度㉓。

　　在《心體與性體》之後，牟先生又著：《智的直覺與中國哲學》，

㉑　同前註，頁一六五。
㉒　同前註，頁一一七。
㉓　同前註，頁一六〇。

仍以康德哲學為出發點，與中國哲學對比，對於問題有進一步的探討㉔。依康德，智的直覺有以下的作用與特性：㈠就其為理解言，它的理解是直覺的，不是辯論的，即不使用概念。㈡就其為直覺言，其作用是純智的，不是感觸的，此地康德是繼承聖多瑪講神智的說法。㈢但康德進一步指出，智的直覺是靈魂心體之自我活動而單表象或判斷靈魂心體自己者。㈣智的直覺具創造性，它自身就能把它的對象之存在給與我們，直覺活動自身就能實現存在，直覺之即實現之。有這四點特性的智的直覺，康德以為不是我們人心所能有的，只當歸之神心。人類的知性只是辨解的，不是直覺的。由於人類理性的限制，一談到終極的問題，如上帝、世界、靈魂問題，立刻陷於不可救藥的矛盾之中。但康德在《純粹理性批判》以外，又著《實踐理性批判》。從純理的立場，「意志自由」、「靈魂不朽」、「上帝存在」雖不可證，但從實踐理性的要求來看，則又不能不預設三者，於是它們乃變成了三個必要的「基設」（postulate）。如此，則真我終無法朗現，不能講「道德的形上學」，只能立道德的神學。但康德把真我講成不朽的靈魂，把智的直覺歸之於上帝，這些都是西方傳統慣有的說法，是否此乃惟一的可能性呢？由中國哲學的觀點看，答案是否定的。牟先生指出，中土儒釋道三教的義理非通過智的直覺之肯定便不能說明，故吾人

㉔　我曾作〈牟宗三先生論智的直覺與中國哲學〉一文，原刊於牟宗三先生七十壽慶論文集：《牟宗三先生的哲學與著作》（臺北：學生書局，民國六十七年，頁七二五～七六〇，以後又收入拙著：《中西哲學論文集》（臺北：學生書局，民國七十六年），頁四一～七二。下面的討論即根據這一篇文章。

必須面對一個最關鍵性的問題，即「智的直覺如何可能」的問題。

牟先生借張載(橫渠)《正蒙》〈大心篇〉的說法來回答這個問題。張載分別「耳屬」、「目接」的感觸的直覺與「廓之莫究其極」的「心知」。前者認爲知的呈現原則，後者則不但爲認知的呈現原則，且同時也爲創造的實踐原則。這裏的「心知」正是孟子所謂的本心之知，也即智的直覺。它並非概念思考知性之知，乃是遍、常、一而無限的道德本心的誠明所發的圓照之知。張載在宋儒之中第一個分別「德性之知」與「見聞之知」，自此以後宋明儒莫不遵守此一分別。分解言之，「天德良知」是大，「聞見之知」是小。然天德良知具體流行，故雖不囿於見聞，亦不離乎見聞。既然聞見之知亦只是天德良知之發用，則聞見之知不爲小矣。但若桎梏於見聞，遂成其爲識心（感性之知）而小矣，天人之間乃不免有所睽隔。通天人、合內外，遂化爲渾然一體之流行。依中國這樣的傳統，性即是體，所以它雖特顯於人類，但却不爲人類所限，它雖特彰於吾人之道德行爲，而也不爲道德界所限，它是涵蓋乾坤，爲一切存在之源的。儒者所講的本心或良知是根據孔子所指點以明之的「仁」而說的。仁心的感通原則是不能有封限的，因此，其極必與天地萬物爲一體。仁心體物而不遺，故仁即是體，是創造原則。但如無法妙悟本心，則本心受限制而忘失本性，乃轉爲習心或成心而受制於感性；桎於見聞，即喪失其自律性。然而本心、仁體的本質是無限的，當吾人就無條件的定然命令而說意志爲自由自律時，此自由意志也必是絕對而無限的，此處不需另外立上帝，只是一體流行。

由以上所論，可見孟子所謂惻隱之心即本心之呈現，決不能

只是一假設。道德既是一實事，則智的直覺必非不可能。依牟先生之見，前述張橫渠的說法，宋明儒周濂溪、程明道、胡五峯、陸象山、王陽明都可以立此義。只程伊川、朱子析心理爲二，不能立智的直覺。把握仁體必通過「逆覺體證」由心體的明覺活動反而自知自證其自己。而性體之不容已則不斷地表現爲德行以見諸行事，其所創生的諸道德行爲雖可以作對象視，而實無對象義。智的直覺之知即是「以無知知」。此種弔詭必須承認，康德於此實不透徹。

　　道佛的解脫的形上學也肯定智的直覺，但爲免辭費，此處不贅。接著牟先生又出《現象與物自身》一書。康德嚴格劃分現象與物自身二者，由感性、知性做起點，則每不容易透得上去，故吾人必須由中國的傳統出發，肯定「人雖有限而可無限」與「人可有智的直覺」這兩義。先由吾人的道德意識顯露一無限心，由此即可說智的直覺；而後由自由無限心開「知性」，這一步開顯乃名之曰知性之辯證的開顯。知性、認識主體、是由自由無限心之自我坎陷而成，它本身本質上就是一種「執」。故對自由無限心而言，我們有「無執的存有論」而有儒釋道三種型態的差異。對識心之執而言，我們有「執的存有論」，此則以康德爲主。康德哲學與中國的哲學傳統相會合，理應有此消融㉕。

　　最後牟先生著《圓善論》。圓善（summun bonum），依康德之基督教傳統，只有肯定一人格神的上帝才可能，「德福一致」才能得到保證。中國傳統走的是完全不同的途徑。依牟先生之見，

㉕　同前註，《中西哲學論文集》，頁四三～四四。

天台才能彰真正的圓教義。「從無住本立一切法」，無住即本。由無住一詞分解而爲法性與無明，無明爲本現一切法即是法性爲本現一切法。天台走的不是分解的路數，而是十分詭譎的作用的路數 ❷。若以天台之判「別」、「圓」爲準，則儒聖之圓境首先見之於王弼之聖人體無與向、郭之注《莊》。此等玄言雖是假託道家理境以顯，然而圓境却必歸之於儒聖。由此即可啓發出依儒家義理而說儒家之圓教。依儒家義理而說圓教則必須順王學之致良知而發展至王龍谿之「四無」，再由此回歸於明道之「一本」與五峯之「天理人欲同體異用」，始正式顯出。由此圓教之顯出始可正式解答圓善之可能，乃知康德之解答並非一圓滿而眞實之解決❷。

儒家義理之圓教由道德意識入手，無限智心必扣緊「仁」而講，而體現此心之大人之「以天地萬物爲一體」之圓境亦必須通過仁體之遍潤性與創生性而建立，故必須縱貫縱講。《中庸》所謂「誠者物之終始，不誠無物。」依此，無限智心乃　存有論之原理，乃使一切存在爲眞實而有價值意義的存在、並能引起宇宙生化而至生生不息之境者。若把此心撤掉，則一切存在終歸於虛幻而不實。人人皆有此心，只仁者（大人）能無喪耳，能通過道德實踐而體現之耳。一般人也總能體現一點，因爲它隨時可以呈現。只要理性作主，通過逆覺體證（操存涵養）即時時可以體現之，終至於完全體現之。此完全體現是可能的，此即涵圓頓體現之可能。

---

❷　同前註，頁五十九。

❷　同註 ⑯，頁 X。

儒家圓頓必須從此圓頓體現之可能處說❷。

王陽明講良知，良知之明即無限智心自體之用。他立四句教：
「無善無惡心之體，有善有惡意之動，知善知惡是良知，為善去
惡是格物。」依王龍谿的說法，四句教肯定了心、意、知、物
「四有」，還只是究竟圓教之事前預備規模。究竟圓教乃在王龍
谿所提出之「四無」，其言曰：

> 夫子立教隨時，謂之權法，未可執定。（案此指四句教言）。體
> 用顯微只是一機，心意知物只是一事。若悟得心是無善無惡
> 之心，意即是無善無惡之意，知即是無善無惡之知，物即是
> 無善無惡之物。蓋無心之心則藏密，無意之意則應圓，無知
> 之知則體寂，無物之物則用神。天命之性粹然至善，神感神
> 應，其機自不容已，無善可名：惡固無本，善亦不可得而有
> 也。（〈天泉證道記〉）

案此即渾化之境中四者之無相的呈現，即皆是天命之性之神
感神應其機自不容已之自然流行，即如如呈現。既肯定良知本身
為無限真心，即函有其圓頓而無局限之可能。超化時間中一切感
性之雜之可能。只有在非分別說的「只此便是天地之化」之圓實
教中，「德福一致」之圓善才真是可能的。心意知物渾是一事，
也可說德與福渾是一事，這渾是一事不是如在康德處是綜合的須
靠上帝來保障，而是圓聖中德福之詭譎的相即。在「四有」中，

---

❷　同前註，頁三〇七～三〇八。

不必得福德一致之必然連繫，福之得不得有「命」存焉。然而在「四無」中則無命義，因命已被超化故。圓教無所謂命，蓋已能迹而冥冥而迹矣。以明道語：「只此便是天地之化」衡之，同一世間相，順理而迹本圓即是天地之化，不順理則人慾橫流，迹本交喪，人間便成地獄，順理不順理只在轉手間耳。須知如此圓說必須預設權教那些分別說者，進而通化之，始能顯圓實。否則平空說圓實，必覺一團混沌而沉落矣！

　　圓善之問題，依康德，必涉及目的王國和自然王國之綜合，而此兩王國之合一即為上帝之王國。依中國傳統，圓善之問題必在圓教中得解決，兩層王國之諧和惟在圓教中始有真實的可能。吾人以圓教理境代替上帝之王國，蓋以上帝王國為空話，人格神之上帝為情執，故必須以無限智心代上帝，不許其對象化為人格神，始得落實，人能體現之始具其實義。體現之至於圓極，則為圓聖。圓聖依無限智心之自律天理而行即是德，此為目的王國；無限神心於神感神應中潤物、生物，使物之存在隨心轉，此即是福，此為自然王國（此自然是物身層之自然）。兩王國「同體相即」即為圓善。圓教使圓善為可能；圓聖體現之使圓善為真實的可能❷⁹。

　　牟先生藉康德哲學的對反闡發中國哲學，尤其是儒家的義理，可謂至矣盡矣，但却不能夠免於嚴厲的批評。一類批評由康德的立場反擊牟先生所謂的智的直覺根本不合乎康德哲學的原意。康德說只有上帝有智的直覺，原因是只有在上帝，語言、思想、真

---

❷⁹　同前註，頁三〇五～三三五。

實三者才合而為一，故上帝說光，世界就有了光。但人智却必始於感性的直觀（sensible intuition），感官必先受動接受感覺印象，認識心才有用武之地。在《實踐理性批判》之中，康德認為道德行為要有意義，必以意志自由為基設，人在此乃得以跨越現象通往本體（noumenon）。但人無論如何也不可能有智的直覺。同樣，牟先生講圓善，也不合乎康德哲學的原意。康德講德福一致意義十分顯豁，簡單說來，就是善有善報，惡有惡報，賞善罰惡，只有上帝才能給與保證。而牟先生講儒家圓善善的思想明言是詭譎的意義，這與康德的思想有什麼關係？質言之，牟先生講的根本是東方式的道的體悟，與康德哲學乃屬於兩個完全不同的典範（paradingm），何必把兩方面勉強牽合在一起？而由基督教的觀點看，講有限而通於無限，講人的可完善性（perfectibility），其實是一種僭越。上帝與世間分離，人才會謙卑：「天人合一」過分誇大了人的善性，便會產生惡劣的後果。由這樣的觀點看，則必拒斥儒家的思想。再退一萬步說，究竟儒家思想正確，還是基督教思想正確？這是終極關懷事，並沒有任何客觀的標準可以遵循。牟先生只是作了他自己的存在的抉擇，却講得好像理應如是，其實一碰到這一類終極的問題，牟先生儘管顯出他自己強烈的信念，其實並不能夠超出康德《純理批判》所謂「先驗的辯證學」（transcendental dialectics）所揭示的難局。

　　另一類批評比這一類批評的效果還要嚴重得多。從這一個觀點著眼，康德也好，牟先生也好，根本無法妥善地解決價值落實的問題。這樣的批評把康德與牟先生歸入同一陣營之中。康德道德哲學講無上命令，結果不能免於形式主義之譏，在納粹時代，人

依崇高的道德情操無條件地聽從國家的呼召，結果助紂爲虐，陷入萬劫不復之境。牟先生的理境更是講得那麼高，在中國歷史上政治化的儒家却變成了帝國的意識型態的守護人，而明亡理學名儒所作的不過是「平日袖手談心性，臨危一死報君王」而已！如此玄遠的哲學空言終無濟於事，我們似乎又回到了現代人批評傳統的原點，兜了個大圈子以後回歸到康德。新儒家似乎並沒有在具體的價值重建工作上爲我們作出任何有用的貢獻！

六、結合傳統與現代以重建價值的探索

然而我們並非眞的留在原地踏步。如果看完上一節以後仍這樣想的話，就是一種不知類的表現。在前面我們已經指出，價值哲學有兩條不同的線索：一條是反身的，追求存在與價值的根源；另一條是實用的，尋求價值與理想之落實。一般說來，傳統哲學如康德、儒家勝在前者，當代哲學則勝在後者。問題在兩方面要如何才能夠接通呢？在本節之中，我就嘗試作結合傳統與現代以重建價值的探索。

爲了要回答：「爲何我應該道德？」的問題，我們就不能不作反身的探索。當代西方哲學只是預設價值的事實而不向價值的根源的態度是不足取的，故此我們回歸康德是有其必要的。康德的批評哲學由道德行爲倒溯回去，追問其形成的條件，而找到了「意志自由」的基設。也就是說，沒有意志自由，也就沒有道德行爲，這是理上如此，與人類學調查各處的風俗習慣道德規條的經驗研究完全沒有關係。由實踐理性的要求，我們不得不預設意

志自由，但在純粹理性的層面上却無法證明意志自由的存在，這是我們無法逾越的困境。只康德窮智見德，實踐理性更佔優位，人才變成了得以跨越現象（純理的領域）與本體（實理的領域）兩界的存有。由現在的觀點看，康德的某一些觀點是過了時的，譬如他認為現象受嚴刻的因果律所支配，這種建築在古典物理學上面的見解受到相對論、量子論的衝擊之後，已經無法維持下去。但康德認為無法在經驗、科學的層面上證明意志自由的存在則仍然是不可動搖的睿識。只不過我們很難滿足於停留在這樣的情況之下，康德本人就承認人有永恆的形而上的欲求，這才構成他在先驗的辯證學中所揭示的困境。康德以後的哲學乃衝破了他的現象主義，建立了唯心論的體系，黑格爾由動態的觀點看體的開展呈現的確顯示了深刻的洞識而得以傾動一時，但以後也因他的蕩越引起了現代哲學的反激而陷落到今日的透不上去的困境。在這樣的情形之下，我們轉到東方，的確找到了一條比黑格爾更好的途徑。中國的思想一向具有辯證的性格，譬如《周易》所發展的是一套我稱之為「沒有一定節目的辯證法」（dialectics without a program）乃不像黑格爾的辯證法那樣穿鑿附會，跡近歷史定命主義而飽受譏評，以至於黑格爾以後有回歸康德的呼聲。然而康德在理論上雖講「任何理性的存在」，事實上他所講的仍是人，而倡言永遠把人當作目的，不能只當作手段看待。既然事實上只有人在預設意志自由作道德的決斷，那就不能夠避免人的稟賦，以至於心性論的問題。故牟先生藉康德理論的開展回歸中國傳統，是有他一定的根據的。康德的三個基設，意志自由雖不可證，但的確作用於人的道德生活之中，自沒有問題；靈魂不朽既無確證，

也沒有理由期人必信，中國的三不朽：立德、立功、立言，即不
包括個體的靈魂不朽在內，儒家的思想家實比康德採取了更爲理
性、實證的態度；上帝則更渺茫而不可徵，只能訴之於超自然的
崇拜與信仰，康德要限制在「理性」的範圍以內談宗教的「信仰」，
兩方面終不免有不可彌縫的矛盾與衝突存在。由實踐理性的要求
湊泊超越的問題，由康德轉接儒家實比轉接基督教更爲順適自然，
則牟先生由康德的睿識點撥出儒家的智慧尤其是理所當然，只不
過細節方面不可拉得過緊，否則就會呈現東西思想方式有異的裂
縫與毛病。由儒家的觀點看，康德思想缺少了一個十分重要的環
節，就是氣質之性與義理之性的差別的體認。康德認爲克服自然
的缺陷才是道德上更高的成就，他不像孔子那樣能夠同時讚許欣
賞貧而樂、富而好禮的境界，更不能像孟子那樣肯定人人都有超
越的心性只要擴而充之，就會沛然莫之能禦，最後可以達到上下
與天地同流的境界。同情，由康德的觀點看，只能是經驗層面的
一種心理狀態，順著這條線索發展，道德底形上學尚且不能建立，
遑論道德的形上學。這樣當然是天人睽隔，兩方面不可能打通。
康德所體現的確是與儒家不同的一個典範，由儒家的觀點看，不
可能是一個十分可以令人滿意的典範。但說康德是走向儒家的預
備階段，這當然是儒家的說法，不是緊守康德典範者可以接受的
說法，由他們的觀點看，儒家的思想不折不扣是一種逾越。只不
過康德的思想是有一種內在的不穩定性存在，此所以在康德以後，
一方面發展出德國唯心論的形上學的哲學，而另一方面也可以走
一條相反的道路，貫徹康德的現象主義，便可以打開一個完全不
同的局面。利用康德做起點，去逼顯儒家的境界的形而上學，這

無疑是一條可能的途徑。牟先生借康德思想的反闡發儒家的義理即使不能說服康德的追隨者放棄他們的典範，至少可以把傳統儒家內涵的義理揭示出來，這的確是一項超卓的成就。只不過我們需要明白了解採取這種「格義」式的闡釋的限制，就不會作出逾越範圍的推論。

一旦轉接上儒家心性論的線索，那麼牟先生由孔孟到宋明儒包括濂溪、橫渠、明道、五峯、象山、陽明、以至於龍谿思想義理的解析，的確可以說是前無古人，在概念的層次上找到了清楚、明白、確定、而深刻的表達。由反身的方向去探索，由陽明的四有到龍谿的四無，也確有其理上的必然性。但牟先生只由反身的方向去闡發宋明儒的義理，本身就構成了一種偏向，乃無法逃避上節末論者對於當代新儒家與康德哲學所提出的「超越理想無法具體落實」的批評。在本節之中，我所希望做到的，就是提出一條線索來超出這樣的困境。

表面上看來，近來我所做的與牟先生恰恰相反。在去年底臺北的當代新儒家國際研討會上，我宣讀論文：〈儒家理想與中國現實的互動關係〉，就提出了一個十分不同的視域。譬如說，牟先生強調孔子是德性的渾淪的表現，我却強調孔子的生命所顯現出來的有限性，對於所謂人的可完善性有很大的保留。傳統每着重弘揚天人合一的理想，我却反過來特別要提醒大家以天人差距的實際。基本上我認爲超越的儒家理想，並未充分在中國歷史上落實，而強調儒家對於現實的批判精神，並凸顯出儒家理想對反於中國現實的基本性格。

其實仔細看牟先生的東西就會發現，他的思想之中並不缺乏

我所強調的那一方面，只不過這不是他的重點所在，所以沒有着意加以發揮而已！譬如他引羅近溪謂眞正仲尼臨終不免嘆一口氣，這就深深體認到人類的有限性。當代新儒家繼承宋明儒學的線索，一貫有貶抑漢唐的傾向，從來就不認爲超越的儒家理想眞正落實於漢代，而在政治化的儒家與道學之間作了必要的分疏。牟先生在《才性與玄理》一書的後跋之中指出，魏晉時代從王允殺蔡邕，曹操殺孔融後，知識分子稍有智思者，幾無一得善終，可見他對中國過去的歷史，完全沒有任何浪漫理想化的看法。而圓敎的玄思雖到天台的智者、浙中的龍谿才推到了高峯，但智者大師不過「位居五品」，而龍谿更不免於「蕩越」之譏，可見牟先生決沒有「不知類」，把理想的層面與現實的層面混爲一談。但針對一個無理、無體、無力的時代，他乃一反時代低沉的空氣，專一偏重在正面立論，闡揚超越的理境。在現實的層面，他既已指出傳統之不足，並指點了「曲通」的方向，便已盡到了他的責任。我們要接棒往前走，就不能不在反身的方向之外，同時重視具體落實的方向，而在理論上有進一步的拓展。牟先生所闡明的是超越的義理，這是「顯」的一面，但超越的理想要落實，就不能不受到折曲，所以我們不能不重視「隱」的一面。必由這一方向有所開拓才能與現代西方接頭的打開一個新的局面。我在目前所要作的嘗試正是要把隱含在傳統義理後面的另一個方面揭示開來，才可望在兩個方面之間建造一道橋樑。

我著《黃宗羲心學的定位》一書，對於王龍谿（谿）的評價與牟先生不很相同，之所以如此，正是因爲我所取的視域與他不同的緣故 ㉚。我一方面覺得，龍谿講四無屬先天的頓敎，在義理上並

非無據，但在另一方面也覺得，龍谿乃完全排斥錢德洪以心意知物爲四有的後天的漸教，乃不免造成偏向而構成蕩越的結果。故我們仍必須回返王陽明的四句教，才能爲理論找到一條正當的出路。陽明曾說此是徹上徹下語，他那裏接人原有兩種方式：利根之人直從本原上悟人，這是龍谿（汝中）的方式，其次不免有習心在，要教他在良知上實用爲善去惡功夫，這是德洪的方式。陽明並指出，利根之人世亦難遇，豈可輕易望人，要不做功夫，只去懸空想個本體，此病痛不是小小，不可不早說破。由此可見，龍谿所關心的只是究竟話頭的層面，他也確有很高的悟解，才能開啓圓教的說法，牟先生就是由這一個角度着眼而給與他甚高評價。但牟先生指出，說圓頓之旨者在實際修爲上未必能夠達到最高的境界，像智者、龍谿就並不能夠成佛、成聖。故我們雖可以肯定他們在理論上的開拓，卻必須要在同時了解他們的重大的限制之所在。關連著理想與實際，陽明乃明白訓示龍谿「見得此意，只好默默自修，不可執以接人」。龍谿卻不單沒有遵守陽明的訓示，反而以四句教爲權法，乃不免構成蕩越，以後爲劉蕺山所深排。但蕺山又不免偏向到另一邊，所以還是只有回到陽明的中道才能找到理想與實際的交滙點。

我覺得陽明在《傳習錄》中〈答歐陽崇一〉有一段非常重要的談話，正可以作爲我們當前討論的引子。他說：

---

⑳　劉述先，〈黃宗羲學的定位〉（臺北：允晨，民國七十五），頁三五～四六，五四～六〇。

　　良知不由見聞而有，而見聞莫非良知之用，故良知不滯於見
　　聞，而亦不離於見聞。

　　當代新儒家充分了解「良知不由見聞而有，故不滯於見聞」
的涵義，故牟先生同意康德，不能通過經驗科學的研究來建立道
德的基礎，又進一步批評康德，不能只把意志自由當作基設，而
必須要恢復心性論的線索，才能夠真正回答「爲何我應該道德？」
的問題。當代新儒家由反身的方向去探索存在與價值的根源，已
經作出了重大的貢獻，從他們的探索能夠得到相當啓發，大概是
很多人能夠承認的公論罷！但當代新儒家對於「見聞莫非良知之
用，而良知亦不離於見聞」的說法似乎並沒有做到很好的發揮，
而這恰恰是打通道德形上學與經驗研究的一個重要關鍵所在，不
應長期加以忽視，所以值得我們在這一方面作進一步的探索。

　　經驗科學的研究在一義下的確是守所謂道德中立性的。在二
次大戰時，納粹研究火箭，盟軍研究原子彈，是純粹科技的競賽，
事實上並沒有任何保證，道德上合乎正義一邊一定會在科技上得
到更大的成功。但換一個角度觀察，效果就完全不同了。任何科
技的發明，無論是造成原子彈，發明避孕藥或人工受孕的方法，
都可以產生嚴重的道德的效果。我們甚至可以說，世間任何事莫
不具有潛在性的道德的意涵。要怎樣才能作出最好的判斷呢？很
明顯地我們決不能只本之於良知，還必須訴之於經驗探究，才能
夠幫助我們選擇在當前所要採取的立場。同時我們又必須保持開
放的心智，與時推移，隨時準備改變我們的想法，才不至於受到
意識形態或成見的羈絆。原因在於這是屬於分殊的領域，不是屬

於理一的領域。毫無疑問，在這個層面的拓展會受到一定時空的限制，但却是我們當機必須處理的重要問題，決不是只具備有次等重要性的問題。忽視了這個層面的問題就會造成致命的傷害。

由這個角度觀察，不只我們是限定的，孔、孟、程、朱、陸、王也都是限定的。牟先生說認識心是良知坎陷的結果，固然有他特定的含意，但不免引起一種誤解，以爲認識心是第二義的。我提議把坎陷擴大成爲一個具有普遍性的觀念。任何價值的具體實現必是限定的，也就是坎陷的結果。超越的「理一」是無可名狀的，故「道可道，非常道」，《老子》的說法也通於儒家的義理。但「分殊」則必限定，也就不能不是坎陷的結果。如此有限雖通於無限，但並不等同於無限；反過來無限既表現於有限，就呈現相對性，不再具備絕對性。如此生生的仁心必須尋求每一個時代具體的表現；仁心在現代的表現必有它自己的特色，它雖通於古代的表現，却不可等同於古代的表現。只有實之以現代的內容它才會在現代有活生生的表現。無限心必須通過時空的限定，才有具體的表現，這便是「理一分殊」的最深刻的涵義。

基督教的思想家強調上帝（天）與世間（人）的差距，是有其眞知卓見的，把有限的人（分殊）當作無限的天（理一）便會造成偶像崇拜（idolatry）的惡果。田立克（Paul Tillich）指出上帝的信仰並不能夠減輕我們在作道德判斷的恐懼和戰慄，這是有相當深刻的實存的體驗的，終極關懷的確立並不保證我們一定會作出正確的判斷，而有限被無限地膨脹就會產生魔性化（de-monization）的結果❹。這樣的體驗包含了深刻的洞識，新儒家雖拒絕把天當作「絕對的他在」，但天人差距的睿識却可以通過

與基督教思想的交流與對比而被喚醒。所謂「人心惟危，道心惟危」，清楚地顯示，儒家的體驗，可以面對生命的陰暗面，不一定對於人生採取一種單純的樂觀的看法❸。

分殊的重視乃可以幫助我們引進全幅的經驗探究的內容。在理上，我們不可以讓任何東西不通過經驗的檢證。「超越」之在其自己雖無形無象，但既落實於「內在」即有所表現而有情有狀，就要接受經驗的檢證，斷斷不可以單訴之於盲目的信仰。由這一個角度去拓展，乃可以吸納實用主義大部分的思想❸。只不可以把「實用」當作最後的規約原則而已，仍必須把超越的「理一」當作吾人終極的關懷所在。由現實的層面作進一步的拓展，我們甚至可以吸納傅柯（M. Foucault）的一部分思想❸。傅柯認為像醫院一類的體制也有權力結構在內，這是很特別的一個視野，值得我們注意。只不過這種思想很容易墜入相對主義的陷阱，我們不可以不加限制地接受他的看法。

❸ See Paul Tillich, " The Demonic" in *The Interpretation of History*, trans. by N. A. Rasetzki and Elsa L. Talmey (New York : Charles Scribner's Sons, 1936)，pp. 77 - 122。

❸ 參拙作：〈當代新儒家可以向基督教學些什麼？〉《大陸與海外──傳統的反省與轉化》（臺北：允晨，民國七十八年），頁二五九～二七一。

❸ 實用主義已經成為美國哲學的傳統，當前活躍於哲壇的健將如羅蒂（Richard Rorty），卜特南（Hilary Putnam）的思想都有很強的實用主義的成分，參 *After Philosophy*，頁二一～六六，二一七～二四四。連歐陸的思想家如阿培爾也已吸納了很多實用主義的思想，參同書，頁二四五～二九〇。同註❹。

❸ 參 *After Philosophy*，頁九五～一一七，同註❹。

　　這篇文章自不可能在價值重建的內容方面提出任何具體的建樹，但却已明確地指出了一個未來拓展的方向。我堅信新儒家的視野還該進一步擴大，照顧到往具體落實的方向，才可以更彰顯出它開放的性格㉟。同時也只有這樣，才可以邀請更多的人來參與，從事價值重建的艱鉅的工作，面對現實的障礙與問題。

　　已故美國哲學家麥克昂（Richard Mckeon）曾經參與聯合國文教方面有關的工作，獲得一些很寶貴的經驗，值得我們三致意焉。他說人權清單的項目很快就得到各方的共許而通過，理論基礎的問題却是聚訟不休，難以得到共同的定論。或者這也正是洛爾斯採取不談終極價值問題的策略的根本理由所在罷！由此可見，分殊的層面有它相對的獨立性。現代與過去的最大不同處，正在於它拒絕由上面一貫推演下來。但由分殊往上溯，仍是哲學家不可委棄的責任。真正超越「理一」並不專屬於某一個特殊的文化或者特殊的學派。當代新儒家所作的雙向的探索有它普遍的面向，也有它特殊的面向。它所嚮往的是傳統與現代的結合，多元與一元的平衡，由這裏去探索價值重建的一些共識與方向。這種探索不一定必能得到確定的結論，但希望能夠提供一些反省的資糧，邀請有心人一同來思考與咀嚼。

　　（原刊於《中國人的價值觀國際研討會論文集》，
　　　　一九九二、六）

㉟　對於價值如何具體落實的理論探索、經驗探究應當如何定位一類的問題，本文本應詳加討論鋪陳，但因篇幅有一定的限制，修改的時限也不容許，要將論題作進一步的發揮，只有俟之於異日了。

第 二 部

對於傳統的創造性的再闡釋

七、論儒家理想與中國現實的
    互動關係

一、引 言

　　最近有機會讀到美國學院有關儒家人文主義討論的會議記
錄❶，會議由杜維明主持，參加討論的有史華慈等名家，頗引發
了我一些思緒。會議中遇到的一個根本的困難是，大家缺乏對於
儒家的共同了解。其實這個問題一直對學者構成一個巨大的困
惑。有的學者把儒家了解成爲儒家的理想與精神。有的學者則把
儒家了解成爲傳統的典章制度與意識形態。於是大家對於儒家的
評價也就大不相同。有人認爲儒家的理念經過改造之後無礙於現
代化，乃至是促進現代化以後幫助我們走向後現代的世代的一個
不可忽視的力量；有人則認爲儒家傳統是阻礙現代化過程的最大
阻力。其實兩種觀點各得一偏。一方面儒家的理想與精神自不能
夠等同於中國傳統的現實，但另一方面它們之間又有千絲萬縷的
關聯。我提議必須由文化動力學（ cultural dynamics ）的角度
去檢討儒家理想與中國現實之間的複雜互動關係，始能得其繁

---

❶　 " Workshop on Confucian Humanism" Bulletin：*The Ameri-*
　　can Academy of Arts and Sciences, Vol. XLIII, No. 6
　　（ March, 1990 ），10 - 27。

要。我在這篇文章之中只能提出一些初步的構想，希望能夠找到一些線索作爲未來進一步的探索之用。

二、先秦儒家對於理想與實踐的了解

要討論儒家，當然不能不回到孔子。儒家思想在當時成爲顯學，乃因周文疲憊而起。孔子認爲必須恢復禮樂教化，在裏面貫注進新的精神，體現仁道，才能夠解決時代的問題。中國古代思想很明顯地帶有實用的性格，中國並沒有像希臘那樣發展出一個追求純理、注重玄思冥想的傳統。孔子的終極關懷是仁，他的理想是行道於天下。而且他的確作了這樣的努力，所以不辭勞苦，栖栖皇皇，周遊歷國。但是他所收穫的成果却極富弔詭性：他爲了維持一些理想的原則，不肯同流合汚，結果不能用世，只有退而課徒，成就了一個萬世師表的典型，在後世發生了無可估計的影響。

我們常常把孔子與蘇格拉底、耶穌基督對比。方東美先生就常說蘇格拉底所教的不是人生哲學，而是人死哲學，故尼采以之爲先於基督的基督徒；耶穌則更明白宣稱，我的王國不在這個世界，把凱撒的歸給凱撒，而在嚮往他世的宗教與統治現世的國家之間劃下一道鴻溝。然而弔詭的是，蘇格拉底之死與耶穌之被釘十字架，却對西方文化的發展，發生了無可估計的影響。我們慣常強調儒家思想的現世性，它與希臘、希伯來的思想對比，的確表現了十分不同的特性。但我們忽視了一點：理想與現實之間的差距之在儒家，並不下於希臘哲學與基督教的情況。孔子的樂天

安命與蘇格拉底、耶穌基督的戲劇化的死亡顯然有很大的不同，但是我們不要忘記了，孔子在現實世界上也一樣是個失敗者，他的文化理想要到死後才能取得成果。由此我們是否可以領略到文化發展的一個通則：文化理想的落實需要一段很長時間的醞釀，不像政治經濟的政策那樣，會產生當下的急效。而後世所建立的所謂「儒教之國」（The Confucian State），也和所謂的「基督王國」（Christendom）一樣，已經與原初的理想有了很大的差距，而產生了巨大的折曲。理想作為超越的規約原則，對於現實的形成，的確發生了作用和影響，但它只是其中一個重要的成素。如果簡單地把理想與現實之間看成一種──一對應的關係，那就是一個誤謬，明白地為歷史發展的過程所否證。而理想之所以為理想，就正因為它是與事實對反的（contrafactual）。清楚地掌握到這一個理論效果去檢討儒家理想與實踐的關係，就不會為外表的修辭所誤導，而會有許多意想不到的收穫。

毫無疑問，孔子思想所建立的是「天人合一」與「內聖外王」的型態，雖然這兩個詞都不出於他，只是後人用來形容儒家思想的特徵的詞語。不錯，孔子的確如子貢所說的，極少談性與天道。但由《論語》所記載的少數的材料，我們就已經能夠掌握到孔子在這方面的基本的思路了。最重要的一則對話是孔子講予欲無言（陽貨第十七），很明顯地他是把天當作自己的榜樣看待，所謂：「天何言哉！四時行焉，百物生焉，天何言哉！」如果這一則對話乃是孤證，那麼我們還會有所保留。但孔子稱讚堯說：「大哉堯之為君也！巍巍乎！唯天為大，唯堯則之。蕩蕩乎！民無能名焉。巍巍乎！其有成功也，煥乎，其有文章。」（泰伯第

八）堯是孔子最佩服的聖王，也是以天為則，而人民對堯的讚頌，也和對天的讚頌一樣，找不到那一樣特殊的成就來讚頌他。而孔子又稱讚舜，曰：「無為而治者，其舜也與？夫何為哉，恭己正南面而已矣！」（衛靈公第十五）這些都是同一樣的思路，那就使我們沒有任何懷疑了。

天，對於孔子來說，是宇宙間秩序與價值的超越根源，所以孔子對天有很深的敬畏，故曰：「君子有三畏：畏天命，畏大人，畏聖人之言。小人不知天命而不畏也，狎大人，侮聖人之言。」（季氏第十六）正因為天只在默默中運作，從不干預自然與人事，此所以小人才會肆無忌憚，而人必須肩挑起自己的責任，「人能弘道，非道弘人。」（衛靈公第十五）這樣的思想恰正是《中庸》天地參的思想的根源，所建立的是一種「內在的超越」的特殊形態。孔子曾經敍述他自己為學的過程曰：「吾十有五而志於學，三十而立，四十而不惑，五十而知天命，六十而耳順，七十而從心所欲，不逾矩。」（為政第二）為什麼孔子要到五十才知天命呢？我近來思考這個問題，訴之於自己的體證，乃得以斷定，這裏所謂知命，知的決不只是宋儒所謂的理命，也包括他們所謂的氣命。人到而立之年，就該知道自己所稟賦的理命——即《中庸》所謂「天命之謂性」，否則怎麼可能在下一步達到四十不惑的境地呢？但人要到五十那樣成熟的年齡，才得以了解到自己的生命是極有限的，所謂「死生有命，富貴在天，」（顏淵第十二）人的氣命也同出於天。而了解到自己的限制，仍依自己所信守的原則做事，乃「不怨天，不尤人，下學而上達，知我者其天乎！」（憲問第十四）即使世人不了解我的作為，仍

有天了解我的作為。到了六十，則無論聽到好事壞事都能夠坦然接受，而達到耳順的境界。最後到了七十，才能把德行貫注到自己具體的行為之上，而體現一種內外合一的境界。

　　西方人每由此說，儒家思想是樂觀的，因為它肯定了人的「可完善性」。但這只把握到一半的真理。孔子在一方面雖然說：「仁遠乎哉？我欲仁，斯仁至矣！」（述而第七），這是表示，仁不是幻想，它是可以體現在我們生命裏面的東西。但在另一方面，孔子也說：「若聖與仁，則吾豈敢，抑為之不厭，誨人不倦，則可謂云爾已矣？」（述而第七）仁是一個無限體證的歷程，不能說到了那一個點就可以停歇下來，此所以曾子說：「士不可以不弘毅，任重而道遠，仁以為己任，不亦重乎！死而後已，不亦遠乎！」（泰伯第八）正由於儒者的理想高，而現實每不如理想，以此乃有一種強烈的擔負感，而韋伯竟謂儒家倫理之中缺乏緊張的關係，這是只看到儒者所嚮往的中和的理想，沒有看到過程中的緊張與艱難。如果內聖的方面還有嚴重的問題——孔子極少以仁許人，外王的方面問題顯然更大，所謂道之不行者久矣！孔子只是被人認為「知其不可而為」的傻子罷了！（憲問第十四）何來的樂觀的期盼呢？

　　孔子相信，人的問題應該用文明的方式來解決，不應該用野蠻的方式來解決。而他相信禮有仁的內在根源，所謂「為仁由己，而由人乎哉！」（顏淵第十二）仁政的理想要是能夠施行，那就會大治於天下。但這些都是與事實對反的理想。孟子秉承孔子的理想而進一步加以發揮，他道性善，揭櫫「民貴君輕」的仁政理想，某方面講得比孔子更明白更透澈。但儒家在先秦雖為顯

學，在現實上則無立脚點，再算上荀子，所成就的也終只是師道。而對於儒家最典型的批評就是它的理想迂濶，不切實際，解決不了眼前的問題。

三、帝國與其意識形態的建立

基督教由一個貧民宗教變成歐洲的正統，以後基督王國所遭逢的問題決不是耶穌的時代所可以夢見的。同樣儒家政治化以後變成中國的正統，也經過了一個折曲的過程，值得我們仔細認取。在本文之內，我只能給與一個簡單的勾勒，指點出發展的大概趨勢而已！

先秦儒家雖然抱有崇高的理想，但畢竟只是少數人的卓識，如果沒有政治力量的推廣，決不可能變成中國的大傳統。然而弔詭的是，秦漢大一統，帝國建立，儒家並沒有什麼貢獻。秦用商鞅變法，國勢始盛。韓非李斯雖由儒家轉手，却是法家之言，呂不韋是雜家，合縱連橫則是縱橫的伎倆。而秦統一之後，焚書坑儒，雖然坑的是什麼儒，學者有不同的說法，而統治者以儒為敵，則是不爭的事實。而漢初用的是黃老之術，到了武帝，這才罷黜百家，獨崇儒術。

現在的學者老喜歡問一個問題，為什麼專制王朝的統治者會特別垂青儒家思想呢？當然這決不是完全偶然的結果。儒家所嚮往的是一個有上下尊卑的秩序。它繼承周代宗法的制度，但貫注進仁德的內容。由先秦到漢，對於儒家的一套顯然經過了一個篩選的過程。孔子春秋的原則是興滅國，繼絕世，但漢代經過殺功

臣、平藩亂之後，實行的是中央集權的郡縣制。而儒家思想作為帝國的意識形態來說，是有相當有利的條件的。暴秦的迅速滅亡，使人了解到，法家的一套只可以在短期之內奏效，却不能維持長時期的安定和平。高祖的時代，叔孫通訂朝儀，就已經可以看出禮儀的作用。儒家講仁德，落實下來的德性是忠孝節義，無疑對於統治者是有利的。統治者只要略有政治智慧，就知道愛民是有利於長期統治的。當然儒者的空談理想，過分迂濶，仍然是不可以接受的。故此漢家的統治秘訣正如漢宣帝所說，乃是王霸雜之，真正體現的仍是一個儒法並行，陽儒陰法的局面。

同時漢儒喜歡講天人感應的一套，儒家的思想與陰陽家、雜家的思想合流。孔孟的超越的天墮落下來，與陰陽五行的宇宙觀結合在一起，在人事上則表現成為五德終始的歷史觀與政治哲學。這些東西對於中國人的思維方式產生了深遠的影響。董仲舒講道不變，天亦不變。源出韓非的綱常思想通過董生到白虎通，乃變成了天經地義。漢代的儒者與統治者乃形成了一種互相依存又互相抗衡的奇妙關係。一方面儒者用仁德的規約原則去卡統治者，而另一方面統治者則利用綱常、禮教的意識形態去控制臣下的思想，以鞏固王朝的統治。這一套東西形成了中國歷史所謂的超穩定結構，一直要到西風東漸，民國建立，才徹底打破了這一個傳統的架局。

西方學者每每把這個傳統支配之下的中國稱作「儒教之國」，但我却始終無法接受這個詞。一般都認為儒家的現世理想有別於基督教的他世理想，這是不錯的。但進一步引伸就很容易產生一種錯覺，好像「儒教之國」就是儒家理想之落實。其實儒教之國

之並不是儒家理想之落實，正好像基督王國之並不是基督理想之落實，只不過因爲後者有最後判斷的說法，所以比較容易避免把現實與理想等同的錯誤。二者都是超越的理想對於現實發生衝擊以後所得到的結果。很明顯地，在這樣情形之下，超越的理想會受到很大的折曲，是十分容易想像得到的一件事。於是中世紀的教會變成了現世中間一個強大的勢力，而漢代的官僚階層則變成了曲學阿世迎合上旨的工具。由此可見，超越的理想在文化形成的過程中，的確發生了相當的力量和影響，但它決不可能完全落實。它乃是形成現實的一個力量，由於種種條件的輻湊，影響時盛時衰。故此由歷史的觀點看，思想決定論的看法是不可以接受的。韋伯論資本主義之形成追溯到喀爾文主義，有很多是非預期的結果，這種說法無論能否成立，的確有其卓識，頗有一些可以爲吾人借鏡之處。

我們檢討儒家的理想與實際，就可以知道此方面的差距是巨大的。內聖方面已經有相當問題；孔子從來沒有自稱爲聖人；他的學生顏回是德行方面最有修養的人，只有他可以做到「其心三月不逾仁」（雍也第六），其餘則日月至焉而已矣，可惜顏回又不幸短命早死了；孟子則從來沒有被推尊爲聖人。至於外王方面，問題就更大了：且不要說堯舜，文武已經是離開孔子幾百年前的事了。孔子只是表示了一種主觀的信念，只要上面的人有德行，自然上行下效，天下大治。但事實上並沒有聖王，連像樣的國君也沒有，孔子回到故鄉課徒的命運是註定了，而他教的恰正是與現實對反的理想。在事實上，不要說大同的理想不可能實現，就是小康的局面已經是難能了。儒家的思想顯然是有很強烈

的理想化的成分，而它的力量的泉源恰正來自它對於理想的堅持。正因爲它的理想對反於現實，才對於現實產生巨大的衝擊，這就是歷史的弔詭。

到了漢代，政治化的儒家形成，儒家的理想性自然而然地減弱了，像孟子所形容的那種大丈夫氣概已不可見了。爲專制王朝服務的儒，熊十力先生在《原儒》之中直斥之爲奴儒。他甚至於斥責孟子爲孝治派，這不免太過分了，他是把自己時代的革命思想當作標準去批評古人，那不是可以衞護的看法，我們自不必同意他的見解。但在孔子本人，已有君子儒、小人儒的劃分，孔孟都體悟到鄉愿（德之賊）的禍害。但政治化的儒家一旦成爲事實，則眞儒之不世出，俗儒之到處充斥，乃成爲一個不可抵擋的趨勢了。我們看董仲舒之雜合陰陽，固化綱常，對於先秦儒來說已經是一大折曲，但是現實上的折曲還遠不止此。武帝用了董生的對策之後，董仲舒在朝廷裏並不得志，得志的是公孫弘那樣的俗儒。而漢室最得力的人決不是儒者的清流，乃是披着儒化的外衣的酷吏如張湯之流。顯然儒家的德性受到政治力量的推廣而深入民間，發生了巨大的教化的作用，漢代也的確建立了一個亙古未有的偉大文明。正好像基督教在中世紀發生了廣大的教化作用，建立了神權政權，却不能夠說是天國理想在世間的實現一樣，儒化的現實與儒家的理想仍有着不可化約的差距。

事實上我們只有由這一個角度去看，才能夠眞正了解朱熹與陳亮的辯論的意義。我著《朱子哲學思想的發展與完成》一書，首先注意到一個奇特的事實，就是被後世尊奉爲正統的朱夫子，

在他本人的時代却是一個持異議份子的身分 ❷ 。由於宋室南渡，秦檜當國，許多知識份子包括朱熹父輩的一批學者散處邊陲，這才開出了閩學興盛的線索。朱子並不認爲熱中利祿的官學能夠眞正肩擔起教育的責任，故此他糾合同志，提倡書院教育。他的努力是自覺的，在有名的〈中庸章句序〉之中，他提出道統的觀念時竟說：「若吾夫子雖不得其位，而所以繼往聖開來學，其功反有賢於堯舜者。」（《文集》卷七十六）這樣的立場明白地把師道放在君道之上，顯然比孟子的思想又往前推進了一步。朱子並無意把現實的政權取而代之，他旣找不到比君主制更好的制度，乃只有尊君之位，恪守自己做臣下的責任。但他可以建立超越的理想，對於現實政治作出不妥協的批評。從儒家的觀點出發，仁政的基礎是在仁心。此所以朱熹在與陳亮的辯論之中，乃謂三代以後的歷史都是黑漆一團，而引起了陳亮的不滿和反擊。朱熹平時一貫持實在論的立場，重視經驗，他主張建立社倉，決非不通庶務的書生，又編通鑑綱目，十分重視歷史的發展，爲什麼他與陳亮論辯時會有這種表面上完全不切實際的說法呢？顯然他必定有一個很深的用意。他頌揚三代，湯武弔民伐罪，乃是出於仁心公心，而漢以後的朝廷都是私天下，從這一個角度著眼，就不能不加以批判。但在現實上家天下的制度旣變不了，那就只能退一步而求其次，希望人君能夠受道德理想的約束，而籲其正心誠

---

❷ 劉述先著：《朱子哲學思想的發展與成就》，臺北，學生書局，增訂版，一九八四，第七章：〈朱子與現實政治以及功利態度之對立〉，頁三五五～三九三。

意，親賢臣遠小人，把政治弄得清明。連這都做不到，那就只有在野作持異議份子，在民間興學，另闢蹊徑，擔負起敎育文化的責任。宋儒這樣做，正是要把儒家超越的理想，由現實的政治解構出來。以此漢唐盛世，由道學的觀點看來，却只能獲致很低的評價。這等於明白否定所謂的儒敎之國乃是儒家理想具現的結果。眞儒必須維護超越儒家理想的純粹性，對反於政治現實，才能對之產生一種衝擊制衡的作用。平時大家只看到政治化的儒家作爲帝國的意識形態的一面，完全看不到我在上面提出的那一面。但論者却又在同時批評儒者迂濶不切實際，也看不到一個很深的弔詭：即眞正的儒者在傳統的架構之下，根本不能用世的事實。陽明那樣的大才，在平亂之後就不能不背謗，理想與現實的對反乃構成傳統儒家的悲劇的根源。但世人惑於儒者外面的修辭，沒有去深究裏面所隱涵的矛盾，徒發而爲道不行那一類浮泛的嘆息，以至難以掌握事實的眞相。由此可見，國史的研究需要全新的視域去加以省察，始可以看到超越理想與政治現實之間複雜的交互作用，這樣才可望恢復我們的歷史的眞相。

但宋儒的解構不可能是徹底的。朱熹提倡書院敎育，仍必須得到朝廷的支持。而更弔詭的是，朱熹死時雖被誣爲僞學，但死後不久即得到平反，以後即有人借道學之名去謀取權位。朱熹本人譴責科擧害志，那知到了元朝，他的集注就變成官學、仕人考試必由的階梯。明代朱學已漸喪失活力，這才引起了王學的反動。而明朝實行專制，興文字獄，宰相制度被徹底破壞，又有廷杖陋習，士風敗壞莫此爲甚。但明代的知識份子在專制淫威的壓迫之下，還有許多可歌可泣的表現。到了清朝，異族入主中原。

最奇詭的是：傳統儒家向來抱持政教合一的理想，但事實上却是政教分途，前述朱熹即是一個明顯的例子，那知到了清朝，政教合一竟成爲了事實，康熙號稱聖主。雍正以辯論的方式折服曾靜，頒《大義覺迷錄》，目標顯然在政統與道統的歸一。而表面上似乎不可以解釋的一件事情是，程朱之學自康熙以來即被尊爲正統，得到政治力量的支持，那知反而完全喪失了活力與生命，乾嘉乃以考據爲顯學。這樣的發展當然有多方面的理由，但其中一個重要的理由可能正是：超越的理想徹底墮下，既失去了與現實對反的作用，也就失去了對現實衝擊的力量而變得不相干了。帝國的意識形態建立，留下來的是一個僵化的軀殼，這樣的東西怎麼經得起時代浪潮的衝擊呢 ❸！

四、五四以來逆反的浪潮與當代新儒家 重建的努力

如果以上所說不誤的話，我們就得在中國的傳統與儒家的理想之間作一個明白的區分。儒家的超越理想是形成中國傳統的一個重要的成素，它影響了傳統的典章制度、意識形態，乃至民間習俗，以及中國人的思維方式。但我們仍然絕對不能在儒家與傳統之間畫上等號。事實上傳統只體現了儒家的部分理想，基本上

---

❸ 本文所舖陳的論點與近作：〈有關儒家的理想與實踐的一些反省〉《中華書局成立八十周年紀念論文集》一文相重疊，但本文把論旨更往前推進了一步，即強調超越理想與政治現實之對反性，這是我近來越想越明徹的一個論旨，讀者幸加垂注。

儒家的理想是與現實對反的。到了現代，我們要檢討究竟是什麼阻礙了中國的現代化，那就更不能不作出分疏，否則根本不可能得到正確而中肯的論斷。

　　兩千年來由儒家思想演化出來的名教思想的確根深蒂固，發生了巨大的影響。在清朝它發揮了最後一次作用，那就是曾國藩藉名教的力量，打敗了太平天國。但洪秀全所顯示的是極膚淺的西化的影響，所以連西方人都不予以支持。張之洞提倡：「中學為體，西學為用」，根本就抵擋不住西方的洪流。到民國締造以後，袁世凱還想借傳統意理的力量圖謀復辟，就一敗塗地了。歷史是不可能倒轉的，中國的朝廷政治是過去了，但民主共和並不容易在中國生根，中國往未來走，還是一條漫長而艱困的道路。

　　我們現在要省察，由五四以來，國人反對的究竟是什麼東西？簡單說來，是封建意識，是吃人的禮教。向西方又要吸收些什麼東西呢？簡單說來，是德先生（民主）與賽先生（科學）。封建意識其實是一個很含糊的觀念，周代的封建制度到秦漢就已經廢置了，故此它所意指的乃是在專制王朝的長期統治之下，在君權父權的意識形態的宰制之下，喪失了獨立思考的能力所形成的一種意識。這樣的意識即使到王朝終止之後，仍潛存在人們的心中，發生了阻礙現代化的力量。禮教則因為完全喪失了原初制禮作樂的根本精神，僅只留下一個僵固的軀殼，於是實行起來徹底違反人性，才會產生吃人的效果。這些惡果是否與儒家有本質性的關連呢？如果儒家指的是孔孟所標舉的理想與精神，那麼二者之間決不可能有任何本質性的關連。孔孟雖然肯定一個有上下尊卑的秩序，但不要忘了，他們在同時也強調正名的觀念，所謂

君君、臣臣、父父、子子。他們自覺地要以超越的仁致的理想去約束統治者，才能夠吸引到民衆自願的歸附，而在朝廷失義的時候，即恥求富貴；這與後世奴儒盲目地順從權威，有什麼關連呢？孔孟都明言匹夫不可以奪志，他們所提倡的批判精神，恰正是封建意識的反面。至於禮教，孔子稱讚林放追問禮之本的問題，喪儀的重要是由於人心的悲戚的感情的自然流露。（八佾第三）孟子更明白提出惻隱之心，僵化的禮教毫無疑問是異化以後產生的結果，決不能夠歸咎於原始儒家的理想與精神。

然而儒家的思想是否有其本質性的限制呢？那當然是有的。以儒家爲主導的中國思想側重自然與人事的有機關連，缺乏了希臘式的純理的層面，也排拒機械論的思想：這在哲學上可能是一個正確的抉擇，但這却使得西方近代的科技革命、產業革命不可能在傳統中國發生。同樣，由於中國傳統思想一向把政治當作倫理的延長，西方近代的民主自由人權法治的觀念，也就不可能在中國的土壤生長出來。但中國文化不能產生民主科學，並不意謂中國不能向西方學習民主科學。我們再要進一步檢討，儒家的理想與精神有沒有在本質上與民主科學互相矛盾衝突的地方。

如果儒家的思想內容是一成不變的話，那麼兩方面的矛盾衝突自不可免。我們暫時撇開科學的問題不談，專由民主的問題著手。如果我們株守孔孟堅持君主制的立場，那當然就會妨害民主意識的成長。但儒家思想的內容不斷在改變之中：漢儒的折曲，宋儒依於超越的理想與現實政治解構，都是明顯的例子。而仁政的基礎在仁心，仁心在不同的時代環境儘可以有十分不同的表現。到宋儒即能夠深刻地體悟到「理一分殊」之旨，實在是一件

大有意趣的事情❹。朱熹最喜歡借用「月印萬川」的比喻來說明
這個道理。月亮在水裏的投影是千變萬化的，却都是同一個月亮
的投影。我們再進一步推廣來解釋，也就可以體悟到，超越的理
是不可以具體的表現來範圍的，但它們之間確有一條一貫的線
索。而每一個時代都得追求自己的表徵，爲超越的理作見證，決
不可以依樣畫葫蘆，像陸象山所斥責的依彷假借，根本就徹底喪
失了內在的精神。象山說他自己的學問全無杜撰，所繼承的正是
孟學先立其大的精神。由此可見，儒家思想的內容，有與時推移
的成分，也有萬古常新的成分，需要我們仔細加以認取。宋儒所
以敢與實行了一千年的家天下的現實政治架構解構，就是因爲他
們對於自己內在的仁心有強大的信心的緣故：這一顆仁心既內在
於每一個人的生命之中，又有一個超越的根源。到了現代，如果
這一顆仁心還能發揮新鮮活跳的作用的話，那就一定會反對傳統
專制的模式，而採取現在西方民主的模式。這解釋了，當代新儒
家爲什麼一定要衝破傳統的藩籬，而清楚地體認到，傳統由倫理
到政治的直貫模式是不行的，必須採取西方曲通的模式，把政
治的領域由倫理獨立開來。傳統的臣屬（subordination）關係要
爲現代的平列（coordination）關係所取代，務必另起爐灶，建立
民主自由法治人權的架構，人（仁）道的精神才能得到進一步的
發揮與體現。

---

❹　一九八九年八月在夏威夷舉行第六屆東西哲學家會議，我提出的論文
　　就是：〈理一分殊新釋〉，此文中文本在《法言》雜誌分兩期發表。
　　上篇刊於《法言》第二卷第四期（一九九○、八），頁三七～四二。
　　下篇刊於第五期（一九九○、十），頁二三～二八。現已收入本書之
　　內，見頁一五七～一八八。

　　由這樣的線索乃可以了解，為什麼新儒學在清初沉寂了近三百年的時間，到了現代又突然得以振興的根由。照我的理解，當代新儒家所作的是兩方面的工作。一方面是對於儒家的理想與精神的再闡釋（reinterpretation）使其賦有現代的意義，而另一方面是努力作自我的擴大。吸收現代一些更合理的方式，而對傳統進行解構（deconstruction）與改組（reconstruction）的工作。新儒家既反對傳統派之抱殘守缺，也反對西化派的自我否定的立場，而希望另覓蹊徑，一方面要盡量利用傳統的資源，另一方面又要大力清除傳統的積澱，以面對現在，而寄望於未來。當代新儒家的吸引力正在它對於傳統與現實的雙向的批判。

　　論者或者譏嘲新儒家思想之不切實際，這恰好把我們帶回到我在本文中所提出的基本論旨。如果說新儒家提不出一套具體的方案來解決現實的問題，這樣的批評與譏嘲孔孟為迂濶或者指責朱熹的理學救不了宋亡，是一類的東西。儒者的超越理想並沒有任何保證可以由儒者本人具現於當代。恰正相反，如果本文所作的觀察不誤的話，儒者的理想不但不可能在當下產生急效，而且必須經過一段時間的醞釀，受到相當折曲之後，才能部份落實而變成我們文化傳統的一部份。故此對於當代新儒家真正有意義的問題是，他們提出的理想是不是能對反於當前的現實產生衝擊，變成推動文化發展的一個不可忽視的力量。第一期儒學（先秦）的活力表現在漢代的統治者不能不由儒家理想攝取一些養分以建造帝國的意識形態，第二期儒家（宋明）的活力則表現在宋代以後的統治者不能不在相當程度下肯定儒家理想在教育文化上發生的巨大影響，而第三期儒學（當代）是否能夠表現活力，就要看

它能不能夠繼承傳統的精神，改造傳統的內容，以應付西方的挑戰。事實上我們不信任何人能夠預見第一二期儒學怎麼可以發生這樣巨大的影響，同理我們也不能預測第三期儒學的未來究竟會怎麼樣。到目前爲止，我們只能看到，第三期儒學由熊十力先生開始，在學術界始終是一個有活力的思潮，它本身就是一個值得注意與研究的對象 ❺。而當代新儒家自覺到，他們所面對的處境與以往是完全不同的。他們既已接受民主的理念，就必須採取政教分離的方式。他們在目前面臨的最大挑戰就是，如何促進民主在中國落實，同時維護儒家仁道的理想與生生不已的精神於不墜。而這決不是一件容易的事情。

五、對於現狀的了解以及對於未來的展望

我們採取了儒家的超越理想與現實互助的觀點去探索，對於現狀的了解就會得到一個全新的視野，對於儒家的功罪問題，也會得到與衆不同的理解。簡單地說來，正好像孟子所說的，有不

---

❺ 大陸如今正在開始有系統地研究當代新儒家。一九八七年九月在安徽宣州召開了第一次全國性的「現代新儒家思潮」學術討論會。由方克立、李錦全主編的《現代新儒學研究論集㈠》已經出版，（中國社會科學出版社，一九八九，四）。初步確定以梁漱溟、張君勱、熊十力、馮友蘭、賀麟、錢穆、方東美、唐君毅、牟宗三、徐復觀十人爲重點研究對象。（見頁九）最新消息又增加五人：馬一浮、余英時、杜維明、劉述先，成中英，將出版他們的論著選輯。「現代新儒學輯要叢書」第一輯六冊（牟、唐、方、杜、余、劉）已於一九九二年五月由北京中國廣播電視出版社出版。

虞之譽，有求全之毀。我們現在挑選毛澤東與日本和四小龍這兩
國例子來略加剖析，就可以了解我的命意所在。

從新儒家的觀點看，毛澤東提倡馬列，專攬階級鬥爭，他的
徒從在文革時代污蔑中國文化傳統，簡直無所不用其極，不可能
與儒家有什麼關聯。但大陸的西化派却猛攻儒家的封建思想，顯
然認爲這一套還在大陸發生阻礙現代化的作用。其實他們是利用
批評過去來影射當今，譬如毛澤東的帝王思想人人皆知，追本溯
源就不能不責怪儒家思想，而老虎的屁股是摸不得的，於是儒家
就變成了替罪的羔羊。我曾經指出，這樣做是打死老虎，解釋不
了幾十年來大陸的變亂以及貧窮落後的事實。儒家講和諧，一向
主張藏富於民，也沒有嚴密的黨組織，文革這一類的怪現象是不
能歸咎於儒家的❻。這樣的問題本來是無可爭辯的，但光這樣分
析並不能夠解開大陸學者之惑。八八年暑在新加坡開會，金觀濤
就提出了儒化的馬克斯主義的論旨❼。金觀濤明白承認，不能把
共產黨的一套與儒家的一套劃等號，但他仍然認爲馬克思主義進
入中國之後受到了儒化的影響。他這樣的分析當然會引起許多非
議，主要的癥結在於，他仍然未能在儒家思想與中國傳統之間作
出足夠的分疏，以至陷入泥淖之中。但我覺得，如能補上一些必
要的分疏，他的想法仍然是有意義的。海外的學者所缺少的是在

❻ 參拙著：《大陸與海外——傳統的反省與轉化》（台北：允晨，一九
八九），頁一一二。

❼ 金觀濤：〈儒家文化的深層結構對馬克思主義中國化的影響〉，金觀
濤、劉青峯合著：《新十日談》（臺北、風雲時代出版公司，一九八
九），頁二三一～二五〇。

大陸生活的實際經驗。金觀濤提到毛澤東的道德理想主義對於青
年人的吸引是建築在他親身的經驗之上，應該是有相當代表性
的；而他認爲這種道德理想主義的吸引力的根源是來自儒家傳
統，也不能說是完全沒有根據的。他所缺乏的是沒有好好討論儒
家的理想與精神在馬列框架以內受到的折曲。由本文所提出來的
新領域來加以分析，這樣的現象便是完全可以理解的。儒化傳統
在當代仍然有巨大的影響力，而中國在現代走上社會主義的道路
決非完全是歷史的偶然。中國古代一向有「不患貧而患不均」的
思想，而兩千年來中國的老百姓一向習慣於一元化的領導。故此
共產黨雖然用階級鬥爭代替了傳統儒家仁道的思想，甚至提倡破
四舊，肆意破壞中國的文化傳統，但它與之仍有着千絲萬縷的關
連。毛澤東之要把馬列中國化，決不止於倡導農民革命一項，他
是有意地採取一種策略，要把馬列的理想與中國的現實結合在一
起。不幸的是，信奉共產革命的人缺乏先見，既看不到吉拉斯的
《新階級》所提出來的根本問題，又看不到廢棄私有制會產生缺
乏生產動機的嚴重問題。而在中國，實際產生的是，經過列寧、
史太林、毛折曲以後的馬克思主義，與經過專制王朝政治化儒家
折曲以後的中國傳統兩方面結合在一起。這使得中國大陸無法擺
脫專制、貧窮、落後的命運，而隱藏在下面的所謂封建意識仍然
在大陸的土壤上發生消極負面的作用。由此可見，新儒家提倡超
越的理想與精神是不可能與這一套有任何關連的。它既批判由漢
以來政治化的儒家而要徹底與之解構，並明白宣稱要與西方式的
民主自由法治的架構結合在一起，它與毛澤東所提倡的恰好站在
對立面，不應該有任何誤解的可能。由此可見，西化派憂慮在今

天提倡「新儒家」，就會助長封建意識的滋長，是沒有根據的。而把毛澤東當作儒化的馬克思主義，不在概念上加以分疏，就會產生領域的混亂。毫無疑問，毛澤東是中國傳統的產物，但他完全看不見儒家的超越理想與價值。結果是在他和共產黨的領導之下，批評儒家最烈的大陸反而變成了最貧窮落後的地區，這實在是歷史最大的諷刺 ❽ 。

　　如果說毛澤東的一套不能歸咎於儒家的超越理想與精神，那麼日本與亞洲四小龍的表現又是否可以歸功於儒家呢？毫無疑問，這些地區是受到儒家思想影響十分巨大的地區。依我個人之見，儒家思想不能直接產生資本主義，這是不待言的。但東亞既吸收了資本主義的方式，發展到了某個階段之後，乃產生了經濟起飛的結果，而變成了成功的範例，這同樣是不可預期的現象。湊巧這些地區都是儒化廣被及的地區，一定要說這些地區的經濟成就與其傳統文化完全沒有關係，反而是一種矯情的說法，難怪許多學者現在都在研究兩方面可能有的關連。無可諱言，受儒家影響的傳統由漢代以來即抑商，日本過去也是如此。但傳統不斷在變化之中，士農工商的排列次序到了明代已經不是那麼回事了。譬

---

❽　有謂毛澤東晚年只讀古書，不讀西書，可能影響他在晚年作出錯誤的抉擇，參汪樹白：《毛澤東思想與中國文化傳統》（廈門大學出版社，一九八七），頁六～八。史華慈（Benjamin Schwartz）在一九八八年訪問新亞書院時就對這種說法提出質疑。他認為毛澤東既接受馬列思想，就對他一生發生影響，並不在乎他日常讀什麼書籍，因此把他晚年轉向偏激的事實歸之於傳統的影響的說法是可以商榷的。我想史華慈的質疑是有相當理由的。

如王陽明就說：「四民異業而同道」，到了明清之際，乃至有「棄儒就賈」的趨勢❾。正好像新教徒並不把發財當作本身的目的，儒化的商人也不把發財當作本身的目的，但由科舉出仕的道路是走一道窄門，不能不打開另外的路子。而且不僅儒家爲然，道家也一樣，道家做生意可以說是大隱隱於市，禪宗則講當下即是，非必一定要走出家的道路。故問題轉化成爲，是否可以同時做殷商而仍護持一些基本的儒家價值，如忠孝仁愛之類，答案似乎是肯定的。如所周知，有一些日本的大名（武士）乃轉化成爲了財閥。而一旦資本主義自由經濟的方式被東方人接受，乃與東方人的管理方式結合而產生了一種新的模式。譬如日本的公司注重合作，不凸顯個人；提倡效忠，刻意照顧員工的福利；鼓勵勤勞，努力工作之類。這樣效果反而凌駕乎美式純個人主義的成就之上，使得西方人爲之刮目相看。或質疑新儒家的改組說，要改造傳統儒家的理念，使之與現代化湊泊，其實兩方面只有外表的形似，譬如傳統儒家自強不息的生命精神，在實質上是反功利的，怎麼可以與現代社會的拚搏精神混爲一談呢❿。由現代新儒家的觀點來看，理一而分殊，超越的生生的精神當然不必具現爲現代社會的拚搏精神，但也不排斥它在現代尋求新的具體的表現的方式。於是有人可以由學術來表現自己的生命，有人可以由文

---

❾　余英時：《中國近世宗教倫理與商人精神》（臺北，聯經，一九八七），頁一〇四～一二一。

❿　參蔣國保：〈儒學的現代走向〉，《現代新儒學研究論集㈠》，頁一二五～一二六。

學藝術來表現自己的生命力，當然也可以有人可以由企業來表現自己的生命力。但我們應該了解到，這些仍然都只是生生的精神的有局限性的表現。一方面我們由分殊的角度肯定這些成就，當下即是，另一方面我們也要像宋儒那樣體悟到，由超越的角度看，堯舜事業也不過如一點浮雲過太空。這才是兩行之理的體現。我們的生命不論多偉大，也仍然只是一個渺小的有限的生命，但有限而通於無限，正像《中庸》所謂的「與天地參」，這才能在不完成之中完成我們的生命。我們的一切努力不外仍在體道而行，當然今日我們體道的方式與古人不同。現代人不必像過去那樣一味排斥功利思想，而要努力提倡蘊義於利，其實這並不背於孟子的精神。只有當功利完全獨立自成為一個機括，造成傷天害理的結果，那才需要鳴鼓而攻，大力加以批判。其實現代人也一樣不可以見利忘義，南非的種族隔離，引起世界各國加以經濟制裁，就是一個明顯的例子。日本與香港的一些大商家明言儒家倫理與他們的事業是配合的，這說明經過現代的解釋，兩方面不必一定矛盾衝突。另一方面，儒家思想又能提供現代人所缺少的精神資糧。最近新聞報導日本暢銷作家井上靖以生動活潑的筆觸寫《孔子》一書，初版印三萬冊，不久就銷售了幾十萬冊。我問日本的朋友如何可以解釋這一現象，他們說現代人只知賺錢，精神上感到空虛，需要孔子給他們提供精神上的安慰。

由以上的討論，我們可以看到，當代新儒家與現代社會的關係是既相合而也相違的。他們的改組並不是要一味去遷就現代。他們一方面要與時推移，衝破傳統的藩籬，追求自我的擴大，把現代的企業精神也吸納進來成為生生的精神的一種表現。但在另

一方面，當代新儒家也對現代採取一種批判的態度，舉凡科技、商業的活動，雖然有相當的獨立自主性，但當它們產生破壞自然、違反人道的結果，那就不能不加以譴責，而這與現代人的抗議性的精神也是互相配合的。

如果我在以上的分析不誤的話，那麼日本與東亞四小龍的興起，儒家思想並不佔主導的地位，但在發展的過程中，儒化傳統却發揮了強大的支援作用。由此可見，歷史是難以預測的。但事態一旦形成，我們却可以給予適當的評價與定位。現代工商業的成就是要加以肯定的。只要不傷天害理，以欺騙下流的手段致富，孔子就說過，「富而可求也，雖執鞭之士吾亦爲之。」（述而第七）只有當不以其道得之的情況，則富貴於我如浮雲。而正德利用厚生，以正當的方法增加生產，蓄積財富，又在同時熱心公益，取之於社會，用之於社會，這絲毫並不違背儒家的宗旨。在一個現代社會中，正好像一個基督徒可以去選擇做任何行業，一個以儒家的仁心與生生的精神爲終極關懷的人也可以依自己性之所近選擇去做科學家，政治家或企業家。理一而分殊，這是儒家理想與精神的擴大，絕對不可以抱殘守缺，固守壁壘，以致造成精神上的萎縮，恰恰違背了生生的宗旨。現代新儒家努力尋求給與儒家的信息嶄新的解釋，一方面要大膽地創新，另一方面却又有所傳承，對於時潮並不盲目接受，而在同時有所批判，有所選擇，才能眞正找到自己要走的道路。

由日本與四小龍的例子，我們可以清楚地看出，現代化與傳統並不是完全互相對立的兩極。問題在我們要怎樣充分利用傳統的資源，限制傳統的積澱所造成的壞效果，而摸索到一條道路。

所謂全盤西化，既不可能，也不可欲。譬如說，美國的經驗是不可以重複的，許多地方也不足爲我們取法。美國現在逐漸步入後現代的階段，毛病已經暴露無遺。西部拓荒的精神已經蕩然無存，整個社會是一個消費的社會，服務業鼎盛，只貪逸樂，不事儲蓄。國家的收入不是用在建設上，像過去那樣築了鐵路，後世還可以受惠，現在却是大部份用來償還利息，而最大的債權國乃是日本。我在美國中西部住了十多年，才知道美國今日所以能夠維持一個局面，就是因爲美國畢竟還有許多人依然保留着強烈的宗教信念，恪守工作倫理，勤奮努力不懈，才能夠擔當起社會棟樑的責任。到了那一天城市的虛驕之風漫延，以錢滾錢，吸毒，攪性關係，美國淪爲二流國家的地位就指日可待了。而美國教育的危機有識之士已在大聲疾呼必須加以正視，謀求有效的對策，簡直已經到了寢食難安的地步了。而大陸學者往往批評當代新儒家徒看到現代的弊病而加以譴責，這樣可以導致現代化還未起步便已胎死腹中的死症，他們認爲貧窮落後的大陸，別無選擇，只有義無反顧，全心全意地現代化，才能衝出一條出路。但這種推理是虛假的二分法推論出來的結果。難道中國要現代化就要先提倡消費，不事積蓄：人人都去享受洋煙洋酒、外國電視；大攪公關，由上到下，大吃大喝，那麼急需用的資本從何而來呢？而假借開發爲名貿利的做法，環保生態都可以不管，山林砍伐，水土流失，無須等到後現代，就已經事態嚴重了。而全國文盲的數量，根據官方的資料，都承認有兩億幾千萬之多。這些問題都可以不理嗎？盲目地西化，必定未蒙其利，先受其害。新儒家力主促進現代化，但同時呼籲必須自己作主，有所選擇，我們沒有理

由去重複西方的錯誤，同時要配合我們自己的情況去引進西方的
東西，才能產生比較良好的效果。大陸只有在傳統、馬列、西方
三方面產生健康的互動，未來才有希望。

　　往未來展望，公有制是不可能維持下去的，同時民主潮流的
大方向是不容否定的。世界歷史的演進絕對不容逆轉，否則就會
被無情地淘汰。但是中國要怎樣引進私有制，民主法治的制度？
這裏所牽涉的實際問題却不是哲學家可以解決的。這需要國家產
生新一代的領導人，把中國帶上一條正確的道路。而中國的改變
決非一蹴可至的，它免不了要經過一個長遠而痛苦的歷程。我們
不能空想，民主在隔夜就會在中國生根，理念的確立還需要廣大
的支援意識加以支持，才可以竟其功⓫。坦言之，到今天為止，
即使在四小龍，民主的落實還是很成問題的。一般地說，東方的
老百姓更憂慮失序造成的痛苦，只有知識份子才憂慮專制的禍
害。但經濟的現代化不配合政治的現代化也是難以奏功的，這畢
竟是一個不可抵擋的潮流。蘇聯東歐要走這一條路，中國也必定
要走這一條路，只實際如何改變難以逆料罷了！將來的馬列也和
儒化傳統一樣，經過批判改組之後會由主導的意識形態轉變成為
輔助的支援意識。

　　或曰：新儒家既提不出解決問題的具體藍圖，那有什麼用
呢？此又不然。現代哲學已經徹底放棄了藍圖的概念。從柏拉圖

⓫　林毓生等著：《五四：多元的反思》(香港，三聯，一九八九)。參林毓
　　生與王元化的辯論，頁一～四五，他與許紀霖、蕭功秦的對話，頁二
　　四一～二五一，以及我對五四的回顧與前瞻，頁四六～六一。

的理想國到康有爲的大同書，烏托邦的構想是難以落實的。就實質內容來看，現代人已放棄了永恆眞理的追求。這與現代新儒家的思想是相合的，超越的理一是不能以公式表達出來的，實際的分殊則必受到時代環境因素的限制。但新儒家也反對後現代趨於相對主義的傾向。故新儒家必須提出仁心與生生的精神爲終極關懷，在內心有所信守，而以之爲規約原則，對於現實加以不斷的批判。在現代多元的架構下，新儒家並無意排斥異己，而採取一種開放交流的態度。但只要仁心與生生的精神在自己的生命之內得到體現，同時對反於現實發生文化批判的作用，那麼不論是否仍保留儒家的名義，這樣的精神不死是可以斷言的。

（原刊於《當代新儒學論文集、外王篇》，一九九一）

八、由權威到威權

一個歷史的回敍

一、權威不同威權

現代人一聽到「權威」就皺起眉頭，認爲這是一個不好的字眼，其實我們的生活脫離不開各式各樣的權威。生了病看醫生，是信賴醫生的權威。一出門口，駛出馬路，就要服從交通規則的權威：在香港大家都靠左走，停紅燈；要是有一天大家都不守約定俗成的規則，那就會亂了套，免不了出車禍傷人命。由此可見，我們所眞正討厭的並不是「權威」，而是「威權」。那種以權勢把不合理的東西強加在衆人頭上，威迫大家接受的專制做法，才是現代人越來越無法接受的方式。由去年開始，爭取民主自由的浪潮已經擴散到了東歐乃至蘇聯，這是全世界沒法抗拒的趨勢。我在這裏打算作一個極簡單的歷史的回敍，看看我們的傳統文化怎樣由追求權威的建立滑落到威權的籠罩。舊的心習到今日還在負隅頑抗，變成現代化過程中的障礙。也可以說我是用一種溫故知新的方式爲大家提供一些反省的資糧。

二、儒家反對威權

　　我們平時常常習慣於一種說法：中國民族性格習於服從權威，而這是受到儒家思想的影響。其實這是一種欠缺分疏的說法。我們要談儒家思想，就不能不由孔子說起。孔子的時代正當所謂周文疲憊、世衰道微的時代，也正是一個缺乏秩序、缺乏權威的時代。孔子希望重新樹立權威，但他決不是單純地復古，他是在舊瓶之中裝了新酒。孟子說他「祖述堯舜，憲章文武」，其實是在宣揚一種「德治」的思想。孔子是反對威權式的統治的，所以他說，「道之以致，齊之以刑，民免而無恥。道之以德，齊之以禮，有恥且格。」（《論語》為政第二）又說：「為政以德，譬如北辰，居其所而眾星拱之。」（同上）他所嚮往的是一種吸引的政治。用現在人的說法是人民用腳來投票，一個有德者居位，遠近的人都來歸附，他的權威是建立在他的德上面。對孔子來說，最重要的德是仁，表現在外面是禮，它們是有內在根源的。故孔子最關注的乃是「為己」之學，這當然不是說孔子只注重內在的修養，他同時也主張「己立立人，己達達人」，目標是要行道於天下。他是相信要有一個長幼尊卑的秩序，但他同時也主張要正名，即他所謂的：「君君，臣臣，父父，子子。」他並不主張愚忠愚孝，所以他周遊歷國，希望能夠用世；但真正要是道不行的話，那就只有乘桴浮於海了。由此可見，孔子並不要以威權凌人，自己也不要被威權所籠罩。窮則獨善其身，富則兼善天下，這是他的懷抱。

　　孔子的理想到了孟子乃有進一步的發揮。孟子更明白地反對威權，而主張人民有革命的權利，所以他回答有關湯武革命的問題時，便直截了當地說，聞誅一夫紂耳，這是後世的奴儒所沒法想像的氣概。孟子的頭腦比孔子更開放，他認爲孔子之不能夠爲王，只是因爲得不到天的薦舉罷了，而五百年必有王者興，他對自己有很大的期許。他也和孔子一樣相信要有長幼尊卑的秩序，而反對楊墨的無父無君，但他也相信正名，而且更痛快地指出：民爲貴，社稷爲次，君爲輕。孟子也是嚮往仁政的理想，而仁政的基礎在仁心，即他所謂惻隱之心或不忍人之心。孟子並不否認人在現實上爲惡，但他相信人之所以能爲善，在於人與禽獸有別的那一點幾希，這才是他講性善論的眞正命意所在。

　　可惜的是，荀子並不明白孟子的微意。他完全由現實的立場着眼，乃說人是性惡的，其善者僞也。故荀子偏重在外在的節制，他提倡隆禮，還不失儒者的規模。到了他的學生韓非、李斯乃轉成了法家，徹底擁護建立外在威權的思想。這是儒家思想發展的一大折曲，世人不可以不察。在儒家思想的規模之下，無論孔孟荀，始終只有正名的思想。綱常之論實首倡自韓非，到漢代的白虎通，才被奉爲天經地義。由此可見，漢代政治化的儒家與先秦的原始儒家在精神上是有很大的差距的。我們不可以不加分疏，將二者混爲一談。

三、陽儒陰法：統治者的「儒家」

　　我們回顧秦漢的歷史，就知道秦的統一用的是法家之言，而

漢初用的則是黃老之術，一直要到漢武帝用董生之策，這才獨崇
儒術，罷黜百家，把孔子的地位提到前所未有的情況。前些時一
個民運分子說孔子謂：「天不變，道也不變」，這是錯誤的，孔
子從沒說過這樣的話，這乃是董仲舒的說法。當然另一方面我們
也不能夠否認，漢代是用政治的力量把儒家的一些價值落實到社
會之內，而造成了中國傳統所謂的「超穩定結構」。但我們必須
了解，漢朝所實行的並不完全是儒家的一套，漢宣帝就說我們家
統治的秘訣乃是「王霸雜之」，說穿了，也就是陽儒陰法。這才
是漢代以來政治化的儒家的本質。它的好處是造成了一個穩定的
政治社會的秩序，在歷史上發出了耀目的光芒，它的壞處是限制
了中國人的創造力，在朝廷的興替之外，開拓不出新的境界來。
朱子回答學生有關變法的問題所作的答覆極堪我們玩味，爲甚麼
在一千多年那麼長的時間之內基本的法沒有大的變革呢？那是因
爲自漢以來都是尊君卑臣之事，如何可改！這個答覆之內隱含了
多少的無奈，難怪朱子一定要把他的政治理想放在三代以上，對
於現實上實行的家天下的制度始終採取一種勉強接受以及批判的
態度。

　　事實上，漢朝建立的基本規模一直維持到清朝，如果不是受
到西方的衝擊，只怕還會繼續維持下去。魏晉的知識分子喜愛三
玄（易、老、莊），隋唐最富創造力的頭腦集中在佛教之內，但
名教與自然的衝突，雖然劇烈，有關神滅的辯論雖然進行得如火
如荼，卻並沒有產生一套東西取代了正統的政治倫理結構。到了
宋代，乃有新儒學的潮流繼起，略可以比擬於西方的文藝復興運
動。五代的道德淪喪，宋代儒者乃重新提倡倫理道德；在理論上

他們也開創了一套新的東西與二氏相頡頏；在政治的架構上，他們想不出新的辦法，於是把精力放在教育上，希望用高遠的理想來規約現實政治，結果雖並不很理想，但也開拓出一些新的境界。師道的尊嚴被抬高，朱子就明言夫子雖不得其位而賢於堯舜。程伊川更板起面孔直斥王子不可以折枝損害了春天的生意。宋代的儒者尊君是尊君之位，總希望統治者也能夠正心誠意，致知格物，做愛護老百姓的好皇帝。比較起來，宋代的知識分子是受到優遇的，但他們改變不了根本的政治架構，能夠發生的作用是有限的。我曾經在閩北的邵陽參觀過李綱的紀念館。李綱就曾上疏給皇帝，告誡他不要有用時就起用知識分子，無用時立刻罷黜他們。那知李綱本人不久就被罷黜，後來勤王不及，造成欽宗皇帝被金人俘虜的恨事。而論者竟然批評理學救不了宋亡，這豈是他們所能為力之事。而學者的影響只是在野，並不在朝。伊川背謗，朱子死時被斥為偽學，到死後才受到尊崇，這是歷史的弔詭！宋儒把真正的權威放在三代之治的超越理想之上，他們對現實的威權並不低頭。陸象山謂六經皆我註腳，這是何等的氣慨！宋代儒者追求的是精神的自律，注重教化，他們建立理想的道統來對抗現實的政統，在精神上是解放的。朱子本人就以科舉害志，那知後世乃被利用來當作考試的標準，甚至被當作封閉思想的象徵看待，這是從何說起呢！

　　論者每謂元朝是近代中國歷史發展的一個轉捩點，這樣的說法並非完全無理，一方面知識分子的地位卑賤，所謂九儒十丐，另一方面正是在元朝，朱子的註疏被採用來作為考試的基礎。同時知識分子為了在異族的統治之下保留固有文化，乃大力提倡模

做而不鼓勵創新。這樣所造成的影響究竟有多大是可以爭論的，但不能不說是一個相干的因素。但中國歷史的敗壞的根本關鍵卻是在明朝，不能把壞的一切都歸咎之於異族的統治。

明太祖朱元璋深惡孟子之「君之視臣如土芥，則臣視君如寇讎」的態度，洪武五年曾罷孟子配享一個短時期。他曾禁讀孟子，但因羣臣勸諫，終於出孟子潔本行於天下。由此可見，孟子思想與統治者的威權之間的本質性的衝突。由明太祖開始，興文字獄，殘害知識分子；破壞宰相制度，把權力移到內朝；後來又有廷杖陋習，竟可以把敢諫之臣立斃杖下；士風之敗壞莫此為甚。比較明朝的官學與私學不免令人產生極大的感慨。明朝的學風由陳白沙開始就重自得；王陽明體悟良知，由百死千難中得來；王門後學泰州學派竟可以赤手搏龍蛇，頗出了一些豪傑之士；到晚明甚至有李卓吾那樣的人物出現。但上面所寵信的，則是嚴嵩那樣的奸臣與魏忠賢一類的宦官。二下裏適成對比。王門後學自有許多蕩越之處，但他們思想開放，比較熱中於吸收西方思想的也多是有王學傾向的人，像黃梨洲那樣更能夠起兵抗清，晚明亡的責任完全歸之於王學的蕩越是沒有充分理由的。東林黨人的意見是過分偏激，但他們不畏威權，表現出讀書人對天下事的擔負，仍然贏得後世的尊崇。

到了清朝，由於異族統治與繼位之爭，乃廣興文字獄，禁錮士人的思想。雖然同是異族統治，但清朝與元朝不同。蒙古遊牧民族並沒有長遠的計劃，只想搶掠中華，然後離去，那知卻留下來建了一個王朝，不足一百年而亡。女眞族卻嚮往中國文化，康熙接受了聖王的理想，大力提倡尊孔。平心而論，清初的統治者

比明朝的統治者要強得多。明代的皇帝一直對儒家沒有好感，卻又要利用儒家來做幌子，明太祖在洪武十五年還詔天下通祀孔子，但到世宗（嘉靖）以外藩繼位，爲了追崇本生父，與在朝羣臣意見相左，只繼統而不繼嗣，後來乃逼令孔廟改制，硬以君權侵凌象徵道統之孔廟：孔子又貶回唐初以「先師」配享的地位，終有明一代，孔廟竟不獲改王。弔詭的是，竟要等待滿洲王朝夷狄之君之提倡，孔廟始能恢復往昔之榮耀。而傳統儒家雖持「治敎合一」的理想，但事實上統治者掌理治民之要，士卻負責敎化事宜，分工合治。到了清代，無論程朱派的李光地，或者陸王派的李紱，竟都尊康熙爲聖君。雍正則利用曾靜事件，頒佈《大義覺迷錄》，更明白以道統自居。而「治敎合一」落實所要付出的沉重代價就是批判精神的減弱。（註：這一節的說法大體是根據黃進興君晚近的研究。）乾隆時代的光暉恰好對比於日後中國文化衰疲的境況，這是可以使得我們長嘆息的。

四、由內聖到外王：採納民主制度

由以上的簡短的歷史的回敍，我們就可以明白地看出，儒家的理想與專制的現實並沒有甚麼本質上的關連。中國古代有禪讓的傳說，到了三代，雖然變成了家天下，但湯武弔民伐罪，統治者的作爲是爲了人民的利益，而孔孟到了晚周乃提出了仁政的理想。那麼中國的傳統思想之中究竟有沒有民主的根苗呢？如果民主的意思是建立選舉的制度，以及權利制衡的機制，那麼中國傳統之內能夠利用的資源是很少的。孔孟所相信的是君主制度，所

謂聖君賢相，這是「民本」的思想，並不是現代西方式的「民主」的思想。我們不能因爲〈禮運大同〉篇中有所謂「選賢與能」的說法就說中國古代有民主選舉的思想，這是不相干的附會，因爲原典的意思只是賢明的統治者選拔賢能來爲人民服務，依然是民本的思想。我十分懷疑，如果不是受到西方的衝擊，中國自己能不能夠產生民主的思想。黃梨洲的〈原君〉雖然深刻地揭發了私天下的思想的弊害，卻仍然回到三代之治的嚮往，並沒有轉出西方式民主的思想來。

但近代西方既已有了工業革命、民主革命之後，在現代仍抱著儒家的理想的學者有沒有甚麼本質的理由一定要排拒西方的科學與民主呢？至少我找不到這樣的理由。如果我們清楚地看到，仁政的理想根本不能在現實的朝廷政治之內落實，相反，懷抱着理想的知識分子每每爲專制的帝王所壓抑甚至於無情地鎮壓與殺戮，而在另外一種制度之下，人民反而可以過更好的生活，那麼爲甚麼我們不能夠考慮接受一種不同的政治制度呢？孔孟的思想乃是孔孟的時代的產物，而孔孟思想的本質畢竟是「爲己之學」。由內聖到外王既不能採取「治教合一」的直接的方式，就必須改弦易轍，採取曲折的「政教分離」的民主方式。此所以當代新儒家的思想家莫不接受民主自由的理想，而提倡兩隻腳走路：政治制度採取民主的方式，而公民自己負責道德與文化方面的修養。兩方面兼顧才能夠有一個眞正健康的社會。

由以上的分析，我們可以看到，傳統儒家提出的政治理想在仁心的基礎上固然有它的立足點，但在仁政的實踐上卻有它嚴重的局限性。中國的知識分子一方面是有一個抗拒威權的光暉的傳

統；另一方面我們卻又不能夠誤解，以為傳統的知識分子個個都像孟子一樣，這和事實距離得太遠了。事實上自漢以來，政治化的儒家一直就在提倡愚忠愚孝，製造順民。到了明清，在帝王的專制淫威之下，顯然更多數量以科舉為晉身之階的讀書人甘心情願做了嚴嵩、魏忠賢的應聲蟲。至於廣大的民間自更是習於逆來順受，而養成了服從權威（以及威權）的性格。一直要到朝廷腐敗不堪，天災人禍一齊來，民不聊生，這才揭竿而起，羣雄並立，一直到真命天子出來，乃又開始了另一個新的朝代的循環。

由這樣的角度觀察，說我們的民族性有一種服從權威的性格，是包含了相當真理的成份在內的。儒家傳統想要建立德性的權威，孟子斥責楊墨的無父無君，確立長幼尊卑之序，這樣的思想通過教化已經深入民間。而朝廷又打着儒家的招牌，輔之以法家的嚴刑苛法，使得廣大的中國人民變成了世界上最馴服最容易統治的人民。這些人民不只服從權威，也服從威權，既怕官，又怕管。凡事採取明哲保身的態度，不走極端，把中庸不偏不倚的理想，滑落成為了一種模稜兩可的態度。心裏不滿意，嘴裏也不說，能敷衍就敷衍，實在沒法子，就採取一種陽奉陰違的態度。

以中國人這樣的性格，可能最好的是保留傳統的君主制，像英國一樣採取虛君的方式，實行責任內閣制，這比較接近傳統的宰相制度，轉變起來大概會順適些。但不幸中國最後的一個王朝偏偏是異族統治。戊戌變法失敗喪失了最後的機會，改建民國就變成一個不可避免的趨勢。袁世凱企圖復辟徹底失敗，可見中國並不接受一個利用威權來竊位的野心家。但中國人往民主的方向的轉變在心理上的準備畢竟是不足夠的，多數的中國人仍舊隱隱然

流露出一種崇拜權威的心態。於是蔣介石領導抗日，變成了民族英雄。國民黨在大陸失敗以後，毛澤東改換新天，把自己的成就比之於唐皇、漢武，乃至成吉斯汗。一直到今日，鄧小平還是無位的最高領導人。這些乃是朝廷的時代終結以後沒有了皇帝之位的「天子」，在全世界大概還找不到像中國那樣敬老、崇拜權威的情況。一直到今天，大家還在講人事關係，太子黨橫行，法治不張，對於民主的施行構成了有形以及無形的障礙。

往未來走，我們有好多工作要做。一方面我們要建立知識的權威，法治的權威，另一方面我們要打倒官僚，打倒特權。在此過程之中，教育乃是一個重要的環節。我們在概念上要作出清楚的分疏。我們不可以盲目地反傳統，我們的傳統有許多有價值的資源，包括抗拒威權以及尊重生命本具價值的傳統。但我們的傳統也有嚴重的局限性，往往過分崇信權威，甚至滑落到對於威權的順從；也過分強調責任觀念，漠視權利觀念；政治則沒有由倫理獨立開來，以至缺少權力制衡的觀念與機括，只能用道德觀念來約束統治者，根本收不到效果；更沒有發展出民主選舉的制度，也不注重法治的程序。

我們現在可以清楚地體察到，如果光是作平面的對比，中國與西方，傳統與現代，兩方面的確有一些難以消解的矛盾與衝突。但我們儘可以在權威與威權之間作出清楚的分疏，改由一個動態發展的觀點來看，在儒家傳統的仁政規約原則以內，我們並找不到一定要排拒民主制度的本質理由，由民本到民主，這正是我們必須走的方向。

（原刊於《法言》總二十三期，一九九一、八）

九、論儒家「內聖外王」的理想

「內聖外王」一詞最早見於《莊子・天下篇》，但它更適合於表達儒家的理想，《大學》所謂「三綱領」、「八條目」正是宣說這樣的理想。《大學》開宗明義便說：

> 大學之道，在明明德，在親民，在止於至善。知止而後有定，定而後能靜，靜而後能安，安而後能慮，慮而後能得。物有本末，事有終始，知所先後，則近道矣。古之欲明明德於天下者，先治其國。欲治其國者，先齊其家。欲齊其家者，先修其身，欲修其身者，先正其心。欲正其心者，先誠其意。欲誠其意者，先致其知。致知在格物。物格而後知至，知至而後意誠，意誠而後心正，心正而後身修，身修而後家齊，家齊而後國治，國治而後天下平。自天子以至於庶人，壹是皆以修身為本。其本亂，而末治者，否矣。其所厚者薄，而其所薄者厚，未之有也。（第一章）

無論《大學》的年代是什麼，儒者大概沒有不同意這樣的理想的。「明明德」、「親民」、「止於至善」是所謂的三綱領。「明明德」的意思是要把自己內在所有的「明德」闡發出來，這是「內聖」的功夫。而「親民」，或依朱熹解作「新民」，則是推己及人，這是外王的事業。「止於至善」講的是理想的實現與

完成。

「八條目」則是：格物、致知、誠意、正心、修身、齊家、治國、平天下。這八條目又可分為兩類：前五項屬內，後三項屬外。換句話說，前面的五個條目的目的是教育個人做內聖的功夫，而後面的三個條目的目的是推己及人，成就外王的事業。這樣的理想自不容易實現，但的確是歷代儒者夢寐以求的希望和理想。本文所要做的是對儒者這樣的理想作一番比較深入的分析，了解它的理據所在，指出它的缺點與限制，以為我們現代人作參考之用。

由《大學》看來，儒家的「內聖」、「外王」的理想是不能互相分割的。而《大學》既明言：自天子以至庶人，壹是皆以「修身」為本，那麼內聖的功夫為本是毋庸置疑的了。由內聖以至於外王，這是儒家一貫的思想。這樣的思想可以在孔子找到根源。

根據《論語》的記載，孔子說：「君子求諸己，小人求諸人。」（衛靈公），又說：「古之學者為己，今之學者為人。」（憲問）「古」表示孔子的理想，「為己」不是要人自私自利，而是要人修己，做一種身心自家受用的學問：「為人」則是以才智求見知於他人的學問，那是時流風尚，不是孔子所關心的學問❶。

---

❶　徐復觀先生在一九八二逝世之前幾個月會對我說，他最近才真正體悟到，孔學的精粹在於「為己之學」。他寫的最後一篇學術論文：〈程朱異同〉，以「為己之學」貫通孔、孟、程、朱、陸、王，見所著《中國思想史論集續篇》，〈自序〉，頁二，〈程朱異同〉，頁五六九～六一一，特別是頁五七〇～五七八。

　　至於怎樣做「爲己之學」呢？孔子答顏淵問說：「克己復禮爲仁。一日克己復禮，天下歸仁焉。爲仁由己，而由人乎哉？」（顏淵）克己的意思是要克勝自己的私欲，復禮表示禮有內在的根源。爲仁必須由自己做起，和別人沒有關係。但是仁心的遍佈，卻會造成最深遠的影響。

　　「仁」無疑是孔子的終極關懷，他說：「君子去仁，惡乎成名？君子無終食之間違仁，造次必於是，顚沛必於是。」（里仁）孔子雖未明言他的一貫之道是什麼，但曾子的解說：「夫子之道，忠恕而已矣！（里仁）卻可以提供給我們一些線索。朱熹對忠恕的解釋是，盡己之心謂忠，推己及人之謂恕。由此可見，忠恕乃是一體之二面。盡量發展自己內在的仁心就是忠，而把仁心推廣到衆人便是恕。朱熹這樣的解釋並不是隨意的。孔子說：「夫仁者，己欲立而立人，己欲達而達人。能近取譬，可謂仁之方也巳。」（雍也）所表達的正是相同的思想。

　　而仁的充分實現便是聖的境界。「子路問君子。子曰：『修己以敬。』曰：『如斯而已乎』？曰：『修己以安人。』曰：『如斯而已乎？』曰：『修己以安百姓，堯舜其猶病諸。』」（憲問）這一段對話和另一段對話放在一起看，效果就非常清楚明白了。「子貢曰：『如有博施於民，而能濟衆，如何？可謂仁乎？』子曰：『何事於仁？必也聖乎！堯舜其猶病諸。』」（雍也）這句話的下面緊接着便是孔子謂「己立立人、己達達人」以指點仁之方的述語❷。就客觀來說，仁與聖的完成都是難以企及的境界，

───────────

❷　陳弱水君對「仁」與「聖」的區別有一些敏銳的觀察，見所著：〈內

故孔子說，「若聖與仁則吾豈敢？」（述而）但就主觀來說，既做修養工夫，不可能沒有效驗，所以孔子又說：「仁遠乎哉？我欲仁，斯仁至矣。」（述而）古典中國式的表達不可以過份拘執來看，否則就會感到矛盾百出，難以自圓其說了。

對於孔子來說，政治乃是道德的延長，所以他反對用嚴刑酷法，而主張德治禮教。他說：「道之以政，齊之以刑，民免而無恥；道之以德，齊之以禮，有恥且格。」（爲政）又答季康子問政曰：「子爲政，焉用殺？子欲善，而民善矣。君子之德，風。小人之德，草。草上之風，必偃。」（顏淵）身教的結果是，「近者悅，遠者來。」（子路）故孔子說：「爲政以德，譬如北辰，居其所，而衆星共之。」（爲政）我曾經戲稱這是一種「吸引的政治」（Politics of Attraction）。而儒家最高的政治理想乃是「無爲而治」，但含義與道家思想不同，儒家認爲必須教化到了一個地步，才能夠產生這樣的結果。照孔子的說法：「無爲而治者，其舜也與！夫何爲哉？恭己正南面而已矣。」（衞靈公）

照以上的分析，孔子雖然沒有用內聖外王的詞語，但的確有這樣的理想。「修己」是起點，做的是「內聖」的功夫，「安百姓」是理想的實現，完成的是「外王」的事業。「己立立人，己達達人」，由內而外，本末先後，孔子的思想有一定的次第。《大學》所發揮的正是孔子內聖外王的思想❸。

聖外王觀念的原始糾結與儒家政治思想的根本疑難〉，《史學評論》第三期，頁八八～九〇。

❸ 美國哲學家芬格雷（Herbert Fingarette）釋孔子完全着重在禮的神

　　但孔子的思想雖然建立了一個基本的規模，睿識的擴展與細節的繁演還有待後儒的努力。譬如說，孔子極少談心性問題，他比較喜歡由具體的情況指點德行的學習與培養。他顯然肯定人具有巨大的潛能。「踐仁以知天」，這是他所開出的思路。孔子之後，對儒家思想最有創發的是孟子。孟子的貢獻在，他明白提出性善的思想，而且指出了具體的方法來擴展人性中所含的善端。依孟子，人人都有所謂的惻隱之心、羞惡之心、辭讓之心、是非之心，「凡有四端於我者，知皆擴而充之矣，若火之始然，泉之始達。苟能充之，足以保四海；苟不充之，不足以事父母。」（公孫丑上）

　　孟子思想的基本規模是：「仁義內在，性由心顯」，所以他特別注重心的問題。孟子明白宣稱：「學問之道無他，求其放心而已矣。」（告子上）他引孔子的話來說明心的相狀：「孔子曰：『操則存，舍則亡；出入無時，莫知其鄉。』惟心之謂與！」（告子上）但是經過訓練，却可以達到「不動心」的境界。（公孫丑上）但是不動心可以有不同的型態，孟子所要的不動心，必須止於理義之上。他說：「心之所同然者，何也？謂理也，義也。聖人先得我心之所同然耳。故理義之悅我心，猶芻豢之悅我口。」（告子上）

　　現實上的人自可以為不善，故有大人、小人之別。孟子曰：

───────────

奇效驗的方面，根本否認孔子有〈內〉的一面，認為孟子才轉向主觀的側重，這是一種誤釋。我認為孟子、學庸乃是對孔子思想的進一步發揮，基本睿識上並無互相剌謬處。其說見所著：Confucius─*The Secular as Sacred*（New York：Harper & Row, 1972）。

「從其大體爲大人，從其小體爲小人。」又曰：「耳目之官不思，而蔽於物；物交物，則引之而已矣。心之官則思，思則得之，不思則不得也。此天之所與我者。先立其大者，則其小者不能奪也：此爲大人而已矣。」（告子上）

孟子的思想有深刻的宗教哲學的意涵❹。他說：「盡其心者，知其性也；知其性，則知天矣。存其心，養其性，所以事天也。殀壽不貳，修身以俟之，所以立命也。」（盡心上）盡心知性自然便知天，故天人不隔。超越與內在兩方面互相穿透，這是中國特殊型態的人文主義思想，天的超越要通過人的內在來實現。其實孔子已開啓了這樣的思路，他說：「人能弘道，非道弘人。」（衞靈公）孟子則更進一步發揮，他說：「萬物皆備於我矣。反身而誠，樂莫大焉。」又說：「形色，天性也。惟聖人然後可以踐形。」（盡心上）由此可見，聖人的境界與衆人不隔，他只是能把性分之中所有的充分發揮出來，乃與衆人完全不同了。

和孔子一樣，孟子也認爲政治是道德的延長。他說：「人皆有不忍人之心。先王有不忍人之心，斯有不忍人之政矣。以不忍人之心，行不忍人之政，治天下可運之掌上。」（公孫丑上）但孟子更注意經濟實際的條件。他說：「民之爲道也，有恒產者有恒心，無恒產者無恒心；苟無恒心，放僻邪侈，無不爲已。及陷於罪，然後從而刑之，是罔民也。焉有仁人在位，罔民而可爲也？」

---

❹ 關於儒家宗教哲學的意涵，參拙著：〈儒家宗教哲學的現代意義〉一文，見《生命情調的抉擇》（臺北：志文，一九七四）頁四六～六三。此書新版於一九八五由臺北學生書局印行。

（滕文公上）無恒產而有恒心，惟士爲能。以先知覺後知，士的
責任極爲重大。故曾子曰：「士不可以不弘毅，任重而道遠，仁
以爲己任，不亦重乎！死而後已，不亦遠乎！」（《論語》泰伯）
孟子也說：「故天將降大任於是人也，必先苦其心志，勞其筋骨，
餓其體膚，空乏其身，行拂亂其所爲；所以動心忍性，增益其所
不能。」（告子下）

　　《中庸》的思想與孟子是完全一致的。《中庸》開宗明義便
說：「天命之謂性，率性之謂道，修道之謂教。道也者，不可須
臾離也；可離，非道也。是故君子戒慎其所不睹，恐懼乎其所不
聞。莫見乎隱，莫顯乎微，故君子慎其獨也。喜怒哀樂之未發，
謂之中；發而皆中節，謂之和，中也者，天下之大本也；和也者，
天下之達道也。致中和，天地位焉，萬物育焉。」（第一章）

　　《中庸》並進一步發揮了誠的思想。「誠者，天之道也；誠
之者，人之道也。」（第二十章）「唯天下至誠，爲能盡其性；
能盡其性，則能盡人之性；能盡人之性，則能盡物之性；能盡物
之性，則可以贊天地之化育；可以贊天地之化育，則可以與天地
參矣。」（第二十二章）

　　《大學》的思想有謂是荀學。但《大學》講明明德、親民，
分明是道性善，看不到思想上根本的分歧，我們似無須作沒有必
要的分疏。此外《易傳》中也有許多若合符節的表達，此處不繁
再引。

　　內聖外王的理想在孔孟已確立了思想的規模。陸象山說：「夫
子以仁發明斯道，其言渾無罅縫。孟子十字打開，更無隱遁。蓋
時不同也。」（全集卷三十四）漢武用董仲舒之策，「罷黜百家，

獨崇儒術。」但宋儒不許漢學，正因爲它脫略了「爲己之學」的
線索。宋儒受到道佛思想的刺激，在內聖之學有了新的闡發，外
王之學則一任其舊。程伊川撰《明道先生行狀》：謂其兄：「求
道之未至其要，泛濫於諸家，出入於老釋者幾十年，返求諸六經
而後得之。……謂孟子沒而聖學不傳，以興斯文爲己任。」朱熹
繼承二程，建立道統。在〈中庸章句序〉之中，他說：

> 道統之傳有自來矣。其見於經，則允執厥中者，堯之所以
> 授舜也。人心惟危，道心惟微，惟精惟一，允執厥中者，舜
> 之所以授禹也。……自是以來，聖聖相承，若成湯文武之爲
> 君，皐陶伊傅周召之爲臣，旣皆以此而接夫道統之傳。若吾
> 夫子則雖不得其位，而所以繼往聖開來學，其功反有賢於堯
> 舜者。然當是時，見而知之者，惟顏氏曾氏之傳得其宗。及
> 曾子之再傳，而復得夫子之孫子思。……又再傳以得孟氏。
> ……及其沒而遂失其傳焉。……故程夫子兄弟者出，得有所
> 考，以續夫千載不傳之緒。（文集卷七十六）

朱子建立道統的文獻根據，所謂十六字心傳：「人心惟危，
道心惟微，惟精惟一，允執厥中」出自古文尙書〈大禹謨〉，據
學者的研究，可能是僞造的文獻。但自孔孟以來，「爲己之學」
確以「制心」爲第一要務。宋明儒學，無論程朱陸王，莫不以此
爲旨要。明儒王陽明恢復《大學》古本，其所著《大學問》曰：

> 大人者，以天地萬物爲一體者也。其視天下猶一家，中國

猶一人焉。……大人之能以天地萬物為一體，非意之也，其
心之仁本若是。

其釋「明德」曰：

是其一體之仁也，對小人之心亦必有之，是乃根於天命之
性而自然靈昭不昧者也，是故謂之明德。

明德須在去私慾處顯現。

是故苟無私欲之蔽，則雖小人之心，而其一體之仁猶大人
也；一有私欲之蔽，則雖大人之心，而其分隔隘陋猶小人矣。
故夫為大人之學者，亦惟去其私欲之蔽以自明其明德，復其
天地萬物一體之本然而已耳，非能於本體之外而有所增益之
也。

「明明德」與「親民」，乃是體用的關係。

明明德者，立其天地萬物一體之體也；親民者，達其萬物
一體之用也；故明明德必在於親民，而親民乃所以明其明德
也。

　　王陽明闡發傳統儒家內聖外王的理想可謂到達了一個高峰。
但宋明儒學到了清初却受到頓挫。戴震已沒法把握心性之學的要

領而脫略了開去，後世清儒更是盡驅於考據之林：考據本身雖無過，然而過份偏重考據，却妨害了思想上的創發性。由戴震的反對「以理殺人」開始，到了五四時代的「打倒孔家店」，以至於文革的「批林批孔」，都只看到儒學末流外在的流弊，而看不到儒學內在的眞精神。只有通過當代新儒家的反省，才使我們對於問題又重新有了新的理解和看法。

如果我們同意，「爲己之學」是傳統儒家思想的精粹，那麼「階級分析」的方法顯然是不適用的。由儒家的觀點看，每一個生命都有內在本具的價值，都有發展體現自己德性的可能性。無論出身那一個階級，「自天子以至於庶人，壹是皆以修身爲本」。而修身乃是爲己，不是爲人，更談不上是用來控制壓迫另一個階級的工具了。人的貧富壽夭，不是我們可以完全控制的因素，但道德功夫却是人人都可以做；孔子的理想是要做到所謂：「貧而樂，富而好禮」的境界。孔子並不特別輕視富貴。他說：「富而可求也，雖執鞭之士，吾亦爲之；如不可求，從吾所好。」（述而）可見富貴並不是他所追求的終極目標。孔子乃是禮樂的專家，但他却說：「人而不仁，如禮何？人而不仁，如樂何？」（八佾）由此可見，禮樂是以內在的仁心爲根本。《論語》記載林放問禮之本，孔子的答覆是：「禮，與其奢也，寧儉；喪，與其易也，寧戚。」（八佾）禮是外在的表現，必須恰如其分；做喪事最重要的還在內心的哀戚，那才是仁心的流露。對孔子來說，外在道德的品目如禮義節文之類，必有內在仁心的根源；而人之要作道德修養的功夫，完全是因爲人自己的內心有這樣的要求。當然，仁心的表露必依附於社會的網絡，此所以「君君、臣臣、父父、

子子」；對於君父，對於天的崇敬，都是出於同一根源。如此則社會的制度並不全是約定俗成，實有一自然的基礎。

試問孔子這一套對我們今日人還有沒有意義呢？我們的答覆不能不有一定的分疏。蓋「理一而分殊」，孔子所教所依附的社會網絡，到現在已明顯地過時了：今日既已無君可忠，君臣關係自談不上天經地義了。但親人逝世心中的哀戚是否也不再適用於現代人呢？可見孔子的思想中，有與時推移的成分，也有萬古常新的成分，我們必須加以仔細的甄別。孔子既被譽爲「聖之時者」，想必他會贊許我們對他的思想作有彈性的解釋罷！孟子講出惻隱之心，今日衣索匹亞的饑民瀕臨死亡邊緣，現在螢光幕前，難道現代人可以無動於衷，不需要將仁心擴充到事事物物麼？

對於後儒的貢獻，我們可以用同樣的方式處理。譬如陸象山繼承孟子主張「爲學先立其大」，這是有必要的。我們今日知道，無論用什麼方法 —— 包括經驗歸納、科學方法在內 —— 也不能證明人生有內在本具價值，或者說明人爲什麼一定要根據道德原則行事。除非人能夠眞正體認到自己內在的泉源。一切其他都是膚淺次要的。不違背社會的規範只不過是「依仿假借」而已，不是眞正的道德。陸象山在這方面有極深刻的體驗。今天我們要自覺地建立自律道德，還是沒法離開這一方式。

但樹立了我們的終極關懷，並不表示我們就不會遭逢許多具體的困難的問題。在這方面，朱熹的漸進的方式可以給我們重大的啓發。朱熹要我們不斷「格物致知」，今日格一物，明日格一物，也就是採取一種「事上磨練」的方式，久而久之，才可以到達一種「豁然貫通」的境界。朱熹對於最後的睿識似有一間未達，

但是他的爲學有艱難感，步步警惕，層層提昇，對我們常人最有提撕的功效。所以他的學問在七百年間成爲主流，決不是一個偶然的現象❺。

我們在今日要體證人生的內在本具價值，要建立超越的道德原則，要在現實人生有所踐履，傳統儒家的內聖之學就不會喪失它的意義。但傳統儒家思想也有其缺點與局限，不能不加以明白的分疏與批判。

就孔孟的原義來看，套在具體的社會網絡來看，君君、臣臣、父父、子子，乃是一種互相對待的關係。孟子對武王伐紂的評論是：「聞誅一夫紂矣，未聞弑君也。」（梁惠王下）但是這種對待的思想到漢代以後却不斷減弱而消失了。天尊地卑，君臣之義被了解成爲一種絕對的東西。董仲舒謂「天不變，道亦不變」；班固更鞏固了綱常的思想，以後乃發生思想上的禁錮作用。但儒家的思想不必一定如此，由《禮運》大同的思想，也可以轉接上現代民主、法治的理想。當然由歷史的觀點着眼，綱常思想的提出有它一定的理由，在當時未嘗不曾發生一些積極正面的作用與影響，只是把這一類相對的東西誤釋成爲絕對的東西，這是漢以後的儒家走上的錯誤的方向，一直要到西學東漸之後，才看得出這樣的思想的根本錯誤所在。

傳統儒家的另一個嚴重的問題是，過份強調道德倫理的單向發展，以至壓抑了其他方向發展的可能性。中國未能發展出希臘

---

❺ 有關朱陸異同的內部問題複雜異常。讀者有進一步探察的興趣，請參閱拙著：《朱子哲學思想的發展與完成》，頁四二七～四八二。

式的純理的思想，也沒有開出近代歐洲式的工業技術的革命、民主法治的架構、文學藝術的充份自由的表達，不免受到現代人的詬病。但在孔子本人，他說：「志於道；據於德；依於仁；游於藝。」（述而）還不至於收縮到一種偏枯的境地。但中國的儒家傳統確有過分偏重道德之嫌。事實上道德的完人只是一種可能發展的方向而已！我們對於有高度修養的道德人、宗教人有着最高的崇敬，但却不必勉強人人走上同一樣的途徑，我們也需要成就科學家、藝術家、乃至企業家的型態。故此我們對於道德只能有一種低限度的要求：人人都得有某一種的道德操守；但却不能有一種高限度的要求：人人都要成聖成賢，或者成仙成佛。過高的理想無法實現反而造成了偽善的反效果；也正是由於這樣的反激，現代人反對不近情理的僵固的傳統，却不了解，追溯回傳統的源頭應該是一顆新鮮活潑的仁心，現代人却連這也一併否認了，豈非因噎廢食，造成了極不良的後果。

　　現代人對傳統儒家最不能滿意的乃是「內聖外王」的關連性❻。照《大學》的舖陳，「內聖」似乎是「外王」的既必要而充分的條件。但由現代人的觀點看來，「內聖」既不是「外王」的必要條件，也不是它的充分條件。傳統的說法只在一純烏托邦的構想下才有其立脚點，也就是說，只有在一個絕對理想的社會中，人人都成為君子，《大學》所描寫的那種境界才有可能充分

---

❻ 陳弱水君前揭文對於傳統的內聖外王理想有十分銳利的批評，見頁一〇一～一一六。但「內聖」、「外王」如何分別加以定位，陳弱水君雖然做了一些方向的暗示，但還未能進一步審查其理論效果。本文提出了許多觀察與問題，希望學者能夠對之作更深一層的省察。

完成實現。但我們生活在一個現實世界之中，即使是孔子所夢想的堯舜世界，也還夠不上這樣的理想世界。事實上孔子本人十分明白現實世界的實際情況，所以他才會慨嘆，「天下之無道者久矣」，而要「知其不可而爲」。也就是說，他清楚地體認到理想與現實之間的巨大差距。這種差距也同樣清楚地爲孟子以及後世歷代儒者所肯認。

如果我們把「外王」當作政治之事，那麼照現代人的看法，政治自有其規律，不可與道德倫理的問題混爲一談。吊詭的是，正是要在相當黑暗的現實條件之下，人們要拼死奮鬥，爭取自己的權利，這才得引致一個比較合理的多元、民主、法治、講究保障人權的現實社會秩序之產生。在傳統儒家那種過分偏重「內聖」、講究「責任倫理」的規模之下，這樣社會秩序反倒開展不出來。由此可見，道德倫理問題的解決，與政治經濟一類實際問題的解決，並沒有必然的關連性。當然，政治後面不是完全缺乏道德倫理的基礎，但只能是低限度的道德倫理的要求，不可以太過唱高調，否則一定會產生反效果。

由這樣的角度來看，現代的發展的確突破了傳統儒家思想的窠臼，此處必須與時推移，萬不可以抱殘守缺。借牟宗三先生的說法，傳統中國文化生命偏於理性之「運用表現」與「內容表現」，而要轉出政道，開濟事功，成立科學知識，則必須轉出理性之「架構表現」與「外延表現」❼。我自己也曾指出，中國傳統只開出了「民本」的思想，未曾開出西方現代式的「民主」思想，

---

❼　參牟宗三：《政道與治道》（臺北學生書局）。

這方面的轉關所遭逢的困難幾如脫胎換骨❸。但現在的發展雖突破了傳統的故域，却並不一定違反儒家哲學的精神。譬如，《中庸》說：

> 其次致曲，曲能有誠；誠則形，形則著，著則明，明則動，
> 動則變，變則化；唯天下至誠為能化。（第二十三章）

傳統內聖外王理想的表達太過直截，結果淪為烏托邦的夢想，不切實際。第一序「至誠」的理想既難以實現，故此在傳統的再解釋上，我們不妨退一步，注重第二序的「致曲」觀念的拓展，才可以接上現代化的潮流。文化的多樣性的表現，必須通過曲折的方式始能得到充量的發展。「和而不同」，乃是文化哲學的最高理念。而文化之間的會通在其「真實無妄」，仍然是「誠」的表現，這是文化發展的道德基礎。誠的形著，不只表現在狹義的倫理道德之上，也表現在科學技術、政治經濟、文學藝術之間，各有其自身的規律，不可以勉強加以比同。理想的境界是像華嚴的帝光珠網，各逞異彩，互相輝映，交參自在，無障無礙。

但現實的世界每多捍格，這裏只能夠憑藉智慧的眼光，加以適當的抉擇。譬如中國的文化喜歡講「生生而和諧」，然因致曲不足，以至文化生命的發展在現代受到頓挫，不免陷於矛盾衝突、

---

❸　〈從民本到民主〉，該文宣讀於「近代中國的變遷與發展：人文及社會科學的探索」的會議（一九八二，七）中，收在最近出版的拙著：《文化與哲學的探索》（臺北：學生書局）之內。

鹵莽滅裂的境地。無可否認，西方文化在現代係居於主導的地位，東方的文化必須在本位上擴大，來消融西方文化的成就，逐步走上現代化的道路。

反觀現代西方文化，也遭逢到種種的困難與問題。光是二十世紀，便已經歷兩次大戰，危機時代的呼聲幾乎不絕於耳，也自不能不促使我們對之加以深切的反省。我們暫時把問題收縮在倫理學的範圍以內。英美的顯學，譬如邏輯實徵論者（Logical Positivists）倡倫理的情緒主義，如此理情乖離，道德倫理缺乏客觀的基礎，不能給人以滿意的解答。日常語言分析（Ordinary Language Analysis）則醉心於後設倫理學的探究，學者不斷聚訟有關倫理語言的性質，對於倫理學本身的問題反而棄之不顧，不能給人以有意義的啓發。晚近哈佛的倫理學者洛爾斯（John Rawls）重新努力，回到倫理學本身問題的反省。但他的中心問題集中在有關「公正」（Justice）的討論：如何解決人與人之間利益的矛盾衝突、合理分配的問題。這些潮流完全忽視了儒家倫理的內聖之學。然而人生有發展的過程，有理想的抱負，自然人之必須「變化氣質」，畢竟是個不可忽視的問題。倫理學的內容竟然缺少了「爲己之學」的反省，幾乎等如「哈姆雷特」劇中缺少了哈姆雷特。歐陸的存在主義如沙特的學說也不能在這方面給予人以適當的指引，由此而可以看到當代西方倫理學說的偏頗與缺陷。由儒家傳統的反省可以引導我們看到傳統與現代、東方與西方各自的得失，這乃是我們在今日可以領取到的最重大的教訓。

（原刊於《儒家倫理研討會論文集》，一九八七）

十、「理一分殊」的現代解釋

一、引　言

　　二次戰後，諾斯陸普出版了他的《東西的會合》❶，他斷定西方思想傾向於分析，而東方思想傾向於玄同，兩方面應該可以尋求一個綜合之道。諾斯陸普的說法曾經流行一時，但不久以後影響就消退了。我想主要的原因是他把複雜的問題簡單化了，所以得不到廣大學者的支持。舉例說，宋明儒學流行「理一分殊」的說法，朱熹（一一三〇——一二〇〇）就學於李侗時，延平就對他說：「吾儒之學，所以異於異端者，理一而分殊也。理不患其不一，所難者分殊耳。」❷由此可見，中國哲學並非不重分殊，只不過所重視的是另一類的分殊罷了！諾斯陸普的說法雖然很有問題，但也並非一無是處。如果重新加以解釋，我們可以承認，從一個比較的觀點來說，西方的確比較強調分殊，而東方比較強調玄同。然而對於理一分殊，必須要用相應於東方的思想方式來理解，不可以用諾斯陸普那種外行的方式來理解。諾斯陸普的學

---

❶　F. S. C. Northrop, The Meeting of East and West （New York： Macmillan, 1946 ）。

❷　《宋元學案》，北京，中華書局，四冊，第二冊，頁一二九一。

生摩爾（Charles A. Moore）秉承乃師的宗旨，在夏威夷創辦了
「東西哲學家會議」。一九六四，我初離國門，跟著東美師去參
加了第四屆會議。一九六九，摩爾已逝世，我在南伊大教書，去
參加了第五屆會議。摩爾死後，群龍無首，會務弄得一塌糊塗，
第五屆以後，會議停開了二十年，一直到一九八九年才復會，由
七月三十日至八月十二日，開第六屆會議。我應邀主講一節，即
以理一分殊之新釋爲題，對於中國傳統思想稍爲有所推陳出新，
對於當代西方哲學也有所批評回應，而與諾斯陸普所提出的宗旨
遙相呼應。論文先以英文寫成，經過刪削改易的手續，才寫成本
文，對於「現代性之挑戰與中國文化的前景」，表示一些個人的
意見。

　　我一貫的想法是，世界如今已漸進入一種全球情況，東西的
會合根本不是問題，成問題的是，所作成的是怎樣的東西的會合。
東西的會合自可以有各種不同的形態。有人可以由現實的角度，
指出東西會合的得失。但這並不是我的中心關懷所在，一個哲學
家的關心首要是在理念的層面上。我所要做的工作是如何往自己
的傳統之內去覓取資源，加以現代的解釋，以面對現代性之挑戰，
而寄望於未來。當前的課題是給與「理一分殊」以嶄新的現代的
解釋，以回應當代哲學所提出的一些問題的挑戰。

二、「理一分殊」觀念提出來的歷史背景

　　如所周知，「理一分殊」最早是程頤答楊時問有關〈西銘〉
的問題所提出來的一個重要觀念，他說：「〈西銘〉之論則未然，

橫渠立言誠有過者，乃在《正蒙》。〈西銘〉之爲書，推理以存
義，擴前聖所未發，與孟子性善、養氣之論同功。（原註、二者
亦前聖所未發。）豈墨氏之比哉！〈西銘〉明理一而分殊，墨氏
則二本而無分。（原註、老幼及人，理一也；愛無差等，本二也。）
分殊之蔽私勝而失仁，無分之罪兼愛而無義。分立而推理一以止
私勝之利，仁之方也；無別而迷兼愛至於無父之極，義之賊也。
子比而同之，過矣。且謂言體而不及用，彼欲使人推而行之，本
爲用也，反謂不及，不亦異乎！」❸

　　橫渠〈西銘〉與濂溪〈太極圖說〉是北宋以來最有影響力
的兩篇文章。〈西銘〉講民胞物與，龜山誤以之爲墨氏兼愛之旨，
並評之爲言體而不及用，故伊川覆書加以彈正。值得注意的是，
〈西銘〉原文根本沒有講到理一分殊，是伊川根據他自己的了解
作了創造的闡釋，才提出了這樣的觀念，從此以後被接受而成爲
宋明儒學的共法。儒家講愛有差等，既推愛故理一而分殊，與墨
氏兼愛之旨有根本的分別。伊川的根據仍在孟子，孟子有與墨者
夷之的辯論❹。夷子的說法是：「愛無差等，施由親始」，這樣
不免自己陷於矛盾，故孟子以之爲二本。伊川的義理精熟，故能
夠明白地指出儒家的立場是理一而分殊，根本有異於墨家的立場
之二本而無分。伊川此辯並沒有逾越倫理的範圍，「分」字讀法
聲，意思是指分位，好像身分、職分上的區別。

---

❸　《二程全書》，臺北，台灣中華書局，三冊，第二冊，伊川文集第五，
　　〈答楊時論西銘書〉，頁十二後。

❹　《孟子》滕文公章句上。

　　但二程發展出了理的觀念，由龜山而延平，自然而然對於
「理一分殊」有了更新穎更豐富的了解：所謂一理化爲萬殊，顯
然進一步增添了形上學、宇宙論上的涵義。這當然是儒學可以有
的一種發展，所謂推理以存義，擴前聖所未發——這正是宋明儒
者在自覺層次上所作的努力。論者指出，宋明理學曾經受到佛學
的刺激與影響，特別是華嚴宣講理事無礙法界觀的玄旨，曾經
起到先導的作用。事實上，宋明儒者思想開放，從不隱晦向二氏
借一些資源爲己使的事實，但對於「理」的了解，則乃與佛家有
本質上的差別❺。朱子尤其把理學發展成爲一整套的觀念：陰陽
是氣，是分殊原則；太極是理，是統一原則。一理化爲萬殊，所
謂人人一太極，物物一太極。月印萬川，恰正是「理一分殊」的
寫照。以後儒者在細節方面固然有各種不同的講法，但在大綱
領上來說，則並無異議。這便是對於「理一分殊」觀念的提出與
流行的一個極簡單的回敍。

三、「理一分殊」的現代解釋

　　一九八四年，陳榮捷教授在新亞作錢穆講座，討論到朱子與
世界哲學。他指出朱子哲學與世界哲學可以並行不背，甚至對於
世界哲學有所增益，他所特別提出的，就是朱子的「居敬窮理」
以及「理一分殊」之說❻。以下我將以我自己的方式嘗試爲「理

---

❺　參拙著：《朱子哲學思想的發展與完成》，臺北，學生書局，一九八
　　二，頁四一五～四二○。

❻　Wing-tsit Chan, Chu Hsi：Life and Thought (Hong Kong：

一分殊」提出一個現代的解釋。

從方法學來看，對於「理一分殊」提出新釋，就必須在同時像當代基督教的神學家那樣，要做「解消神話」（Demythologization）的手續❼，才能夠把儒家的中心信息，由一套中世紀的世界觀解放出來。下面我就用朱子的仁說為例加以解析，作為一個示範。

朱子的理一分殊觀在他的〈仁說〉之內得到了充分的表達，他說：

> 天地以生物為心者也，而人物之生又各得夫天地之心以為心者也。故語心之德，雖其總攝貫通、無所不備，然一言以蔽之，則曰仁而已矣！請試詳之。蓋天地之心，其德有四，曰元亨利貞，而元無不統。其運行焉，則為春夏秋冬之序，而春生之氣無所不通。故人之為心，其德亦有四，曰仁義禮智，而仁無不包。其發用焉，則為愛恭宜別之情而惻隱之心無所不貫。故論天地之心者，則曰乾元坤元，則四德之體用不待悉數而定。論人心之妙者，則曰仁人心也，則四德之體

The Chinese University Press，1987），pp. 83－101。我對「理一分殊」的現代解釋與陳教授容有不同，但肯定這個觀念有其現代意義，用心的方向是一致的。

❼ Cf. Rudolf Bultmann, Jesus Christ and Mythology (New York, Charles Scribner's Sons, 1958)，and John B. Cobb. Jr, Living Options in Protestant Theology (Philadelphia: The Westminter Press, 1962), PP. 231～232.

用亦不待遍舉而該。蓋仁之為道，乃天地生物之心即物而在，情之未發而此體已具，情之既發而其用不窮。誠能體而存之，則眾善之源，百行之本，莫不在是。此孔門之教所以必使學者汲汲於求仁也。其言有曰：克己復禮為仁，言能克去己私，復乎天理，則此心之體無不在，而此心之用無不行也。又曰：居處恭、執事敬、與人忠，則亦所以存此心也。又曰：事親孝、事兄弟、及物恕，則亦所以行此心也。又曰：求仁得仁，則以讓國而逃，諫伐而餓，為能不失乎此心也。又曰：殺身成仁，則以欲甚於生，惡甚於死，為能不害乎此心也。此心何心也？在天地則炔然生物之心，在人則溫然愛人利物之心，包四德而貫四端者也。（下略）❽

就一個傳統中國的思想家來說，朱子是十分富於分析力的，他分解出天人兩個層面。通天下只是一個理，在天地是塊然生物之心，在人就是那一顆仁心。天地的生德內在於人即是仁德，這顯然是一種天人合一的模式。而一理化為萬殊，故天有元亨利貞四德，而元無不統；季節有春夏秋冬四季，而春生之氣無所不通；人有仁義禮智四德，而仁無不包。人的行為千變萬化，但合乎聖道而為，最後發生作用的正是那一顆仁心。朱子的說法有一個完整的系統，元朝以來即奉他對古典的解釋為正統，他的思想對於後世的巨大影響力是難以估計的。

----

❽　《朱子大全》，臺北、臺灣中華書局，十二冊，第八冊，文集六十七，頁二十。

　　我們試從兩個不同的方向來審查朱子的思想：一方面看他的思想在古典之中找不找得到根據？另一方面看他的思想到了現代還能不能夠應用？先從第一個角度來看，朱子把仁和生關連在一起，這並不是朱子的創舉，自二程以來即乃是宋明儒者接受的共法，文獻上的根據則在《易經》。北宋由濂溪開始，會通易庸，在思想上開闢出一條新的路徑，這是儒學可以發展的一條線索，並無背於孔孟的宗旨。宋明新儒學與先秦儒學之間本來就有一種既傳承而又創新的關係，朱子的哲學正是一個典型，在內容上取資於二氏，在精神上則繼承孔孟，這才能把新的生命注入儒學之中，而開創出一個新的局面。

　　朱子無疑是個綜合性的大心靈，他能夠兼容並包，所以成其大；但也因為他吸納了許多異質的成分，結果不免逾越範圍，造成了駁雜不純的效果。仁是全德，孔子雖然沒有親口這樣說，但理實如此，這是不成問題的。孟子又發揮出四端之說，孟子七篇文字具在，也是不成問題的。但把天的四德與氣候上的四季以及人的四德排比起來，編織成為一個系統，這是孔孟原來所沒有的東西，乃朱子取之於陰陽家、雜家所發展出來的思想。天之四德見之於乾文言，但原文並沒有說為何天只能有四德；人之四德自源出孟子，但孟子也沒有說為何人只能有四德，這些德性與季節更拉不上關係。但自陰陽家以後，秦漢之際，呂覽、淮南，喜歡把宇宙、人事的現象編織成為一個複雜的秩序，也就是象數派最喜歡弄的那些東西。如此，天人合一不再是「天命之謂性」那樣德性上的關連，而是天象、人事有著嚴格的互相對應的關係。這樣弄得既繁瑣而又跡近迷信，故此到了王弼注易，乃盡掃象數。

伊川易傳也是只講義理。有趣的是，朱子在哲學上完全服膺伊川居敬窮理之說，獨獨對於易，卻不取伊川之說❾。他著：《周易本義》，認爲周易本來是卜筮之書，並兼採康節之說。朱子的用心本來不差，他不只對於易的歷史的發展有所了解，而且把他那個時代的宇宙論與科學的成就都吸納到了他的系統之中。七百年來他的思想居於正統的地位，陰陽五行、天人感應一直籠罩著中國人的思想。但是這一套東西在孔孟根本就找不到根據，象山以孟子學爲根據，早就批評朱子支離，但當時的時代卻站在朱子那一邊。一直要到西風東漸，現代西方科學大量輸入，這才取代了傳統陰陽五行、天人感應的那一套東西。

　　如此，從現代的角度來看，如果朱子的思想指的是他的宇宙論和科學的了解，那麼這樣的思想無疑是過時了。這裏面最重要的一個關鍵在，現代人不再相信自然與人事之間有一定的關連。天人感應根本無法在經驗之上取得實證，自然季節的變化怎麼可以和人的德性拉得上關係呢？但是朱子思想的精華並不需要建築在這樣的中世紀的世界觀之上。通過解消神話的手續，我們就可以把他所體悟得極爲眞切的中心的儒家的信息，由那些過時的神話解放出來。只有如此，「理一分殊」才能夠得到現代的新釋，以下我想簡單地分開三點來說：

　　首先，朱子追隨孔孟，肯定仁爲全德。在傳統中國人的思維

---

❾　關於朱子的易說，參拙著：〈由朱熹易說檢討其思想之特質、影響與局限〉，《東吳大學哲學系傳習錄》第六期（一九八七・十）頁九七〜一一七。

模式之中,一元與多元,在中國道德倫理思想之內根本並不構成矛盾。仁的狹義僅是諸德之一,仁義禮智各有不同的特性。但仁的廣義卻是一切德性的泉源,因為缺乏了仁心,光只是外表的合模並不足以構成真正道德的行為。由這樣看來,狹義的仁與義禮智,都是廣義的仁的表現。由此可見理一而分殊。中國的文字最忌用一種死的方式去理解。譬如孟子固然講四端,但有時他也喜歡只談仁義。仁義對舉的時候,仁便是統一原則,而義(宜)是分殊原則。它們好像同一個錢幣的兩面,無須強分軒輊。但在西方,講仁,就好像傾向於目的論(Teleology)的思路,講義,就好像傾向於義務論(Deontology)的思路,但在中國,卻缺少這樣二元分割的思想。孟子雖嚴義利之別,似乎是義務論者,但他也講衆樂樂,又好像是效益論者,事實上根本不能作這樣斬截的分類。對中國人來說,把自己性分中所有的充分發揮出來,即所謂盡性(自我實現),這就是人生最大的義務和責任。儒家的道德必須建築在心性論的基礎之上。是人,才可以要求他為善,才可以要他根據自己的良知來反省。現代人各色各樣的倫理學、後設倫理學,終不能回答:「人為什麼要道德?」的問題。儒家的傳統直下肯定一顆仁心,當下樹立了道德的基礎。朱子以仁為「心之德、愛之理」,正是以他自己的方式肯定了每一個人都有仁心的事實。而這是超越的心性論的斷定,並不是經驗實然的斷定。正因為人在經驗實然上經常為惡,卻不能不肯定人可以為善,這才顯發了超越心性論的根據,以及在現實上作心性修養工夫的重要性。

其次,朱子斷定天地以生物為心,也就是說,流行在天壤間

是一個生生不已的天道。這顯然是根據易經的傳統。天道在不斷
生成變化的過程之中產生萬類，而人得其秀而最靈。人是唯一自
覺到生命的意義和價值的生物，他所稟賦的乃是一顆能夠與天地
生生之德互相呼應的仁心。親親而仁民，仁民而愛物，仁心的擴
充是無封限的。朱子所把握的乃是一個生意盎然的宇宙，用李約
瑟的術語來說，朱子所建立的是一有機自然觀❿。這樣的觀點自
與機械唯物論的觀點有很大的距離。在科學發展的過程中，科學
唯物論可能是一個必經的階段，因為只有這樣才能夠化繁為簡，
用抽象量化的方式處理數學物理的問題。但科學發展到一個更高
的階段，機械唯物論的局限性就暴露無遺了。李約瑟預言科學在
未來的發展是有機自然觀的復甦，這樣的預言當然要有待經驗的
實證，但中國先哲的自然觀並沒有完全過時，儘可以有其現代的
意義，卻由此得到明證。

　　再次，朱子斷定，這個宇宙乃是理氣結合產生的結果。理氣
究竟是一，還是二？這是宋明儒學之中引起許多爭論的大問題，
我們無需捲入這一紛爭之內。要緊的一點是，無論那一派觀點，
都肯定理蘊涵在氣之中：理雖然是超越的，同時也是內在的。故
此在傳統中國哲學之中，不會發生像柏拉圖那樣理型與事物分離、
打斷成為兩截的問題。超越的理本身是純善，但理的具現不能不
通過氣的摩盪，自然而然就有了惡。所謂「一陰一陽之謂道」，
在經驗的層面上陰陽、善惡是不能截然分離的。就在這樣的情況

---

❿　Cf. Joseph Needham, Science and Civilization in China
（Cambridge： Cambridge University Press, 1954 ff.),
Vol. II. 339~340.

之下，個體形成，所謂「繼之者善，成之者性也。」只有人能夠自覺到性分之內的價值，主動參與天地萬物創造的過程，如此而可以有限而通於無限。儒者相信《中庸》所謂：「天命之謂性，率性之謂道，修道之謂教」。此生能夠努力率性、合道而行，那就自然而然能夠體現〈西銘〉結尾所謂：「存吾順事、歿吾寧也」的境界。

「仁」、「生」、「理」的三位一體是朱子秉承儒家傳統所把握的中心理念，這樣的理念並不因朱子的宇宙觀的過時而在現代完全失去意義。朱子吸納了他的時代的宇宙論以及科學的成就，對於他所把握的儒家的中心理念（理一），給與了適合於他的時代的闡釋（分殊），獲致了超特的成就。七百年來，他的思想被奉為正統，決非倖致之事。也可以說，在十二世紀，作為一個知識分子，他的確盡到了他的責任。但到了今天，我們要嘗試給與「理一分殊」以現代的解釋時，卻遭逢到全然不同的問題。不只我們要解構，把朱子思想中過時的部分加以清除，事實上我們需要對整個儒家乃至中國傳統的思想，作徹底的批評和檢討，才可望與時推移，打開一個全新的境界，以適應於現代的情勢。以下也可以分開幾點來說：

一

當形上道德智慧被認為是最根源、最重要的東西，感覺經驗知識和科學知識自然而然落到了第二義的地位。中國傳統過分強調德性之知，輕視見聞之知，不免造成一種偏向。

二

天道生生不已，任何已創造完成的價值都不能窮盡它於萬一，此所以卽堯舜事業亦如浮雲一點過太空。但這決不是說我們可以不重視當下的開創與表現。我們的生命是完成於不完成之中，過化存神，有限是無限的表現。如果只執着於生的玄境，而完全缺乏具體的生命的表現與創造，那就會變成有體而無用，一樣可以造成生命力衰退的不良後果。

三

誠於中，形於外，內在充沛的生命力，必外現而為可以觸摸得到的具體的創造。但任何具體的成就都有一定的特殊時空的限制。聖人制禮作樂，在人類歷史上無疑是極為超卓的成就，有它們不可磨滅的意義和價值。不幸的是，後世以之為不可改易的天經地義，於是產生了一種禁錮的作用，造成負面的效果。儒家的價值在漢代被固着化成為三綱（君臣、父子、夫婦）之說，這在當時固然有其需要，到了後世，卻成為了專制、父權、男權一類抵制進步思想的根據，而受到了時代的唾棄。這是誤把分殊當作理一。超越的理雖有一個指向，但不可聽任其僵化固着，王船山所謂「不以理限事」應該對我們有一種巨大的警惕的作用。

四

中國傳統似乎傾向於直接去表現生道、仁道，所以偏愛有機論，排斥機械論；大學所謂修齊治平，一貫而下，把政治當作倫

理的延長。這樣不免抑制了其他可能的表現形式，梁漱溟曾經指出，中國文化的發展過分早熟。的確有其卓識❶。

由以上的分析，我們可以看到，儘管到了今天，我們仍然可以維持我們對於仁、生、理的終極關懷，但我們要覓取它的現代表現，就不能不對傳統展開徹底的批判，才能夠走得上現代化的道路。我們在今日雖仍然認爲生命是神聖的，仁心的擴充有一定的理，我們感謝古人給我們指點了一個方向，但我們今日所面臨的時勢已完全不同於孔孟所面臨的時勢，同時我們也瞭解，理想與事實之間有巨大的差距。在漫長的歷史過程之中，中國哲學的理想雖然是發揚生生不已的天道，但在事實上中國文化卻已經變得衰老不堪，《紅樓夢》所謂的「百足之蟲，死而不僵」最足以描寫它的相狀。在這樣的情況之下與西方接觸面對一個現代化的強勢文化的挑戰，喪權辱國，可以說是必然的結果。

我們回過頭來看，中國未能產生現代民主與科學，固然有各方面輻輳的原因，但也的確有思想方面的因素，決不是完全偶然的結果。光由科學方面說起。李約瑟窮半生之力，專門研究中國科技發展的歷史。他發現中國傳統在科技方面有超特的成就，決不只是指南針、火藥、印刷術等寥寥數項而已！世界科學曾深受惠於中國的貢獻。但中國終無法跨越過現代科學的門檻，其中一個主要的原因就是中國完全缺少機械論的思想。李約瑟的看法是有相當道理的。機械論當作一個哲學來說是一個錯誤的哲學，懷

❶　梁漱溟：《中國文化要義》（臺北，正中，一九六三），頁二五一～三〇三。

德海批評科學的唯物論犯了他所謂「錯置具體性的謬誤」(Fallacy of Misplaced Concreteness) ⑫。中國人不取這樣的說法在哲學上表現了很深的智慧。但機械論當作一個方法論的設施來看，卻有很大的用處。生命是有機的，不可以為抽象的數量所窮盡，這是中國人的睿識。活潑的生命通過手術刀的解剖的確會變成死物，但沒有理由我們不能在觀念上把人的身體由其他的方面抽離開來，而成立解剖學的學問。中國傳統的限制在，只容許人去找有機生命的直接表現，以至抑制了生命發展的其他的可能性。他們不了解，十分弔詭地，有時必須採取一種間接曲折的方式，才能夠進一步擴大生命的領域。從這一個角度來看，我不相信中國如果沒有受到西方的衝擊，會發展出現代科學來。但西方既已發展出現代科學，卻沒有任何理由中國不能夠吸收西方的成就。經過了一時的震驚與挫敗之後，中國人終必會作出必要的適應。他們必須放棄傳統天人感應的思想模式以及中世紀的宇宙觀，但他們沒有理由放棄他們對於生、仁、理的終極關懷。他們所必須體悟到的是應該容許乃至鼓勵人們去追求對於生、仁、理的間接曲折的表現方式，這樣才能更進一步使得生生不已的天道實現於人間。弔詭的是，中國人必須打破自己傳統的窠臼，才能夠在一種更新穎、更豐富的方式之下體現傳統的理念。

　　同樣的解析也適用於民主政治和中國文化的關係。不錯，中國傳統有根深蒂固的民本思想！這是我們可以取資的一個重要的

---

⑫　Alfred North Whitehead, Science and the Modern World (New York: The Macmillan Co.), PP. 74 - 75.

泉源。但在另一方面，我們卻不可以自欺，以爲傳統的民本思想在本質上不異於現代的民主思想。事實上，兩個是完全不同的典範。儘管孟子曾說：「民爲貴，社稷爲次，君爲輕」，但民本思想仍然是與君主制度緊密地關連在一起的。一般老百姓的利益要靠聖君賢相來衛護，政府依然是一種階層制度的形式。而禮運大同篇所謂「選賢與能」是指英明的領袖選拔出賢能來爲人民服務，這樣的方式並沒有建立起民主選舉的制度，更沒有三權分立的設施，而法理不外人情，也缺乏人權的醒覺與法治的觀念。故此，如果以西方的民主政治爲判準，在中國傳統中可以利用的資源是很少的。故此，我同樣懷疑，如果中國不是受到西方的衝擊會自己發展出西方式的民主制度來。然而我也相信，沒有理由中國不能夠把西方的民主吸收過來。中國的傳統政治理念是「仁政」。當經驗顯示，事實上難得有聖君賢相的時候，就不能不幡然改圖，接受西方民主的制度，建立一個「民治、民有、民享」的政府。誠然民主並不一定能產生最好的效果，但集思廣益，避免把權力集中在一家一姓之手，的確是我們所知制度裏面可能產生最少惡果的一種方式。民選出來的領袖不是哲王，也不是聖賢，只是有能力處理衆人之事的政治領袖。這樣，政治不再是倫理的延長，它本身是一個獨立自立的範圍，有它自己的遊戲規則。但它也不是完全和道德倫理切斷關係，因爲我們仍然必須選出有最低限度道德操守的政治領袖，而我們投票給他，主要是看他的政府是否眞正能夠照顧到大多數人民的利益，爲人民服務。由此可見，我們並不需要改變我們對於仁政的嚮往而繼續把它當作規約原則，但我們必須改變過去「天無二日，民無二王」那樣的傳統觀念，

由臣服（Subordination）的思想改變成爲平列（Coordination）
的思想。中國人過去喜歡用直接的方式表現仁，於是以倫理的方
式來看政治，以家庭的方式來看國家。這樣的方式或者可以適用
於傳統的農業社會，卻斷然不能夠適用於現代的工商業社會。理
一而分殊，今日要衞護仁政的理想就必須要採取反傳統的方式才
能夠找到符合仁政的超越理念的現代表現。

　　由科學和民主這兩個例子，就可以看到，十分弔詭地，我們
必須要打破傳統的窠臼，才能夠以現代的方式來表現傳統的理念。
我們今日乃可以清楚地體悟到，在許多範圍之內，我們必須採取
一種間接曲折的方式，才能夠更適切地表現出生、仁、理的超越
理念，而決沒有理由抱殘守缺，喪失活力，麻木不仁，違反理性，
爲時代所唾棄。這才是當代新儒家必須努力的方向。

　　《中庸》有曰：「其次致曲，曲能有誠；誠則形，形則著，
著則明，明則動，動則變，變則化；唯天下至誠爲能化。」

　　照傳統的解釋，「致曲」是次於「至誠」的境界。曲的意思
是一偏，由偏至入手，最後也終可以達到誠的境界。但我們不妨
給與這段話一種全新的解釋。「至誠無息」是可以嚮往而不可以
企及的超越境界（理一），要具體實現就必須通過致曲的過程
（分殊）。生生不已的天道要表現它的創造的力量，就必須具現
在特殊的材質以內而有它的局限性。未來的創造自必須超越這樣
的局限性，但當下的創造性卻必須通過當下的時空條件來表現。
這樣，有限（內在）與無限（超越）有着一種互相對立而又統一
的辯證關係。我們的責任就是要通過現代的特殊的條件去表現無
窮不可測的天道。這樣，當我們賦與「理一分殊」以一全新的解

釋，就可以找到一條接通傳統與現代的道路。

四、由「理一分殊」的原則對於當代西方哲學的回應

如果對於「理一分殊」給與現代化的解釋只是為了現代化的目標，那麼問題就很嚴重。論者指出，現代科學、民主係孕育自西方，與中國的傳統關係不大，似乎了解中國傳統，並不能夠幫助我們更深一層地了解科學、民主。而現代中國人很少了解什麼叫做「理一分殊」，為了現代化，還要回頭對於「理一分殊」作出現代的解釋，似乎多此一舉，完全沒有這樣的必要。但這樣的說法只看到問題的表面，不免失之於淺薄。不只中國人的思維方式，經過幾千年的發展，已經自成一個型態，常常在一種「習焉不察」的方式之下支配我們的思想，我們要吸收西方的思想要它們在我們的文化裏生根，就必須深入地檢討自己的傳統。而且我們試圖去把握傳統的睿識，並不完全為了現實功利的目的。我們要去衛護一些開啟於我們民族文化的萬古常新的智慧。在一個國際學術研討會之中，友人張灝曾經提出，我們要以現代來批判傳統，也要以傳統來批判現代，可謂深得吾心。

如果我們不能夠把握到定盤針，那麼我們就會在千變萬化的時潮之中，完全迷失自己，不知道何去何從，而陷入一種手足無措的境地之中。正當我們往現代化的方向走去，西方卻已經在對「現代性」（modernity）加以嚴厲的批評和檢討，而進入到一個「後現代」（post-modern）的世代。當前西方一方面走進一個從前無法想像的未來主義世界，另一方面卻又重新肯定一些一度為

現代所唾棄的古老的東方的精神價值，使得人掉進一種極爲惶惑
的心理狀態之內。今天外在的情勢根本就不容許我們去跟風，所
謂「全盤西化」，根本就不知道如何化法。短短數年，時代潮流
就一變，以有涯隨無涯，殆矣！在這種情況之下，「理一分殊」
的再闡釋，乃可以給我們一盞明燈，指引我們往一條康莊大道走
去，以免誤入歧途之中。

　　爲了方便起見，我提議用《哲學以後》（After Philosophy）
一書⑬，當作我討論的焦點，由「理一分殊」的原則，對於當代
五花八門哲學的思潮，作出回應。此書一共收了十四位有代表性
的當代哲學家的作品，大體可以分成兩派意見。一派認爲哲學的
行程已經走到盡頭，將來已經沒有什麼哲學可說；另一派則認爲
哲學雖然陷入困境，但還可以努力加以再造，爲它注入新的生命，
如何加以轉變則又有分析哲學與解釋學的途徑的差異。以下我卽
借助於新儒家「理一分殊」的觀點，對於這些哲學時潮作一回應。

　　當代西方哲學家走上背離他們的傳統的思考方式的道路，有
一些想法是中國人很容易理解的。譬如說，羅蒂（Richard Rorty）
宣稱：「實用主義者認爲柏拉圖的傳統已經過時，不再有用，」⑭柏
拉圖相信有超越的理型脫離時間巍然獨存，而中國傳統從來沒有
發展出類似希臘的存有（Being)的觀念，人必須在流變之中體道。

---

⑬　Kenneth Baynes, James Bohman, and Thomas McCarthy ed.,
　　After Philosophy: End or Transformation. Cambridge,
　　Massachusetts: The MIT Press,1987)。

⑭　Ibid., p. 27.

羅蒂又批評由笛卡兒以來割裂主客的傳統，把觀念當作眞實的影象。中國卻缺少這樣的二元對立的思想，同時也沒有把腦和心，理論和實踐打成兩截。事實上實用主義與中國人的思想確有相通之處，杜威就被比作當代的孔子，他旣重視教育，也強調人對社會的責任。然而兩方面的路道畢竟不同。中國哲學提出接近實用主義的觀點是墨家，但孟子則距楊墨，嚴義利之別。儒者深信實行仁義會產生治平的結果，但我們卻不可以倒果爲因，專講實用以至淪爲逐利之徒。當然實用主義的哲學家不至於淺薄到只顧到眼前的利益，而我們證實一個科學的假設所能做到的最大限度也不過只是杜威所謂的「旣經證實的可斷定性」（warranted assertability）而已！不錯，我們的確要像杜威那樣要利用我們的智力（intelligence）在問題情況出現的時候，努力尋求實際解決問題的方案，但是任何惡棍也可以用同樣的方法解決他們的問題。由此可見，光訴之於智力是不足的，故儒者必須要講良知。良知可以解作所謂「理智的深層」（depth of reason），智力乃是它發用的一個層面。正如王陽明所說的：「良知不雜於見聞，而也不離於見聞。」（《傳習錄》中）見聞相當於今日我們所謂的經驗之知，良知卻是自家本心本性的體現。良知的發用當然離不開經驗知識，但它仍是與經驗知識不同層次的證悟。牟宗三先生指出，中西哲學最大的分別在，中國哲學儒釋道三教都肯定他所謂「智的直覺」，而西方哲學則缺少這樣的肯定❺。當然我們必須體悟到，牟先生所說的其實與西方所謂對象的直覺沒有什麼

---

❺　參牟宗三：《智的直覺與中國哲學》（臺北，商務，一九七一）。

關係。

依康德的《純粹理性批判》，人只能有感性的直觀，只有上帝才能有智的直覺；人既然不能離開感覺形成概念，當然不可能有智的直覺。康德依據這樣的思路乃進一步推論，我們只能把上帝存在當作實踐理性的基設（postulate）看待，牟先生是不滿於這樣的思路。中土三教都肯定人憑藉自力可以證悟終極的解脫道，無限的道當下具現在有限的生命之內，這才是牟先生所謂智的直覺的涵義。牟先生乃批評康德仍拘限在基督教的視域之內，天人打成兩截，故不能作成道德的形而上學。儒家則可以。我們不可以把他的意思誤解爲，人可以不通過感覺而對個別的事物形成智的直覺，那是一個無法衞護的論點。儒家的思路乃是一種既內在而又超越的觀點，實用主義的限制在只見內在，不見超越，事實上當代歐洲哲學也有著類似的問題。

我們試檢討由海德格到高達美（Hans-George Gadamer）以至德里達（Jacques Derrida）所發展出來的一條解釋學的思路。海德格所開出的一些睿識無疑可以爲中國人所吸納。他一方面由從笛卡兒以來把心靈當作純粹意識的思路翻了出來，另一方面又拒絕把科學的世界觀當作唯一可能的世界觀。他以人爲「此有」（Dasein），被投擲在那裏。他是一個「在世界中的存有」（being-in-the-world），同時也是一個「走向死亡的存有」（being-toward-death）。世界對海德格來說不再只是外在的環境，而是一個意義系絡。我們可以生活在科學的世界之中，在數理公式的推槪之中，逃脫在時間的流逝之外；我們也可以生活在歷史的世界之中，存在的焦慮並不只是我們主觀的心理的反應，

而是我們生存的模式。這樣看來，語言並不只是一個工具而已！它是存有的基本構成分。剝開了海德格的艱澀的術語的外殼，中國人並不難了解這樣的思路。事實上王陽明在四百年前就有了把世界當作一種意義系絡的思路。他說：

> 人一日間，古今世界都經過一番，只是人不見耳。夜氣清明時，無視無聽，無思無作，淡然平懷，就是羲皇世界。平旦時，神清氣朗，雍雍穆穆，就是堯舜世界。日中以前，禮儀交會，氣象秩然，就是三代世界。日中以後，神氣漸昏，往來雜擾，就是春秋戰國世界。漸漸昏夜，萬物寢息，景象寂寥，就是人消物盡世界。學者信得良知過，不為氣所亂，便常做個羲皇以上人。（《傳習錄》下）

　　儘管我們看到傳統中國哲學與海德格有若合符節之處，但它們之間也有相當重大的差別。比較王陽明與海德格，最明顯的差別在，海德格只是作現象學的描繪，而拒絕作價值上的判斷。但陽明除了作現象學的描繪之外，明白地提出了價值判斷，籲我們要把「終極託付」建立在良知之上。正所謂「差之毫里，謬以千里」。儒家思想的方式是理一分殊，當代歐洲哲學卻陷落在相對主義的迴流之內。

　　海德格最大的問題在，他的說法突出了存有的語言性與歷史性雖有一定的道理，但他只能建立一「現象的存有論」（pheno-menological ontology），故牟宗三先生批評他缺乏超越的信息⑯。表面上海德格有些觀念如Gelassenheit（一切放下）非常接近道

家的觀念，但海德格顯然缺乏道家那樣的終極關懷。到了沙特，超越的信息的缺乏就變得十分明白了。他把「超越」(transcendence)一詞解作「不守故常」的意思，故此他把人了解爲:「是他所不是而非他所是的存有。」⓱沙特只是肯定變的事實不可逃避而已，故此根本沒有出路（No exit)。沙特就明白宣稱他本人是個無神論者。既然上帝不存在，人也沒有固定的本性，人只有接受命定的自由，承擔起自己的責任，在存在的焦慮之下創造自己的生命。中國哲學家雖也不信在變化之外有一純粹超越的上帝，但道乃是變易之中的不易，超越就在內在之間，人可以參與天地創生的過程，而且德不孤，必有鄰，不會陷落在--種與天完全切斷的疏離的狀態之中。正如王陽明所說的。

　　良知卽是易，其爲道也屢遷，變動不居，周流六虛，上下

⓰　有的學者認爲晚年的海德格有很大的改變，參 Graham Parkes ed., *Heideggor and Asian Thought* (Honolulu：University of Hawaii Press, 1987)。但在文集之內，多數東方學者也都異口同聲，承認在海德格與傳統東方哲學之間仍存在着相當的距離。牟先生主要的根據雖只是海德格前期的作品，但我覺得他的批評是不錯的。西方的神學和日本的禪學都可以在海德格的思想之中找到一些親和的因素，這不在話下。但他並沒有清楚地傳達給我們一種超越的信息，至多只給與我們一些模糊的指向。日本學者批評他過份重視時間，忽視空間，這就說明了海德格與禪的境界是有闊隔的。海德格的徒從如高達美，後學如德里達都偏向在內在的一面，也是一種旁證，說明海德格思想在超越一面之乏力。

⓱　Jean-Paul Sarte, Being and Nothingness, Hazel E. Barnes trans.(New York：Philosophical Library, 1956)，p. 58。

無常，剛柔相易，不可為典要，惟變所適，此知如何捉摸得，
見得透時，便是聖人。（《傳習錄》下）

　　通過良知體現的道是不可以通過概念來捕捉的。就這一點來
說，德里遠提倡「解構」（deconstruction）⓲，徹底摧毀一切建
築在不可持的二元論的基礎之上的人為理論架構，中國人是可以
欣賞的。但是聖道的超越性與普遍性雖然是難以企及的理想，卻
是不容許墮了下來的。而當代歐洲哲學卻墮入到一股激進的相對
主義的廻流之中，這是中國哲學者不能不感到深切憂慮的一個趨
勢。

　　麥金泰（Alasdair MacIntyre）對於相對主義的問題提出了
適切的反省⓳，作為一個理論來說，相對主義是不值得一駁再駁
的，而人們一直為相對主義的問題所吸引，就不能不審視這一理
論背後所隱涵的一些合理的因素。從一個意義下來說，人是不可
能超越相對主義的。高達美指出，人的了解不能不預設一個特定
的水平線（horizon）⓴。解釋學的精髓正在於明白指出人是一歷
史的存有，而水平線的會合造成視域的擴大與意見的交流，這樣
的看法的確有它深刻的睿識。但高達美進一步推論，正由於人不
可能沒有某種「先見」（preconception），他就不可能沒有「成
見」（prejudice）。這樣的推論卻是我們所不能夠接受的。成見在

⓲　參註⓭，前揭，頁一一九～一五八。

⓳　同上，頁三八五～四一一。

⓴　同上，頁三一九～三五〇。

一般語言之中的意思是帶着有色眼鏡的偏見。人不能脫離一定的視域看問題是一回事，但說人不能不帶著有色眼鏡看問題，無論如何也脫離不了自己的偏見，卻是另一回事。高達美的說法初看起來十分新鮮，但卻不免使人拋棄了追求眞理的規約原則，而產生了極爲惡劣的後果。再把成見和權力結合在一起，情況就更爲不利。當代西方哲學者受到尼采、佛洛伊德、與馬克思的影響，深切地了解到，觀念並不只是觀念而已，它們往往是行動的前奏。哲學家也並不能夠眞正超然物外，常常變成了某種特殊利益的代言人，甚至淪爲權勢的工具。福柯（Michel Foucault）認爲，就是像醫院那樣的機構也是一個權力結構❹。福柯的研究突破了傳統哲學的故域，也的確接觸到了一些重要的問題。但不幸的是，他又走上了一條極端的道路。如果權力宰制是普泛的，那我們豈不是無所逃於天地之間，還有什麼希望呢？當代西方哲學家戮穿了一切神聖的外衣，他們發現人都免不了成見與權力的宰制，故此立論過高不免造成煙霧，讓一些見不得天日的東西假借着眞理、公義之名以行，造成了許多過惡。今日的知識分子的確有着前所未有的覺醒，所以他們反建制、反正統，也不能不說是有他們深刻的地方。但他們不免走得太過，以至批判的意識單方面的擴展，壓蓋過了健康的創造、積健爲雄的精神。不錯，我們對於理性（rationality）的觀念是應該加以進一步的反省與批評，傳統的理性的涵義已經不能夠適用於現代。但解構的措施像是服清瀉劑，身體裏藏汚納垢，有了太多的積澱，就不能不加以對治。但是身

---

❹　同上，頁九五～一一七。

體經過適度的滌清之後，就要吸取養分，才能夠造成健全的體魄；否則用了虎狼之劑之後，不識得調養，一樣會把生命帶往危殆的境地。我們斷不可以因噎廢食，或如西諺所言，把嬰兒連同髒水一起倒掉了。我們儘可以重新考慮「理性」的內容，但把理性的規約原則也加以捨棄，卻使得我們陷落在相對主義的深淵之中。難道我們也毫無選擇，跟着時流去搞權力宰制的把戲嗎？旣識穿了這一套把戲，就必須提高我們思想的警覺，設置一套制度，減少狡點者利用權力宰制他人的禍害。福柯的毛病正在於他只能看到內在，不見超越；他看到人爲的組織的毛病，卻看不到任何希望爲未來找到出路。

　　由這樣的思路追溯下去，無怪乎哲學要走上窮途末路，碰到所謂「哲學的終結」（the end of philosophy）的情況。但並不是所有當代西方的哲學家都同意這樣的說法。譬如說，哈柏瑪斯（Jürgen Habermas）就不贊成這個觀點❷。他承認啓蒙時代是把許多問題簡單化了，但並不因此我們需要完全背棄啓蒙的理想。「理性」在今日仍然有其不可磨滅的意義與價值，只不過我們需要改造理性的觀念，需要發展一套全新的溝通理性的概念。哲學不會走上終結的道路，我們所需要的乃是「哲學的轉化」（transformation of philosophy）。哈柏瑪斯的戰友阿培爾（Karl-Otto Apel）也發表了類似的意見❸。他吸收了英美分析哲學與實用主義的一些睿識，而希望在英美與歐陸哲學之間建造一道溝通的橋

❷　同上，頁二九一～三一五。

❸　同上，頁二四五～二九〇。

樑。阿培爾認爲自己的觀點比較接近皮爾士（C. S. Peirce)的「先
驗實用論」(transcendental pragmatics)。我們在實質內容上可
能有許多歧見，不可避免地會產生許多爭辯。但任何理性的論辯
必預設追求眞理的形式的判準，這是一項先驗的普遍的原則，不
但不爲經驗所否認，而且從事任何經驗檢證或否證的手續不能不
預設的起點。阿培爾同意高達美認爲世間沒有純客觀的東西，必
定有解釋的成份在內，但他不同意高達美的歷史主義的見解。我
們不斷在追求眞理的過程中，不能不假定理性溝通的理想，他認
爲如果我們由語意分析的層次轉到語用學 (pragmatics)的層次，
許多煙霧就可以被驅散。這樣我們就不會犯「抽象主義的謬誤」
(abstractive fallacy)，而所謂的無可逾越的「三難情況」
(the so-called Münchhausen trilemma)並不是不可以克服
的，也就是說，凡追求終極基礎的努力莫不落入「循環論證」、
「無窮後退」、或「武斷終結」的陷阱並沒有必然性。在語用的
層次，我們不能不預設一些共認的規則，即使是承認「可誤主義」
(fallibism)的原則也不能排除這些規則之作爲理性論議的基石。
阿培爾由此而企圖建立一溝通倫理，反對情意主義認爲倫理判斷
只是主觀的好惡的看法。我覺得哈柏瑪斯與阿培爾的方向是正確
的。但「溝通理性」畢竟預設了「理性」的觀念，我們必須改造
傳統理性的觀念，希臘那種超越永恆的理性觀念是過時了。但理
性不能只是論議所預設的形式原則而已，它必有一些實質內容，
雖然我們不能給它一個簡單的定義。譬如說，仁義是它的外顯的
表徵，各代仁義的表徵不同，但仍有一貫的線索把它們貫串在一
起，中國人由理一分殊的方式的確肯定了一些比哈柏瑪斯和阿培

爾更多的東西。有關這一類的問題還需要我們作進一步的探索。

現在讓我們轉到分析哲學的線索。如果分析哲學還停留在邏輯實徵論的階段，那麼中國哲學與它之間恐怕不會有甚麼很有意義的交流。但分析哲學已經有了長足的發展，事實上歐陸的哲學家像阿培爾已經吸收了分析哲學的技巧而發展出了一些新的思路，棄絕了像艾耶（A. J. Ayer）那種情意主義的倫理觀。而美國新一代的分析哲學家由於受到蒯因（W. V. Quine）的影響，質疑分析與綜合命題二分的教條，也反對認知語言與情緒語言截然有異的看法。譬如蒯因的弟子戴維森（Donald Davidson）就嘗試要改造塔斯基（A. Tarski）對於眞理的界說，將之擴大應用在自然語言之上，並重新考慮形上學的問題❷，這是很有意義的嘗試。卜特南（Hilary Putnam）既揚棄實在論，也批評相對主義，他認爲理性是不能加以自然化的❷。他說：

> 如果不能把規範的「層面」取消，不可能將之化約爲我們
> 所喜歡的科學，不論是生物學、人類學、神經學、物理學、
> 或其他學科，那麼我們站在那裏呢？我們可以嘗試去攪一套
> 規範自身的宏偉的理論，一套形式認識論，然而這樣的做法
> 肯定是野心過大了。同時卻有很多哲學工作要做，如若我們
> 能夠避免損害晚近哲學至鉅的化約主義與歷史主義的殘障，
> 就可以減少錯誤。如果理性是既超越而內在，那麼哲學既是

---

❷ 同上，頁一六一～一八三。
❷ 同上，頁二一七～二四四。

與文化不可分割的反省以及有關永恆問題的論辯，它既在時間之中，也在永恆之內。我們並沒有一個阿基米得點；我們所講的永遠只能是一時一地的語言；然而我們所說的內容的對錯卻並不限於一時一地。㉖

卜特南的見解是完全蘊育自現代西方的觀點，卻與中國傳統的觀點不謀而合，簡直是提供了「理一分殊」的一個現代闡釋。由這個角度看，中國哲學也可以在分析哲學內部尋覓未來哲學的曙光。只有哲學完全喪失了對於超越的祈嚮與信息，完全陷落在內在之中，才會造成哲學的終結。今日東西哲學內部的懷疑與反動的危機是深重的，但我們仍將鍥而不捨，謀求哲學的改造，既有所傳承，也有所創新，遵循理一分殊的線索，爲之謀求一條未來的出路㉗。

五、結　語

由以上所述，可以看到，中國哲學必須一方面與時推移，吸收當代西方哲學的睿識，擴大自己的視野，加入現代的陣營；另

㉖　同上，頁二四二。

㉗　由於我研究文化哲學有年，深深被卡西勒（Ernst Cassirer）的功能統一觀所吸引，參拙著：《文化哲學的試探》（臺北、學生書局新版，一九八五）。可惜的是現代人智短，卡西勒的觀點並不流行。除了終極關懷方面有憾之外，卡西勒的文化哲學恰正是「理一分殊」之一詳細的現代闡釋，很值得我們順着他所提供的線索作進一步的探索。

一方面卻又要保留自家傳統哲學的智慧，給與嶄新的闡釋，對於
現代採取一種批評的態度，指出其偏向以及不足之處，決不可以
隨便跟風，陷入沒有必要的困境之內。這樣我們至少可以嚮往一
種傳統與現代、東方與西方的結合。對於擴大我們傳統的視野來
說，我們需要吸收西方分析哲學的技巧，解釋學的睿識，增益其
所不能，開發一個前所未有的新境界。另一方面，對於走向世界
來說，我們並不只是單純的攝受，同時也要對世界作出我們自己
的貢獻：從我們的特殊的角度來印證現代世界所把握到的一些眞
知灼見，卻又要指出其偏向與錯誤之處，在我們的傳統之中覓取
資源，補偏救弊，在整個世界走向未來的過程之中，燭照機先，
發揮出一定的作用。

　　未來的世界並不需要發展成爲一個無差別的統一世界。儘管
東西方的交流可以加劇，但這不必一定妨害到保留東西方分別的
特色。每一個文化要由它自己的角度去吸收它所需要的營養，來
充實自己的生命，而這需要自己不斷作智慧的抉擇。譬如說，德
里達講解構，欣賞我們道家的智慧，這是因爲西方的理論架床疊
屋，已經發展到了一種令人難以忍受的地步，就有必要拆散這些
人爲的理論架構，不至於以抽象的品目來代替具體的眞實。但中
國傳統兩千年前就了解「道可道、非常道」的智慧，然而我們卻
缺少形式邏輯、高度抽象的理論架構，這對於我們科學的發展造
成了一定的障礙，我們就必須現代化，學習西方架構式的思考，
這才能夠增益其所不能。我們並不需要特別去引進德里達的思想，
雖然他是在一種嶄新的方式之下重新印證了我們的民族早已體認
到的智慧。當然我們也沒有甚麼理由去重複西方的錯誤，把抽象

的品目當作具體的眞實。我們引進架構式的思考是爲了發展我們的邏輯與科學，而在形上學與道的體證方面，我們反而可以向西方輸出我們傳統的智慧，當然首要的條件是我們並沒有遺忘我們的傳統所開出的智慧，才能對之作出全新的再闡釋。而這恰正是全盤西化派所看不到或者拒絕去看的一個角度。

依我之見，中國文化最深刻處在無論儒、釋、道，都體現到一種「兩行」的道理，不妨在此略加疏釋，看看我們民族可以對世界哲學提供怎樣的資源。

「兩行」一詞源出莊子《齊物論》，其言曰：

> 是亦彼也，彼亦是也。彼亦一是非，此亦一是非，果且有彼是乎哉？果且無彼是乎哉？彼是莫得其偶，謂之道樞。樞始得其環中，以應無窮，是亦一無窮，非亦一無窮也。故曰：莫若以明。……
>
> 道通爲一。其分也，成也，其成也，毀也。凡物無成而毀，復通爲一。惟道者知通爲一。……是以聖人和之以是非，而休乎天鈞，是之謂兩行。

依照傳統的解釋，是非爲兩行，能夠超越兩行，就能夠與道合而爲一。這樣的解釋是有它的根據的，但接受了這樣的解釋，就明顯地偏向「理一」那一邊，而忽視了「分殊」。我在這裏提議給與一種新的解釋，「理一」與「分殊」才是兩行，兼顧到兩行，這才合乎道的流行的妙諦。從天道的觀點看，一定要超越相對的是非，道通爲一，這是「理一」的角度。但道既流行而產生

萬物，我們也不能抹煞「分殊」的角度，如此燕雀有燕雀之道，無須去羨慕大鵬。既獨化（分殊）而玄冥（理一），這才眞正能夠體現兩行之理。莊子內部本來可以含藏這樣的道理，但需要通過現代的創造的闡釋，才能夠眞正把道家的智慧發揮到淋漓盡致的地步。

佛教輸入中國，經過華化之後，也同樣兼顧超越與內在的層次。三論講「二諦（眞、俗）圓融」、天台講「三諦（空、假、中）圓融」，都涵攝了兩行之理。圓教的教義也是容許我們作現代的創造的闡釋的。

儒家更不必說，理一分殊之旨如本文所述，本來就是宋明儒發揮出來的道理。從超越（理一）的觀點看，雖堯舜事業不過如浮雲一點過太空，過化存神，不容沾滯一時一地，或者一人一事。從內在（分殊）的觀點看，則堯舜、孔孟、程朱、陸王，各有各的精彩。各人只有本着自己的時代、空間，照着自己的稟賦、際遇，盡量努力，知其不可而爲。這樣自然而然能夠體證到張載《西銘》所謂「存吾順事，歿吾寧也」的道理。

理一分殊的精神尤其可以用程明道《定性書》中的兩句話清楚地表達出來，他說：

　　廓然而大公，物來而順應。

前一句講的是理一，後一句講的是分殊。這樣的說法與周易所蘊涵的一套哲學是相通的。一般說易有三義：變易（分殊）、不易（理一），易簡（兩行）而得天下之理。我們既有普遍的規

約原則，又有各時各地不同的具體的設施。所謂「寂然不動（理一），感而遂通（分殊）」，每一個個人受到自己時空的限制不能不是有限的，但有限而通於無限，參與天地創造的過程，生生不已，與時俱化。這樣的哲學當然不會是精確的，但却足以作爲指導我的生命的普遍原則，我們的責任就是在這樣的精神的指導之下作創造性的努力，追求適合於我們的時代的表徵。

（原刊於《法言》總十七、十八期，一九九〇、八、十）

十一、「兩行之理」與安身立命

一、引　言

　　我既作〈「理一分殊」的現代解釋〉一文❶，在「結語」中指出，「中國文化最深刻處在無論儒、釋、道，都體現到一種『兩行』的道理」，現在即對「兩行之理」作進一步的闡釋。「理一分殊」語雖源出程伊川，但「兩行」的說法卻出於莊子。其實儒家許多重要的說法並不一定始自儒家，像「內聖外王」即來自《莊子‧天下篇》。在本文之中，我將對莊子兩行的說法先作出一種創造性的闡釋，以後才講佛家對於兩行之理的體悟，最後才回到儒家，把「理一」與「分殊」當作兩行，給與嶄新的現代解釋，通過當代新儒家的視域，體現兩行之理在現代的意義。

二、道家兩行之理的闡釋

　　兩行之說首出於《莊子》的〈齊物論〉，其言曰：

　　夫言非吹也，言者有言其所言者，特未定也。果有言邪？其

---

❶　參《法言》二卷，四期（一九九〇年八月），頁三七～四十二、五期（一九九〇年十月），頁二十三～二十八。

未嘗有言邪？其以為異於鷇音，亦有辨乎？其無辨乎？道惡
乎隱，而有真偽？言惡乎隱，而有是非？道惡乎往而不存？
言惡乎存而不可？道隱於小成，言隱於榮華，故有儒墨之是
非，以是其所非，而非其所是。欲是其所非，而非其所是，
則莫若以明。物無非彼，物無非是，自彼則不見，自知則知
之。故曰：彼出於是，是亦因彼，彼是方生之說也。雖然，
方生方死，方死方生，方可方不可，方不可方可，因是因
非，因非因是。是以聖人不由，而照之以天，亦因是也。是
亦彼也，彼亦是也，彼亦一是非，此亦一是非，果且有彼是
乎哉？果且無彼是乎哉？彼是莫得其偶，謂之道樞；樞始得
其環中，以應無窮。是亦一無窮，非亦一無窮也。故曰：莫
若以明。

以指喻道之非指，不若以非指喻指之非指也；以馬喻馬之非
馬，不若以非馬喻馬之非馬也。天地一指也，萬物一馬也。
可乎可，不可乎不可。道行之而成，物謂之而然。惡乎然？
然於然。惡乎不然？不然於不然。物固有所然，然固有所可，
無物不然，無物不可。故為是舉莛與楹，厲與西施，恢恑憰
怪，道通為一。其分也，成也，其成也，毀也，凡物無成與
毀，復通為一。唯達者知通為一，為是不用而寓諸庸。庸也
者，用也；用也者，通也，通也者，得也，適得而幾已。因
是已，已而不知其然，謂之道。勞神明為一，而不知其同
也，謂之朝三，何謂朝三？狙公賦芧曰：朝三而暮四，眾狙
皆怒。曰：然則朝四而暮三，眾狙皆悅。名實未虧，而喜怒
為用，亦因是也。是以聖人和之以是非，而休乎天鈞，是謂

之兩行。

　　這段引文之中有少數幾句話費解，但基本的思路是很明白的。一般人不明大道，只固執自己的一曲之見，是其所是：非其所非，即當時的顯學如儒墨，也脫不出這樣的窠臼。由道的觀點看，是非是相對的，而且彼是相因，循環不已。是與非好似圓周上位置恰正相反的兩點，在輪轉的過程之中，變化成爲了自己的反面。只有把握道樞，守住圓心，與圓周上的每一點等距，那麼無論有多少變化，也能夠得其環中，以應無窮。這樣才可以跳出是非圈外，而有了明。兩行者，即從環中左旋右轉，無不同歸一點。王先謙曰，聖人和通是非，共休息於自然均平之地，物我各得其所，是兩行也。錢澄之曰，道通爲一，惟善因者，能不用一而用兩，兩者，一之所寓也❷。

　　道的觀點是超越的觀點，超出是非圈子之外，這樣的觀點貫串在《莊子》全書之中。其實這也是道家的共識。《老子》第二章曰：

　　天下皆知美之爲美，斯惡矣；皆知善之爲善，斯不善矣。故有無相生，難易相成，長短相形，高下相傾，音聲相和，前後相隨。是以聖人處無爲之事，行不言之敎。萬物作焉而不辭，生而不有，爲而不恃，功成而弗居。夫唯弗居，是以不去。

---

❷　錢穆：《莊子纂箋》（臺北，三民書局，一九六九），頁十五。

　　美醜、善惡之類，也和是非一樣，屬於相對的圈子。聖人超越這樣的相對圈，學天道的無為，順應自然，生而不有，為而不恃，達到一種高超的境界，這樣的境界非一般人所能了解，所以《老子》第四十一章說：「下士聞道，大笑之，不笑不足以為道。」《莊子》之中也充斥了這一類的想法，譬如〈逍遙遊〉一開始就有蜩與學鳩笑鵬的寓言，意思是小知不及大知。井蛙之見，怎麼可以知道外面天地的廣大。

　　道家在世俗的分別見之外提出了一個完全不同的視域，要人不必爭名逐利，像群猴一樣爭朝四暮三，的確為吾人提供了一付清涼劑。道家思想成為中國傳統文學藝術的主流，田園詩、山水畫，黃粱一夢的體證，變成我們文化寶貴的遺產的一部份，到現代許多次文化團體還有巨大的吸引力。但是這樣的觀點偏重於「超越」，而忽視了「內在」，難怪荀子要批評莊子「蔽於天而不知人。」（〈解蔽篇〉）我們要把道家的思想推衍下去，就不免產生自相矛盾的結果。道家要人超越相對，同於大通，但在另一方面又不能不標榜大知不同於小知，真人、至人、神人之不同於普通人，那麼分別見依然沒法完全驅除，不免仍留在小大有別的相對圈內。當然莊子要人得兔忘蹄，得意忘言，（〈外物篇〉）要人不要因為名言概念上的困難而把握不到道家基本宗旨之所在。然而道家仍然不能完全超越於內在的層面以上。誠然就道的終極體證來看，必定是「道可道，非常道」，但我們生活在一個有分別的世界之內，就不能不用有分別的語言。我們到市場，只能夠買到有「名」的東西。即使這是個比較次要的層面，但在我們有生之日，就不能不照顧到這一個層面。

老子歸本主一，莊子順應自然

　　對於世間，老、莊的確有不完全相同的態度。照〈天下篇〉的說法：

> 以本為精，以物為粗，以有積為不足，澹然獨與神明居，古之道術有在於是者，關尹、老聃聞其風而悅之。建之以常無有，主之以太一，以濡弱謙下為表，以空虛不毀萬物為實。……關尹、老聃乎，古之博大真人哉！
>
> 芴漠無形，變化無常，死與生與？天地並與？神明往與？芒乎何之？忽乎何適？萬物畢羅，莫足以歸，古之道術有在於是者，莊周聞其風而悅之。以謬悠之說，荒唐之言，無端崖之辭，時姿縱而不儻，不以觭見之也。……獨與天地精神往來，而不敖倪於萬物，不譴是非，以與世俗處。……上與造物者遊，而下與外死生無終始者為友。其於本也，宏大而辟，深閎而肆；其於宗也，可謂調適而上遂矣。……

　　這兩段話把兩種不同的生命情調以生動活潑的筆調描繪了出來，同時可以看到，兩方面的根源也很不一樣。老子所強調的是歸本、主一，雖說道常無為而無不為，畢竟偏向在一邊，倒底有個本可以歸。而莊子卻可乎可，不可乎不可，然於然，不然於不然，以至於無物不然，無物不可。在無窮盡的變化之中，追源則不見其始，溯流則不見其終。在〈齊物論〉之中，對於探求宇宙起源的人，莊子乃用一種嘲弄的口吻說：

> 有始也者，有未始有始也者，有未始有夫未始有始也者。有
> 有也者，有無也者，有未始有無也者，有未始有夫未始有無
> 也者。俄而有無矣，而未知有無之果孰有孰無也？今我則已
> 有謂矣，而未知吾所謂之其果有謂乎，其果無謂乎？

　　我的現生恰正是變化到當下的結果，無須過分地執著它，也
無須過分地貶抑它，這樣才會在〈齊物論〉結尾的一章有莊周夢
蝶那樣美麗的故事。莊子所傾慕的是真人的境界。〈大宗師〉篇
有曰：

> 古之真人，不知說生，不知惡死，其出不訢，其入不距，翛
> 然而往，翛然而來而已矣。不忘其所始，不求其所終，受而
> 喜之，忘而復之，是之謂不以心損道，不以人助天，是之謂
> 真人。

　　這是一種徹底隨順自然的態度，〈大宗師〉篇還有進一步的
發揮：

> 夫大塊載我以形，勞我以生，佚我以老，息我以死；故善吾
> 生者，乃所以善吾死也。夫藏舟於壑，藏山於澤，謂之固矣；
> 然而夜半有力者負之而走，昧者不知也，藏小大有宜，猶有
> 所遯；若夫藏天下於天下而不得所遯，是恆物之大情也。特
> 犯人之形，而猶喜之；若人之形者，萬化而未始有極也，其
> 為樂可勝計邪？故聖人將遊於物之所不得遯而皆存，善天善

老，善始善終，人猶效之，又況萬物之所係，而一化之所待乎？夫道有情有信，無為無形，可傳而不可受，可得而不可見。自本自根，未有天地，自古以固存。神鬼神帝，生天生地，在太極之先而不為高，在六極之下而不為深，先天地生而不為久長，於上古而不為老。

　　莊子這一段話表達了很深刻的智慧。表面上看來他所體證的道與老子沒有兩樣，但他強調超越的道內在於世間，不離於變化。現生是變化所生的客形，但既賦形，就要好好看待這一個生命，而善生即所以善死。在世上即無所逃於天地之間，隱遁並不是辦法，故大隱隱於市，何須隱於山林。如此莊子的超越與內在取得平衡，他借孔子的口說：「自其異者視之，肝膽楚越也，自其同者視之，萬物皆一也。」（〈德充符〉）由超越的道的觀點看固然不需作任何分別，但由道之流行而生分別相，由內在的觀點看就要肯定這些分殊，而不可以用人為的方式勉強地抹煞這些分殊。〈齊物論〉有曰：

　　且吾嘗試問乎女，民濕寢則腰疾偏死，鰍然乎哉？木處則惴慄恂懼，猨猴然乎哉？三者孰知正處？民食芻豢，麋鹿食薦，蝍且甘帶，鴟鴉耆鼠，四者孰知正味？猨猵狙以為雌，麋與鹿交，鰍與魚游。毛嬙麗姬，人之所美也，魚見之深入，鳥見之高飛，麋鹿見之決驟，四者孰知天下之正色哉？

和合超越內在才是最高境界

由這一條線索追溯下去，郭象註〈逍遙遊〉乃曰：「故極小大之致，以明性分之適。……苟足於其性，則雖大鵬無以自貴於小鳥，小鳥無羨於天地，而榮願有餘矣。故小大雖殊，逍遙一也。」郭象的說法並不一定合於〈逍遙遊〉的原義。原文是在嘲笑蜩與學鳩二蟲的淺薄；而大鵬的高飛則要依賴那麼多的條件，也很難說是真正的逍遙遊；必定要到無待的境界，超越小大的分別，才能夠道通為一。但莊子另有一條思路，即超越的道並不與世間隔離，而係內在於世間。這是一種內在的超越的思想形態。莊子認為道無所不在，在螻蟻，在稊稗，在瓦甓，在屎溺。既體證到道的流行之無所不在，就必肯定當下即是，也就是肯定事物相對的分殊性。如此小鳥自不必去羨慕大鵬，郭象所發揮的正是這一條思路，他所作的是一種創造性的闡釋，而發展了「獨化」的觀念。物自各生而無所出，〈齊物論〉註曰：「夫物之所安無陋也……若乃物暢其性，各安其所安，無遠邇幽深，付之自若，皆得其極，則彼無不當，而我無不怡也。」（《莊子註疏》卷一頁五十一）《莊子》本文也的確充滿了這樣的思路，隨手找一個例子，〈駢拇〉篇曰：「是故鳧脛雖短，續之則憂。鶴脛雖長，斷之則悲。故性長非所斷，性短非所續。」郭象用這樣的思路去解釋〈逍遙遊〉，指出了莊子思想所隱涵的另一面的意義，也不能說是不恰當。但過份強調這一條思路則又容易擺向內在的一邊而墮落成為順世外道的思想。人不可以否定自己的性，要接受內在的分殊面，卻又不可以執著自己的形，要體證超越的絕待面，這樣才可以把

握到道理的全。這種深刻的道理一定要通過各個不同的角度加以
考察，才能反覆加以闡明，我覺得〈秋水〉篇借北海若之口所說
的一段話最有意趣：

> 以道觀之，物無貴賤。以物觀之，自貴而相賤。以俗觀之，
> 貴賤不在己。以差觀之，因其所大而大之，則萬物莫不大；
> 因其所小而小之，則萬物莫不小。知天地之為稊米也，知毫
> 末之為丘山也，則差數觀矣。以功觀之，因其所有而有之，
> 則萬物莫不有；因其所無而無之，則萬物莫不無。知東西之
> 相反而不可以相無，則功分定矣。以趣觀之，因其所然而然
> 之，則萬物莫不然；因其所非而非之，則萬物莫不非。知堯
> 桀之自然而相非，則趣操觀矣。

同一個事態用各種不同的角度來看，就得到完全不同的效果。
由超越的觀點看，則萬物莫不同，由內在的觀點看，則萬物莫不
異。結合這兩個觀點，就能夠了解物的自然（內在）的一面，與
道的自然（超越）的一面。聖人對於物之互相是非，聽其自爾，
故其態度即是不廢是非而超越之，是之謂「兩行」。

或謂莊子既以「兩行」為是，則仍未能超出是非的相對圈，
關於這一點，〈齊物論〉有一詭譎的答覆：

> 天地與我並生，而萬物與我為一。既已為一矣，且得有言
> 乎？既已謂之一矣，且得無言乎？一與言為二，二與一為
> 三。自此以往，巧歷不能得，而況其凡乎？故自無適有，以

至於三，而況自有適有乎？無適焉，因是已。

由超越的觀點看，乃至說一都是不行的，最後必定逼至一無言之境。但這不是說要否定內在的分殊，否則就要去齊不可以齊的東西，追求人爲的「一」，這正是違反自然，所落實的是道的反對面。由內在的觀點看，則不可能沒有變。但接受變又不是說要否定變化的歷程，否則固執一曲之見，必定會切斷了與道相通的管道。隨順自然，就是接受所與的性分，卻又不以一己的是非強加於別人之上，與時推移，隨遇而安，這才是眞正的逍遙。

莊子兩行未能進一步發展

總括來說，莊子以謬悠之說，荒唐之言，無端崖之辭，說出了他自己對道的體驗，的確一新人的耳目。但他的表達不是邏輯的、系統的，而是寓意的、隨機的；恣意的發揮雖然令人感到過癮，但也不免有引人誤解的地方。有時他傾向於超越的普同，好像是否定了內在；有時又肯定內在的分殊，似乎忽視了超越。然而眞正能體會莊子的精神，就知道他是一既超越而內在的思想形態。如果把超越當作一行，內在當作一行，兩方面的和合當作莊子最高境界的體證，就可以看到，莊子的確體現到很深的兩行之理的智慧。而這是通過創造的詮釋學給莊子思想的一個最好的系統闡釋❸。

---

❸ 《莊子》一書有內篇、外篇、雜篇的分別，一般認爲內篇最可靠，雜篇問題最大，有些篇章可能出於莊子後學之手，質素也不甚佳，我的

然而不論怎樣解釋莊子，他的思想仍然有很大的局限性。由超越的觀點看，莊子繼承了老子「有生於無」的思想，但又不能夠停止在「無」上面，故佛家思想被引入中國，用格義的方法傳過來，「空」的觀念就變得比「無」的觀念更有吸引力。以後佛家思想有長足的發展，道家則轉爲道教，在思辨上不僅沒有進一步的發展，反而有倒退的趨勢，與佛家比，不免相形見拙。由內在的觀點看，道家的思想只能講隨順自然，不能講人文化成，更不能講文化的創造與開展。以後儒家思想成爲中國文化的主流，道家思想只能佔一輔助性的地位，雖然也發揮了很重大的作用。由此可見，兩行之理的進一步了解，決不能夠停滯在道家思想的範圍之內，我們還有必要省察佛家以及儒家的兩行思想。

三、佛家兩行之理的闡釋

佛道兩家思想有許多相通處，這不在話下，難怪佛教初傳入中國時要用格義的方法，也就是用道家的觀念來介紹佛家的思想。

徵引雖遍及內、外、雜篇，但以內篇，尤其是〈逍遙遊〉、〈齊物論〉以及〈大宗師〉爲綱領，輔以其他資料，特別是〈秋水〉篇，組成一條超越、內在兩行兼顧的自圓一致的思路。我所做的不是歷史考據的工作，但也並不違反歷史考據的原則。這樣可以把《莊子》內篇思想所隱涵的一套哲學闡發出來，所用的是創造的詮釋學(creative hermeneutics)的方法。闡發出來的哲學依然是莊子的哲學，不是我自己的哲學。在這裏我把哲學的「重新解釋」(reinterpretation)與哲學的「重新改造」(reconstruction)作出了分別，讀者不可不察。

兩家的起始都對塵俗的世間有厭離的想法，功名利祿非其所好，所以道家往往把人生看「化」了，而佛家則有世事畢竟一場「空」的體證。但是進一步的探索就可以看出，兩家思想確有本質上不同的地方。

道家追求常道，佛家指出無常

　　道家所追求的是一個比「有」、「無」更根本的道體。這樣的「道」不能用一般的語言來表達，故所謂「道可道，非常道」，而莊子最擅長的就是運用比喻、寓言一類的方式來傳達他的意思。由此我們可以領悟到道是比「有」，乃至比「無」更深刻的真實：無形無象，自本自根，卻又是萬化之源，故「道常無為而無不為」。而沾滯於世間的結果，乃是人為地阻隔了我們本來與道的相通，不能夠與道自然合妙。但把道當作不斷變化卻又能保任其貞常的形上本體，則並無諍議性。這種對於道的體悟，就佛家的思想來看，卻是不夠徹底的。

　　佛教源出印度，比之於傳統的婆羅門教乃是一種非正統的思想。正統思想講梵我合一。常樂我淨，正是要在輪廻世相的後面，體現一個貞常不變的本體。但釋尊的革命性的思想卻認為這樣的永恆本體是一個缺乏充分根據的虛幻的影象。故針對傳統婆羅門教的思想，佛教三法印乃提出「諸行無常」、「諸法無我」的說法，加以根本對治，而歸結之於「涅槃寂靜」，徹底超越傳統思想的窠臼。中國古代並不流行印度的輪廻思想，道家哲學與婆羅門教的哲學理論效果自不可混為一談，但道家既要追求「常道」、「常名」，那就沒法逃出佛家的批判。釋迦牟尼宣說緣生之旨，

世間的一切均無自性，梵我也無例外，生天並不能提供根本的解脫道，故佛家必排「常見」。但在另一方面，「涅槃」一詞來自火光熄滅的比喻，意思是業力已盡，煩惱斷除，它並不可以解作蘊涵一種絕對虛無主義的思想，否則佛教四聖諦之說，「苦」、「集」、「滅」已，何來的「道」？故佛家又必排「斷見」。事實上佛陀明白倡言「中道」，不落兩邊，這是涵有甚深的智慧以及高度辯證性的思想。

緣起照顧內在，性空凸顯超越

佛家義理，基本規模不能外於「緣起性空」之旨。緣起而不起執着，則宛然而「有」，諸法既無自性，自當體即「空」。空有相融，乃即真空而妙有，無障無礙，為一味法。由兩行之理的角度來觀察，講性空是凸顯其超越面，不以俗見的現實世界為真實，乃可以解脫於由這方面的執着所產生的繫縛與煩惱，而徹底斷除煩惱、所知二障。講緣起是照顧到內在面，「空」並不是在因緣相待所呈現的宛然而有的世界之外，另外孤懸一個建築在空體上的淨潔空漠的世界，或者根本否定了因緣相待宛然而有的現象世界的存在。這兩種看法乃重新墮入了常見與斷見的窠臼，而缺乏了對於佛家的體證的真正的解悟。由這個角度來看，龍樹的《中論》恰正是佛家的兩行之理的一個最為簡要的表達，龍樹是以遮詮的方式講「八不」以凸顯出「二諦圓融」所蘊涵的兩行之理。

《中論·觀因緣品第一》開頭就說：

不生亦不滅，不常亦不斷，不一亦不異，不來亦不出（去）。

能說是因緣，善滅諸戲論。我稽首禮佛，諸說中第一。

這就是有名的八不因緣頌。這裏只提出「不生亦不滅」來略加分析作爲範例，即可概其餘。佛家思想體悟到緣起性空，故不生不滅所否定的並不是現象世界因緣和合所展現的宛然生滅，而是否定諸法的自性生滅。也就是說，世間萬物絕無例外皆係因緣和合而有，故當體即空，那就不可能有一個獨立自體物之「生」，同樣也不可能有一個獨立自體物之「滅」。如此不生不滅意即既沒有一個有自性的生法，也沒有一個有自性的滅法。普通人說生滅只是描述千變萬化的世相，不可固執化成爲有定相的實體，故必須加以遮撥。

《中論·觀因緣品》有進一步的闡釋曰：

諸法不自生，亦不從他生，不共不無因，是故知無生。

如諸法自性，不在於緣中。以無自性故，他性亦復無。

前四句即所謂的無生四句。諸法既是因緣和合的結果，它們不是由本身自性而生，也不由他法自性而生，更不是由本身與他法加起來的自性而生，這些是自明的。但它們也非無因而起，無因則否定了因緣和合所展現的宛然而有的軌跡，不免墮入無因外道的窠臼。既破除了永恒主義的實體觀，又破除了虛無主義的無體觀，乃得體悟所謂「無生法忍」。故諸法若有自性，則必獨立於因緣之外，這既不可能，則諸法皆無自性。佛家，特別是龍樹

的辯證，與西方休謨的破實體論證、破因果論證，乃是一脈相通的，只不過休謨停滯在否定的片面表達上，故只能成就一家懷疑派的論說。但「八不」的說法卻不能停止在這裏，否定了有自性的生、滅、常、斷、一、異、來、去諸法，同時即體悟到緣生。故「無生」只是破概念上對於自性生的執著，執著既去，即現諸法實相。實相者，不生不滅，不常不斷，不一不異，不來不去，無任何定相可說。而實相之所謂無相，即是如相。由以上所述，緣起性空是遮詮，由此而說空性或空理，這是表詮。正表之空性或空理，也曰如性或真如，乃決不可以誤解作實體字，否則便立即形成新的執著。要破此法執，故佛家必言「空空」——乃至於「十八空」，即必須空却此執實之空物見與空體見，始能體證到「緣起性空」與「體法空」其實即為一體之兩面。而「體法空」的涵義不外乎乃是「不壞假名而說諸法實相」。故〈觀四諦品〉第二十四云：

> 眾因緣生法，我說即是空，亦為是假名，亦是中道義。
> 未曾有一法，不從因緣生，是故一切法，無不是空者。

這是《中論》最有名的兩頌。由以上的解析，意思已很顯豁。眾因緣生法是由俗諦（世諦）的視域談妙有；而無論怎樣說法，總是當體即空，這是由真諦（第一義諦）的視域說真空。而「空」不能作實體字了解，也只是為了方便設施用的假名，必離有無兩邊，這樣才體現了中道的意義。從這樣的空有「二諦圓融」的觀點，也即由中道的觀點看，佛家的基本教理總不外乎緣起性空之

旨。龍樹這樣闡發佛理是有根據的，釋迦牟尼本人即講（十二）緣生之旨，到晚年他宣稱說法四十九年而未著一字。他一生追求解脫道，既不落於婆羅門教的常見，又不落於外道的斷見，體證一超越（空）內在（有）兩行兼顧的中道，佛家教理內部的確是蘊涵了很深刻的睿慧。

原始佛教偏向超越一面

由以上所述，可見佛家是因為能夠兼顧超越與內在，體現了一種兩行之理的緣故，始可以成其大。而佛教的發展，從一個觀點看，可以說是一部覓取兩行之間的平衡，或者由過分偏向超越到逐漸傾向內在的歷史，我們不妨由這一個角度作進一步的觀察。由佛家思想的源頭看，起初很明顯地是偏向於超越一面。佛教源出印度，而印度除順世外道之外，普遍崇信輪廻之說而致力於追求解脫道。釋迦貴為王子，也絕不貪戀世間的富貴，而體現到生命的本質是「苦」，誓願追求終極的解脫道。後來他體悟到緣生（「集」）之旨，誓願不再造業，涅槃寂靜（「滅」），這才得以把握正「道」。釋迦出家度世，乃廣收弟子，致力於解除世間的繫縛，但明顯是偏重超越的一面，只不過不可以把超越想像成為一個實體罷了！然因他悲願不捨眾生，沒有完全鄙棄世間，不着有無，乃多少在兩方面獲致了一定的平衡。而在佛入寂之後，小乘佛教卻以灰斷佛為理想，即化緣已盡，灰身入滅，這樣的理解只見無常，未見於常，很明顯地仍然是偏向超越的一面。因此小乘無「佛性常住」之義，甚至《中論》也無此義，這樣的觀點把佛性當作執佛有自性之說，當然必須加以排斥。但後來

《涅槃經》卻講佛性常住，這裏的佛性自決不可以作「自性執」講。此經直截了當肯定一切眾生皆有佛性，其內涵即「中道眞如」❹。以後天台智者大師乃據此而發展出「如來藏恒沙佛法佛性」的說法❺，盛張大乘圓教之旨。這顯然遠超過了原始佛教乃至印度佛教的論旨，超越、內在相卽相融，校正了佛教早期過分偏重於超越的傾向。

　　牟宗三先生有一個很有意思的說法：中國佛教、印度佛教其實只是一個佛教之繼續發展，從義理上說仍是純粹的佛教，只是要到中國，才發展至圓滿之境界❻。牟先生這樣的說法有他一定的根據，但文化的不同的確可以在義理上造成重大的衝擊。小乘佛教的追隨者只崇敬釋迦牟尼，要得到終極解脫必須出家；而僧伽有嚴格的規律，出家人不參與生產工作（不造業），靠化緣來度日並過午不食。這明顯地是一個傾向於超越一面的出世的宗教。大乘在理論與實踐上都有所改變，除了尊釋迦之外，還承認有過去、現在、未來恒河沙數諸佛，菩薩不只自度，還要度他。到了中國的禪宗，更講當下卽是，建立叢林制度，要靠自己的勞力維生，入世的傾向大大地增加了，不能不說與原始佛教有相當根本的差別。由宗教信仰的觀點看，一切到最後不能不歸結到釋尊，故中國佛教的判教的說法仍得回到佛教的開祖找根據。但由文化

❹　關於《涅槃經》之義理，牟宗三先生有詳細的分析，見所著：《佛性與般若》上冊，（臺北學生書局，一九八二年修訂三版），頁一七九～二五七。

❺　同上，頁二二九。

❻　同上，序，頁四～五。

的觀點看，後來的發展雖非在教理上無據，卻已遠遠突破了開始時的規模。由這樣的角度看，說佛教中國化，或者在今日說佛教的現代化，均屬無過。故必須由一寬廣的視域着眼，才可以接受牟先生佛教義理爲一的說法，否則由佛教的宗派觀點看，連小、大乘的名稱都有問題，遑論其他！因爲說小乘就已帶貶義，故小乘的追隨者必自承擁護原始佛教，直接傳承自釋迦的親炙弟子，而斥大乘爲空華外道。而大乘在印度就已經分化爲空、有兩宗，空宗尊龍樹，有宗尊無著、世親。民國初年支那內學院盛張唯識，要回復印度佛教有宗之舊，而排斥中國佛教。牟先生雖駁斥歐陽竟無、呂秋逸之誤解《楞伽》，而主張無須排斥《起信論》❼，但這種努力只怕難以終止宗派之間互相排斥攻訐之陋習！然而既肯定佛教義理之可以不斷開展，那也就不必諱言同一教理，隨不同時代環境會有不同的表現，而這正是任何偉大的宗教傳統所必須肯認的事實。

「緣起性空」是各派共識

既肯定了發展的觀點，就會不斷產生新的視野。譬如說，在印度佛學發展的過程中，是先有了空宗然後才有有宗，也就是說唯識已經是後起比較成熟的說法。但在中國佛學的判教，華嚴卻把唯識僅判作始教，爲甚麼會有這種視野的改變呢？誠如牟先生所說，空宗講緣起性空之旨是通於佛教各家各派的共識，雖小乘與有宗也不能夠違背，不能作爲分系的根據。但在解悟的層次上，

---

❼　同上，頁四三五～四八○。

則的確有深淺的不同，空宗對空的體證是比小乘深刻。前已提及，小乘佛是灰斷佛，顯然是偏向於超越的一邊，以出世爲主導的思想；又有些小乘宗派雖接受「和合假」的觀念，卻執著「種子實」的看法，並不能眞切體證畢竟空的涵義。故此空宗藉精微的辯解，被斥種種謬見，用遮詮的方式來反顯般若實相，的確是有了相當進展，而且從某一方面說已經做到了盡頭，可謂無以加之。但問題在，空宗對於一切法只隨順加以解析，對於它們的根源並沒有提出一套理論，在心理上沒法給人以滿足。於是有宗崛起，以八識說明世相的形成。然而阿賴耶識系統偏重在以妄心解釋有漏法的產生，最後的轉依卻因缺乏成佛的超越的根據而沒有必然性，也難令人滿意。據云龍樹的弟子提婆曾自標空宗以與無著世親之有宗相對抗。傳到中國，沿續舊統，給人的印象是空宗只能講眞空，而有宗只能講幻有，兩方面各得一偏。其實兩宗一樣要講緣起，有宗則要講三性三無性，在偏計所執性、依他起性、圓成實性之外，還要講相無性、生無性、勝義無性。兩宗的差別是在更精微的一個層次之上。依照牟宗三先生的講法 ❽，《般若經》只是憑藉已有之法，而說般若之妙用，未曾予一切法一根源的說明，故非一系統，而凡想予一切法之來源一說明者皆是一系統，如《解深密經》及前後期唯識學即是一系統；華嚴宗亦是一系統；天台宗最接近空宗，然彼不即空宗而須自立宗者，以彼亦具一系統性，只其系統性屬於很特別的一種形態而已！既有分系，由此探源下去，乃不能不接觸到圓教的問題。

---

❽ 同上，頁七八～七九。

天台發展眞圓實敎義理

　　圓教是中國佛學發展到天台、華嚴才提出來的問題,它既有宗教方面的涵義,也有歷史與哲學方面的涵義。由宗教的觀點看,一切後起的經論必須以佛說爲根據,故此天台乃有五時八教那種說法。如單就這一點來說,連鄙棄經論的禪宗也未能免俗,而要訴之於拈花微笑的傳說,建立教外別傳的系譜。表面上看來這裏不能不牽涉到考據的問題,其實這根本不是眞正問題的核心之所在,信仰的眞實與歷史的事實是屬於兩個不同層次的問題。對於研究思想文化史的學者來說,思想的發展總是越演越繁的,並沒有甚麼理由所有後起的思想必定要在原初的創始者那裏就已得到充實完全的發展。考據的功夫是要還出思想史發展的眞相。再由哲學義理的觀點來看,則理論的開展轉折有一定的線索與層次,譬如牟宗三先生所照管的就純粹在這一個層面之上。由這一個觀點看,則不只宗教的約束,連考據的約束也不成大問題,我們中心的關注集中在理論義蘊的展開,而不在思想觀念發生的先後次序。

　　牟先生指出,般若是共識,應是無諍法,不能成爲分別小乘大乘的根據,佛性觀念之提出追問「成佛之所以可能」與「成佛依何形態而成佛方是究竟」之問題,說法有異,這才有了分別的基礎❾。小乘之所以爲小乘是在其悲願之不足,捨衆生而自了。廣大悲願所成之大乘教法,因有不同的說法,遂有各種不同形態不同程度的大乘。譬如說,《中論》之教法藉以表示其體法空者,

---

❾　同上,頁一一二～一二〇,一八〇～一八二。

若只限於界內，所依之心識仍只限於六識的話，則雖不捨衆生而
爲大乘，也只能是有限定的大乘。這當然不是對空宗敎理的唯一
可能的理解。針對此種有限定的大乘，天台宗乃名之曰通敎，華
嚴宗則名之曰空始敎：就四諦言，只能說無生四諦，不能說無量
四諦。只有講恒沙佛法佛性，才能窮一切法之源，窮至界外，始
能達至無量之境。對此無量四諦尙有不同的說法，乃有阿賴耶系
統、如來藏眞心系統，以及天台圓敎的分別。阿賴耶系統以妄識
爲主，以正聞薰習爲客，華嚴宗名之曰有始敎，天台宗名之爲別
敎，牟先生則判之爲始別敎。如果把如來藏理解爲自性清淨心，
或眞如心，亦曰眞常心，由其隨緣不變二義而說明流轉還滅之一
切法，則爲如來藏眞心系統。此是以眞心爲主，以虛妄熏習爲客，
窮法之源至超越的眞心，天台宗以別敎名之，華嚴宗則名之曰終
敎，即爲大乘之最後一個階段。依華嚴宗，此終敎以上即爲華嚴
圓敎，就毘盧遮那佛法身而作出分析的展示。天台宗則仍視之爲
別敎，牟先生定之爲「性起」系統，而判之爲終別敎。天台則通
過《法華》之開權顯實，發跡顯本，決了一切權敎之有諍法，決
了聲聞法、阿賴耶、如來藏眞心；性具地備一切法，而無明即法
性，以法性爲主；是爲一「性具」系統，成就一詭譎的圓敎，也
是唯一的圓實敎。

禪宗令超越深入內在

　　牟先生純粹由哲學義理的角度着眼以天台爲眞圓實敎❿，的
確顯示了很深的睿識，讀者欲了解詳情，可細味其大著《佛性與

❿　同上，頁五五六～五六二。

般若》，此處不贅。但由思想史的角度着眼，卻又呈現了一個不同的視野。印度佛教傳入中國，經過了數百年的吸收消融，到了隋唐，乃創發出富有中國特色的圓頓之教，其發展的軌跡並不符合牟先生所講的哲學的線索，而是由天台而華嚴，終大盛於禪，這又要作怎樣的解釋呢？首先我們要澄清一項誤解，或謂傳統中國的思維方式向來不喜歡蹈空的論辯以及繁瑣的名相分析，這雖不錯，但在吸收佛教的過程中，中國人卻不僅有組織地做了大量的譯經工作，而且在佛教的理論上有了前所未有的創發，這說明中國人的心靈是可以學習一些外來的十分不同的東西而增益其所不能的。然而空宗的精微論辯與有宗的名相分析畢竟不是中國人之至好，吸收消融之後就要作進一步的創發，而把這兩宗定位在始教的範圍之內。天台的義理誠如牟先生所謂發展了眞圓實教的義理，但天台詭譎的表達方式，即無明說法性，乃至講染淨同位之類，卻並不十分符合中國人的口味而逐漸衰微下去。多數中國學者在天台、華嚴之間會比較傾向於華嚴，其實是不足爲怪的。依華嚴的說法，天台是「同教一乘圓教」，即權以顯圓實，而華嚴則是「別教一乘圓教」，天台以之爲一權（別）一實（圓），各不相即，所謂「緣理斷九（法界）」，因此一隔以示其高，而成就其「稱法本教」，非逐機末教。這樣的圓教或者正如牟先生所說，並非眞圓實教，像天台宗的主張佛性具足恒河沙數那樣多的十法界之佛法而爲佛性。但華嚴的眞常心系統至少從表面上看來，的確比較接近儒家的性善觀念而更易爲中國人所接受。不過華嚴的境界雖然高超，其經論則浩如煙海，令人難以消受，乃通過宗密一類人的轉接，而走上禪宗的更直截的道路。這與中國人

的實用性格顯然更爲吻合，所謂挑水擔柴，莫非妙道，則禪宗在中國之昌盛又決不是一個完全出自偶然的現象。

最後，由兩行之理的角度來觀察，佛家由一開始即揭櫫中道的思想，也就是說，要護持一既超越而內在，兩方面兼顧的視野。但在佛教發展的過程中，則超越的一面始終凌駕於內在的一面之上。不只小乘是一出世的宗教，大乘破執，論辯精微，又各方面加以舖陳，凸顯出緣起性空的義旨，雖曰中道，在世間的方面終無建樹。佛教由印度傳入中國，由於受到中國文化的影響而日益增強了內在入世的傾向。禪宗肯定「當下即是」，已令超越深入內在，正如六祖所謂「佛法在世間，不離世間覺」，在佛家思想的義理規模之下，已不可能再往前更進一步了。但由儒家的觀點看來，佛家於人倫日用只能由俗諦的立場當作方便設施來接受，不能作出根源上的肯定，同時佛家的空理也終不能肯定天壤間生生不已之天理之存在與發用，而於性理、事理方面不免尙有所憾，則仍然是偏於超越，不夠內在。此所以熊十力先生不能不在唯識論之外另造新唯識論而盛張大易生生之旨！這裏面的確有典範上根本的區別所在，故彼此之間難以妥協調停。以下我們不能不轉移視域，討論儒家思想所蘊含的兩行之理的意涵。

四、儒家兩行之理的闡釋

儒家亦有超越一面

中國思想史上一個有趣的現象是，「內聖外王」、「兩行」一類的詞語源出《莊子》，但卻更能表達儒家思想的特色。儒家

思想一樣有超越、內在兩行，但與佛、道二家所面對的問題剛好相反，佛、道思想每每被詬病爲忽視內在的一面，儒家思想則每每被詬病爲忽視超越的一面。有許多西方傳教士就明言，儒家有很高的道德倫理（內在），卻缺乏宗教信仰（超越），正需要基督教來塡補這一空缺；也有許多中國人自認爲我們的傳統根本就不需要宗教信仰。這兩種說法雖相反，卻同樣認爲儒家思想缺少超越的方面。

如果宗教的意思是相信一個超自然的上帝，祈嚮一個永恆的天國，那麼中國人的思想的確絕大多數是現世性和非宗教性的。但無神未必一定非宗教，佛教就是一個明顯的例子。現代學者對於宗教採取了一種比較寬廣的了解，譬如田立克就把宗教信仰當作「終極關懷」看待⓫。由這一個角度看，儒家雖然不是一個組織宗教，但它既可以爲人提供安心立命之所，就不能不說它有深遠的宗教意涵⓬。當代新儒家每喜歡由這一個角度立論，乃定儒家思想爲「內在超越」之形態以對比於基督教「純粹超越」之形態。事實上也只有通過正視儒家思想的宗教意涵，才能夠解釋何以基督教在中國傳教得不到巨大成功的理由，正如田立克所指出的，只有信仰才能對信仰形成抗拒的作用⓭。中國傳統一向以儒

⓫　Cf. Paul Tillich, *Dynamics of Faith* (New York: Harper & Brothers, 1957)‚ p. 1。

⓬　Cf. Shu-hsien Liu,“ The Religious Import of Confucian Philosophy：Its Traditional Outlook and Contemporary Significance,” *Philosophy East and West*, Vol. XXI, No. 2 (April, 1971), 157～175。又參拙作:〈儒家宗教哲學的現代意義〉，收入《生命情調的抉擇》，臺北，學生書局新版，一九八五，頁五五～七二。

⓭　同註⓫，頁八一～八二。

釋道為三教。這個數字的意思當然不即我們現在所謂的宗教
（Religion），但儒家思想與佛家、道家思想一樣也有宗教的意涵，
則是不容置疑的。儒家的思想既有內在的一面，也有超越的一面，
以下我們就由兩行的角度來闡發儒家思想所隱涵的義理。

「天」是孔子的超越嚮往

首先我們由孔子講起，根據《論語》留下的圖像，孔子的關
懷不離開我們日常的生活，隨機加以指點，流露了深刻的智慧，似
乎很明顯地是偏向於內在的方面。他自己曾經宣稱：「人能弘道，
非道弘人。」（衛靈公第十五）根據子貢的證詞：「夫子之文章
可得而聞也，夫子之言性與天道，不可得而聞也。」（公冶長第
五）孔子講的都是很實際的東西，子夏所謂「切問而近思」（子
張第十九），似乎完全缺乏玄想的興趣。如果說孔子所表現的生
命情調反映了中國文化的特質，十分不同於希伯來的宗教信仰與
希臘的哲學玄想，這是非常正確的。但我們是不是可以下斷語說，
孔子是一個徹底的人文主義者，完全缺乏超越的祈嚮呢？這樣說
的話，是表露了對於孔子精神生活的無知，不是可以支持的論斷。
如果我們仔細省察《論語》的材料的話，就會發現孔子決不是一
個寡頭的人文主義者，天始終是他所歸向的精神泉源。所以雖然
他還沒有用「天人合一」這一類的詞語，但這的確反映了他的基
本的思想與體驗的特徵。

不錯，孔子對於當時流俗的一些信仰採取了批判和否定的態
度，譬如說，他主張敬鬼神而遠之，又拒絕作無謂的禱告之類。
但他對於天，卻採取了與對鬼神完全不同的態度，不只敬畏，而

且仰慕，這就大大值得我們注意了。雖然孔子在《論語》裏面講得最多的是仁，這不在話下，但孔子決不是完全不講天，事實上由《論語》之中的資料，就可以明白孔子對於天的看法，並不必像子貢所說的「不可得而聞」！大概是因爲學生的程度不夠，所以孔子不大願意多講這一個題目，而並不是因爲孔子對於這一方面沒有一定的看法，故此《論語》之中依然留下了足夠的材料，可以供我們作這一方面的探索。

《論語》之中涉及天的，大體可以歸納成爲兩類。一類是感嘆詞，像顏淵死，子曰：「噫！天喪予！天喪予！」（先進第十一）又像他在匡受到圍困，曰：「文王旣沒，文不在茲乎，天之將喪斯文也，後死者不得與於斯文也；天之未喪斯文也，匡人其如予何？」（子罕第九）這一類並無很深的理論上的含意，也和傳統以上天爲有意志的主宰的想法沒有衝突。大概人窮卽呼天，這是一般人在心理上的自然反應，在理論上起不到決定性的作用，對於我們理解孔子對於超越的態度並沒有多少幫助。

另一類則有實質的涵義，有幾條十分重要，我將它們抄在下面：

(1)王孫賈問曰：與其媚於奧，寧媚於竈，何謂也？子曰，不然，獲罪於天，無所禱也。（八佾第三）

(2)子曰，予欲無言。子貢曰，子如不言，則小子何述焉。
子曰：天何言哉，四時行焉，百物生焉，天何言哉。
（陽貨第十七）

(3)子曰，君子有三畏，畏天命，畏大人，畏聖人之言。

小人不知天命，而不畏也。狎大人，侮聖人之言。

（季氏第十六）

(4)子曰，吾十有五，而志於學，三十而立，四十而不惑，

五十而知天命，六十而耳順，七十而從心所欲，不逾矩。

（爲政第二）

(1)說明孔子對於流俗信仰的決裂的態度，我們不能把天當作討價還價的對象看待，這已經是孔子在思想上的某種突破。

(2)顯示孔子對於天的理解達到了前所未有的新境界。天的創造的力量默運於世間，形成季節的變換，物類的滋生，大自然有一定的秩序，而我們完全看不到天的意志，也聽不到天的說話。天在這裏所顯示的是「非人格」的性相，而孔子卻以之爲模楷。

(3)指出天命的超越性，正因爲一般人看不見天的意志與作爲，於是失去了對於上天的敬畏，但有德行、有智慧的君子卻知道有所敬畏，畏天命，畏大人，畏聖人之言。很明顯地這三者之間是有着某種內在的連繫的。

(4)回敍了孔子的學思過程，他要到五十歲成熟的年齡才能夠深切地了解天命的內涵。以下即對於孔子這一路的思想和體驗，嘗試作進一層的探索。

人能弘道，非道弘人

首先我們可以看到，對於流俗信仰中的鬼神，孔子雖然沒有直接了當地否定他們的存在，卻取消了他們的重要性。這可以說是某種「解消神話」（demythologization）的努力 ❹，在當時

已經是很難能可貴的表現。然而孔子並沒有嘗試要解消天的神秘性，正好相反，除了保留對於天的信仰以外，還增添了許多重要的內容。對於孔子來說，天依然有超越性、主宰性，但孔子強調天的創造是採取一種默運的方式，有智慧的人處處看到天的作為，大自然的秩序有法有則，只不過從來看不到上天意志的強行干預。正如當代存在主義神學家龐豁夫（Dietrich Bonhoeffer）在其獄中手記之內所宣稱的那樣，人的時代來臨，上帝（天）造人，上帝的意旨是，人可以不必依仗神力而肩挑起世界的責任。儒家思想在兩千年前就已經開始了西方現代這樣的「俗世化」（seculariation）的歷程，孔子所謂「人能弘道，非道弘人」一定要放在這樣的視域之下來看，才能把握到它的深意。孔子決不是要否定道的眞實性，他所宣稱的是，要超越的道實現在人間，一定要依靠人自己的力量，不能去等待超自然的奇蹟，此所以「子不語，怪力亂神。」（述而第七）孔子所傳佈的是尼采所謂的「現世的福音」，直下承當，不取高蹈避世的態度，所體現的正是一種「知其不可而爲」（憲問第十四）的精神。孔子重視現生（內在），故訓誡子路，「未知生，焉知死」（先進第十一）。但他並不要人貪生怕死，故曰：「志士仁人，無求生以害仁，有殺身以成仁。」（衞靈公第十五）而他之所以能夠對生死取這樣灑脫的態度，正因爲他已經建立了自己的終極關懷，所謂「朝聞道，夕死可矣！」

---

❹　當代歐洲神學家蒲爾脫曼（Rudolf Bultmann）企圖解消傳統基督信仰之神話性，而令基督的眞正消息大白於世。儒家思想在先秦便已作出解消神話的努力，却令人誤會其缺乏宗敎意涵，由此可見對於一個思想產生相應的理解之不易。

（里仁第四）恰正是有一「超越」的背景。故他一生雖沒法成就
他的志業，卻沒有半點遺憾：「不怨天，不尤人，下學而上達」
（憲問第十四），他也不求世人的了解，他的安慰是別有所在的，
故曰：「知我者其天乎！」他所建立的恰正是一種「內在而超越」
的思路。

　　近時有些學者看到了孔子思想的宗教意涵，但卻又堅執孔子
所崇信的是傳統的人格神的觀念。這種解釋罔顧孔子把重心轉移
到天的非人格性的方面。或者有人懷疑「予欲無言」章的眞實性，
因爲這一章出自陽貨第十七，而《論語》的最後幾章比較不可靠，
有可能屬入了後起的材料。如果「予欲無言」章是這一路思想獨
一無二的孤證的話，那麼這樣的懷疑不能不說是合理的。最近我
找到對於這種懷疑態度的有效的回應。如果我們不把眼光釘死在
天上面，轉回頭來看人，就會有十分出人意表的發現。孔子最佩
服的聖王是堯舜，孟子所謂「仲尼祖述堯舜，憲章文武」，我們
試看《論語》裏面的材料，看看孔子是如何讚譽堯舜的德行呢！
下面的幾條材料乃可以給與我們以意想不到的曙光。

(5)子曰：大哉堯之爲君也，巍巍乎唯天爲大，唯堯則之。
　蕩蕩乎民無能名焉，巍巍乎其有成功也，煥乎其有文章。
　　（泰伯第八）

(6)子曰，無爲而治者其舜也與！夫何爲哉，恭己正南面而
　已矣！（衛靈公第十五）

(7)達巷黨人曰，大哉孔子，博學而無所成名。（子罕第九）

(8)子曰，爲政以德，譬如北辰，居其所而眾星共之。（爲

政第二）

　　孔子稱讚堯，說他是以天爲則的，而堯也像天那樣，他的德性的偉大根本沒法一一枚舉，用言詞來加以讚頌，至於他表現在外面的功業、文章則是人所共見的。故此天的特色即是無爲而治，而這恰正是舜所實現的理想。其實連對於孔子的稱讚也還是同一條線索的引伸：孔子是通才，不是專家，不能在那一個特定範圍以內找到他的名譽。最後孔子以天象喻人事！這是《論語》裏一貫的做法，北極星所象徵的正是同一樣的理想，那還有甚麼可懷疑的呢！既無爲而治，看不到天的意志對自然人事的干預，所彰顯的不是「非人格性」的天又是甚麼呢！對於看不到聽不見摸不着的天命還由中心加以敬畏，這乃是有智慧有修養的君子的作爲，不是一般小人所可以做得到的。

　　最後再略解「五十而知天命」章的含義。徐復觀先生有一個很敏銳的觀察：《論語》之中，只言「命」處所指的常常是外在的命運，而「天命」卻關連到內在，常常顯示了很深的敬畏與強烈的擔負感❶。這是不錯的。但我每嘗尋思，爲甚麼孔子要到五十歲那樣成熟的年齡才能夠了解知天命的意思呢？這不能只是《中庸》「天命之謂性」之所謂天命，「三十而立」，所立即在吾人所稟賦的性分之上，孔子雖未明言，而四十已不惑，總不至於要到五十才知道自己所稟賦的性分罷！再把五十知命與六十耳順連

---

❶　參徐復觀，《中國人性論史先秦篇》，臺中，東海大學，一九六三，頁八三～九〇。

在一起細玩，就知道人進到老年乃不止清楚了解自己的稟賦，也知道自己的限制。用宋儒的說法是，既了解自己的「理命」，也了解自己的「氣命」。人即使充分把握到自己的稟賦，也仍然要接受與生俱來的巨大的限制。「七十而從心所欲，不逾矩」，所體現的正是一種限制中的自由，而不是一種無限制的自由。

　　總括來說，孔子所展示的確是一種既內在而又超越的形態。他多數關心是在內在的一面，但無論道德政事，到處都瀰漫著超越的背景。雖然他沒有用「天人合一」的詞語，他無疑是屬於這一思想的形態，深信天是超越的創造的力量，自然、人事秩序的來源，人則以天為模楷。但我們也要在同時強調天人的分殊性，孔子一生對於超越的天有著深刻的敬畏，半點也不敢加以褻瀆！對於自己的限制更有充分的了解。由這個角度看，孔子無疑是一個宗教情懷極深的人物，雖然他所信的天與基督教的上帝呈現了十分不同的面相。

　　我用了不少篇幅講孔子，這是有必要的，因為孔子是我們文化的精神泉源，卻又充滿了諍議性，不把他講清楚，就很難繼續講下去。但孔子的思想雖然奠定了基礎，卻並沒有發展完成，他的確是沒有一套心性論，而這有待孟子作進一步的工作。我無意在這裏詳細講孟子，我只想略為指點他的心性論的理論效果，揭出它在兩行之理這一方面的涵義就已經足夠了。

良知良能的超越根源

　　孟子思想的綱領用牟宗三先生的話來說，是「仁義內在，性由心顯」。孟子講四端，所謂惻隱之心、羞惡之心、辭讓之心、

是非之心，我們千萬不能用經驗心理學的「同情心」一類的概念來加以比附，否則便會陷入泥淖之中。孟子用的不是歸納方法，四端是良知的呈現，一定要提高到自覺的層次，努力擴而充之，始可以保四海，否則竟無以保妻子。孟子一方面預設人有意志自由，另一方面又預設依照仁義行事有一定效果感應。他並沒有割裂動機論與效果論、義務論與目的論，他十分著重心之主宰，故曰心之官則思，思則得之，不思則不得也，顯然蘊涵我所謂的一套相應架構。這樣的心是「本心」，而心的來源在天，故盡心，知性，知天。所知的乃是吾人的「本性」，這才可以道性善。純粹由材質的觀點看，實在很難說人一定性善或性惡，或者說人善惡混、無善無惡還更近乎事實些。孟子也從不否認人在現實上為惡，他只認定人為善是有心性的根據，而根本的超越根源則在天；我們能夠知天，也正因為我們發揮了心性稟賦的良知和良能。

　　由此可見，孟子是以發展心性論的方式繼承了孔子的睿識。一方面他也是個徹底的人文主義者，故他引《詩經》謂天視自我民視，天聽自我民聽，他的關注也和孔子一樣，多半是傾向在「內在」這一方面的。但他論道德、政事同樣有一個不可磨滅的「超越」的背景。只不過儒家把握超越的方式與基督教完全不同：基督教一定要把宗教的活動與俗世的活動分開，儒家卻認為俗世的活動就充滿了神聖性；基督教要仰伏對於基督的信仰、通過他力才能夠得到救贖，儒家的聖人則只是以身教來形成一種啟發，令人通過自力就可以找到自我的實現。既然民之秉彝有法有則，自然不難理解萬物皆備於我，反身而誠，樂莫大焉的境界；而君子所過者化，所存者神，上下與天地同流。《中庸》講天地參，與

孟子的精神也是完全一致的。

　　毫無疑問，孟子的思路更加明顯是屬於天人合一的形態的，雖然他也沒有用過這一詞語。有人認爲孟子說的不似孔子，這是過分拘執之見，孟子思想是孔子思想應有之一發展。現代還有人怪責孟子過分傾側到心的主觀面上⑯，這種說法是我所不能夠接受的。孟子並沒有在主觀、客觀之間劃一道鴻溝，他對實際事務之重視並不下於孔子，而反過來，孔子難道不要建立仁心的主宰嗎？孟子有時似乎有一些神秘主義的思想，善解的話，這些也都只是光天化日下的神秘。最重要的是，無論這些神秘話頭，孟子與孔子一樣清楚地了解人的有限性。他明白的接受「命」的觀念，只不過他不贊成把一切委棄給命運，而要人把握自己的「正命」。他在自己主觀的願望與客觀的情勢之間作出了分別：雖然從歷史的軌跡看，五百年必有王者興，但以孔子的德行，卻不得其位，這是因爲他得不到天的推薦，所以不得行道於天下。而伯夷、叔齊更餓死在首陽山，人所能成就的形態必定要受到自己的材質與外在的境遇的限制。如此一方面我們盡心、知性、知天，對於天並不是完全缺乏了解；另一方面天意仍不可測，士君子雖有所擔負，仍不能不心存謙卑，只有盡我們的努力，等候命運的降臨。孟子的表現雖比孔子激越，但他同樣是一位有深刻宗教感的人物，這是今日我們了解孟子所不容忽視的一個面相。

---

⑯　譬如Herbert　Fingarette, 傅偉勳和我曾駁斥他的觀點，參　Shu-hsien Liu, "Sinological torque: An Observation," *Philosophy East and West*, Vol. 28, No. 2(April, 1978), PP. 202～204。

圓滿的人生是兩行兼顧

我們再由孟子轉到荀子，又是截然不同的一個形態。暫時撇開其他問題不談，只把焦點對準在天這一個問題的討論之上。荀子〈天論〉完全取自然主義觀，所謂天行有常，不爲堯存，不爲桀亡。他對天已完全失去了敬畏的感受，研究大自然的規律，只是爲了制天命而用之，禮也變成了純人爲的東西，不再被視爲有甚麼超越的根源。荀子能夠提出嶄新的思路，在當時是有重大的意義的。但他只保留了儒家思想內在的一方面，完全鄙棄了它超越的一方面。這樣兩行之理只剩下了一半，如果我們把孔子的思想當作儒家思想的標準的話，那麼無論荀子的學問多麼好，他的想法依然是非正統的，後世以孔孟爲正統，決不是一個偶然的選擇。荀子隆禮，背後的思想是一套寡頭的人文主義。由這個前提推衍下去，光說禮義是不足夠的，還不如講法講術，應用二柄（賞罰）作爲手段，以達到富國強兵的目的。這樣看來，韓非、李斯之出於荀子之門，更不是一件偶然的事了。孔孟表面上偏於內在，其實有超越來加以平衡，故可體現一種上下兼顧的中正和平之道。但荀子卻蔽於人而不知天，兩行的智慧喪失，只能截取半邊，乃不免有所憾。

孤立的個人是渺小的，即使是社會群體，也仍然是有限的。但人一方面能夠體現自己生命內部的價值，己立立人，己達達人，另一方面又能參與天地之化，自己的生命雖有限，卻可以通於無限，在不完成之中完成自己。只有這樣，才能夠學孔子之以天爲模楷，永遠自強不息，學不厭，教不倦，不知老之將至，雖有憂

慮而無遺憾！陶淵明的詩句：「樂乎天命復奚疑」，豈不是更適合於儒家對於兩行之體證麼！

五、兩行之理與安身立命

甚麼才是終極託付的對象

　　人類文明必須發展到某一個程度，才能自覺到安身立命的問題，而安身立命又不能不與一個人的終極關懷關連在一起。田立克（Paul Tillich）有一個很有意思的說法，他認為每個人除了當下種種關懷之外還有他自己的終極關懷，這就是他的宗教❶。這樣說便是無神論者也有他的宗教信仰，舉例說有人信奉拜金教，也有人為了國家、民族或者主義，可以犧牲自己的生命，這顯然是他們的終極關懷之所在。當然也有人相信上帝，加入教會組織，這便是我們一般人所熟悉的宗教的意義。然而有了宗教信仰，人是否就能夠安身立命呢？那又未必盡然。有人一輩子辛辛苦苦就為了賺錢，到頭來卻感覺到一場空；有人一生信奉某種主義，卻也有徹底幻滅的時候。甚至信教的人也可以改宗，虔信上帝的人忽然改信了無神論，而無神論者又重新發現了上帝，形形色色，不一而足。在這樣的情況之下，田立克提出了怎樣的對象才真正

---

❶　Paul Tillich, *Dynamics of Faith* (New York：Harper ＆ Brothers, 1957）又參其巨著 *Systematic Theology* (Chicago：University of Chicago Press, 3 vols, 1951, 1957, 1963)。

值得我們去終極關懷的重大問題。很明顯，在這個層次上經驗知識的積累是發生不了作用的。知識所問的是「信實」(belief)問題，這是屬於相對概然性高低的範圍；宗教所問的卻是「信仰」(faith)問題，這是屬於絕對無條件的終極託付(ultimate com-mitment) 的範圍。照田立克的說法，終極託付的對象既然是無條件的絕對，那麼世間有限的東西都不應該作爲我們終極託付的對象，像金錢、國家、民族、主義一類的東西都不足以成爲我們信仰的對象。而把有限的東西當作上帝來崇拜，那就是偶像崇拜。崇拜而帶着熱狂，甚至會造成「魔化」(demonization)的結果，後果不堪設想。其實一般宗教信仰的上帝也可以有同樣的弊病；自己的教會組織、乃至自己心目中上帝的影象明明只是相對的東西，卻被轉化成爲了絕對，一樣可以成爲禍害的根源，由此可見，信仰的對象不可能在世間，絕對無限的超越者才是眞正值得我們終極關懷、終極託付的對象。而耶穌基督對於田立克來說，正是一個最有力量的象徵符號：指示着現實生命的終結，乃是另一個更豐富的精神生命的開始，人世間只能夠提出問題，答案是在彼岸。而人的力量不足以自救，故此只有依賴對於耶穌基督的信仰，斬斷自己的塵慮，淨化自己的心靈，準備接受來自上帝的信息，這樣才有機會得到救贖，找到安身立命之所。

以上，我用了相當篇幅介紹田立克的說法，很顯然我對於他的思想是有相當深切的共鳴的。他認爲一般人信的上帝，其實只是一個象徵符號，指向一超越上帝的上帝(God above God)。我們所信奉的宗教乃是有限時空的產物，不可以將之絕對化。我認爲他這樣的想法在有些方面的確包含了深刻的睿識，然而他的

思想仍不免由超越和內在兩方面都受到強烈的批評。田立克相信世間（內在）只能提出問題，要在上帝（超越）那裏才有答案，兩方面有一種互相呼應（correlation）的關係。田立克這樣是爲傳統基督教的信仰提出了嶄新的現代的解釋，然而傳統主義者卻認爲他離經叛道，逾越了範圍。照他們的說法，上帝怎可淪落成爲了上帝的符號呢？而上帝與人世之間是一種非對稱的關係：只有上帝才可以通過啓示而關連於人世，人卻不能關連於上帝，而田立克卻把上帝拉了下來。雖然田立克也想維持上帝的純粹超越性，然而當他把上帝等同於「存有本身」時，他已經把上帝存有論化了，內在化成爲與世界相關連的一部份。這簡直是褻瀆神靈，故此田立克甚至被譴責爲無神論者，因爲他的上帝已不再是傳統基督教的上帝。然而由東方天人合一的傳統來看，天道是流行於世間，田立克的上帝卻超越在世界之外，也不能通過體證而冥合，二者之間的距離是不容逾越的。當然我在這裏介紹田立克的觀念，其目的並不在於專門討論他的系統神學的理論效果，而只是借它們做引子，去闡發東方，特別是儒家思想的兩行之理與安身立命問題的關連性罷了。

仁：既超越又內在的道

由儒家的角度來看，由孟子開始，便已明白說出，耳目之欲決不是吾人安身立命之所，仁心的擴充是無封限的；這一點與田立克之肯定人的生命有一不斷自我超越的構造是若合符節的。儒家這一路的思想到了王陽明的〈大學問〉一文，尤其發揮得淋漓盡緻，他說：

　　大人者，以天地萬物為一體者也，其視天下猶一家，中國猶一人焉。若夫間形骸而分爾我者，小人矣。大人之能以天地萬物為一體也，非意之也，其心之仁本若是。其與天地萬物而為一也，豈惟大人，雖小人之心，亦莫不然，彼顧自小之耳。……是故苟無私欲之蔽，則雖小人之心，而其一體之仁猶大人也。一有私欲之蔽，則雖大人之心，而其分隔隘陋猶小人矣。故夫為大人之學者，亦惟去其私欲之蔽以自明其明德，復其天地萬物一體之本然而已耳。非能於本體之外而有所增益之也。……致知云者，非若後儒所謂充廣其知識之謂也，致吾心之良知焉耳。良知者，孟子所謂是非之心，人皆有之者也，是非之心，不待慮而知，不待學而能，是故謂之良知，是乃天命之性，吾心之本體自然靈昭明覺者也。

　　陽明很明顯地，也和田立克一樣，把知識和信仰當作兩個不同的層次；同時只有小人才把自己的終極關懷錯誤地限制在個體的形骸之私上面，大人的終極關懷乃以天地萬物為一體，也不能局限在自己的家、國等有限的東西上面。然而陽明的儒家思想也有和田立克的基督教思想十分不同的地方。基督教雖然也說人是依上帝的形象而創造的，但由於原罪的緣故，自力救贖是不可能的，故此必須通過耶穌基督的媒介才得以尋求救贖的機會，而追隨耶穌基督就得放棄自己的家庭父母，兩方面形成了互相對立的兩極，他世的追求與現世的眷戀變得難以兩全其美。但在儒家思想之中，我們卻找不到這種二元對立的思想的痕跡。陽明指出，人對於無限的祈嚮實根植於吾人的本心本性，良知的發用與《中

庸》所謂「天命之謂性」的本質性的關連是不可以互相割裂的。同時儒家思想反對接近基督教立場的墨家思想兼愛之旨而主張愛有差等。此所以程頤（伊川）答楊時問乃曰：「〈西銘〉明理一而分殊，墨氏則二本而無分。」儒家走的是一條合乎常識與人情的平正的道路，《大學》仍講修、齊、治、平的理想。更重要的是儒家沒有在現世與他世之間畫下一道不可跨越的鴻溝，所體現的是一既內在而又超越之旨。由這一條線索追溯下去，乃可以通過既尊重內在又尊重超越的兩行之理的體證，而找到安身立命之道。

　　讓我們暫時不要掉書袋，而訴之於自己親身的體驗，看看情形怎麼樣。我的生命並不由我而起，生在這一個無常的世間，無論自己有多少成就，終不免於發出像滄海一粟、此生不永，乃至煩惱纒身、徒勞無功一類的感嘆。然而我的確有生生而不容已的內在親身體證。我的創造，我的仁心尋求具體的表現，並不只是為了成就外在的功業，而是為了滿足我自己內心的需要。事實上如果內在不能得到滿足，任何外在的成功也填補不了內在的空虛。而順着自己的秉賦有所發揮，則無論成果是多麼卑微，外在的成敗是多麼難以預料，也會有不負此生的感覺。這也就是說，我的生命所爆發的小小的火花，原是宇宙的創造的洪流結穴在我的生命的表現。畢竟我的卑微的一生在天壤間並不是那麼孤獨，我的小小的創造正是天地之化的具體呈現。在這一意義之下，有限乃通於無限，雖然並非等同於無限。這是一個現代人的實存的體驗，然而奇怪的是，它與古典中所表述的情懷恰恰互相吻合，若合符節。《中庸》開宗明義就說：「天命之謂性，率性之謂道，修道

之謂教。」（第一章）人生的目的正是要把來自天的稟賦充分地發揮出來，這就是依道而行。又說：「誠者，天之道也。誠之者，人之道也。」（第二十章）天道的本質乃是真實無妄，人則要通過努力才能趨近這樣的境界。而誠於中則形於外，到了最高境界，乃能體現一種合內外之道，《中庸》描繪這樣的理想境界曰：

> 唯天下至誠，為能盡其性；能盡其性，則能盡人之性；能盡人之性，則能盡物之性；能盡物之性，則可以贊天地之化育；可以贊天地之化育，則可以與天地參矣！（第二十二章）

我們一般人自做不到這樣的理想境界，故士希賢，賢希聖，聖希天，只要盡到自己最大的努力，也就沒有遺憾了。《中庸》所說的和孟子的思想是完全符合的。孟子道性善，修養工夫是把性分裏有的東西充分體現出來。他教人養心，存夜氣，特別是養氣，發揮出所謂的浩然之氣，顯然他體證到，在天地人之間存在着一定的感應。但孟子的進路是由人到天，由內而外，故曰反身而誠，樂莫大焉。王陽明之《大學問》正是本着孟學的精神發揮出來的道理。然而一般的說法過分着重講天人的感通，而不明白在中國傳統之中天人也有差距，以下就順着這一條線索略為解明此中牽涉的理論效果。

生生：個體與天地的融合

孟子既說形色天性，又說盡心、知性、知天，可見通過踐形、知性一類的途徑，就可以上達於天。這是典型的中國式的內在的

超越的思想，無須離開日用常行去找宗教信仰的安慰。但有限之
通於無限不可以滑轉成爲了取消有限無限之間的差距。儒家思想
中命的觀念正是凸出了生命的有限性，具體的生命之中常常有太
多的無奈不是人力所可以轉移的。《論語》之中就說：「死生有
命，富貴在天」（顏淵第十二），可見這裏的命是有命限的意思，
而天意是有許多不可以測度的地方。孟子更把這一層意思說得明
明白白：

> 莫之爲而爲者，天也；莫之致而致者，命也。匹夫而有天下
> 者，德必若舜、禹，而又有天子薦之者，故仲尼不有天下。
> （萬章上）

　　孟子是由命限的觀念說明孔子之不有天下。但墨家一派因此
攻擊儒家思想爲命定主義，這顯然是會錯了意。知識分子並不因
爲這樣的命限而氣餒，放棄了自己的擔當，孔子固然是知其不可
爲而爲，孟子乃曰：

> 天下之生此民也，使先知覺後知，使先覺覺後覺也。予、天
> 民之先覺者也，予將以斯道覺斯民也，非予覺之而誰也！
> （萬章上）⓲

　　孟子並不把一切委之於命，故曰：

⓲ 又見萬章下論伊尹處，辭句與此相若。

莫非命也，順受其正。是故知命者不立乎巖牆之下。盡其道
而死者，正命也；桎梏死者，非正命也。（盡心上）

這個正命的觀念最可以玩味，而孟子還有立命的觀念，他
說：

存其心，養其性，所以事天也。殀壽不貳，修身以俟之，
所以立命也。（盡心上）

這很明白地宣說了自己的終極關懷所在，故世事雖不可測，
我卻可以找到自己的安身立命之所，孟子總論性命之說曰：

口之於味也，目之於色也，耳之於聲也，鼻之於臭也，四肢
之於安佚也；性也，有命焉，君子不謂性也。仁之於父子也，
義之於君臣也，禮之於賓主也，智之於賢者也，聖人之於天
道也；命也，有性焉，君子不謂命也。（盡心下）

用後儒的觀念來解析這一段話的意旨，前面的五者是所謂氣
質之性的內容，一般人以之爲性，其實人是不是能得到這樣的官
覺享受，我們要靠命限來決定的，故此君子並不把它當作性的最
重要的內容。後面的五者是所謂義理之性的意涵，一般人以爲德
性的擁有是靠外在的命運來決定的，其實這些是人人的性分所有
的，故此君子不能將之推委爲外在的命運所決定的因素。

孟子的思想是透徹的。人的生命的終極來源是來自天，但旣

生而爲人就有了氣質的限定而有了命限，然而人還是可以就自己的秉賦發揮自己的創造性，而自覺地以天爲模楷。《中庸》所發揮的正是同一樣的道理。它說：

> 天地之道，可一言而盡也；其爲物不貳，則其生物不測。……
> 詩云：維天之命，於穆不已，蓋曰天之所以爲天也。於乎
> 不顯，文王之德之純。蓋曰文王之所以爲文也，純亦不已。
>
> （第二十六章）

由這樣看，天道是一生道，這一生道之內在於人即爲人道，聖人是能把這一生道在他的生命之中充分發揮出來的人，所以可以作爲衆人的模楷。孟子排拒告子的生之謂性的說法，是因爲這是一種自然主義的觀點，把與生俱來的氣質之性當作性的最重要的內容。這樣的說法不免落入命定主義的窠臼。但《易經》講生生，多這一個生字，就把整個死局點活了。單說一個生字，當自然的生命力減退，到了終點就只剩下死亡。但生生的託付卻能使我們在逆境之中還可以發揮出創造力，而自然生命的終結也不表示創造過程的終結，因爲我的生命本就是天地之化的一部份。《易傳》所謂：「一陰一陽之謂道，繼之者善也，成之者性也。」我發揮出天命予我的性分內的生命力，那也就沒有遺憾了。這就是宋儒張載〈西銘〉所謂的「存吾順事，歿吾寧也」。生死對我不再成爲掛慮的根源。

自中國的傳統看，宇宙間的創造乃是一個辯證的歷程。創造要落實則必具形，有形就有限制，故《易傳》曰：「形而上者之

謂道，形而下者之謂器。」然而道、器相即，只要不把具形者與創造的根源相割裂，那就有限而通於無限，但只有人得其秀而最靈，才能夠自覺到這樣的境界。故張載說：

> 形而後有氣質之性。善反之，則天地之性存焉。故氣質之性，君子有弗性者焉。（《正蒙》誠明篇）

張載在這裏所發揮的也仍正是孟子的精神。氣質之性是創造過程落實的結果，但只有返回到創造的根源，才能夠體現到天地之性的存在，此所以君子不把氣質之性當作性的最重要的內容。同樣，人的良知並不止於對象的知識，故張載曰：

> 世人之心，止於聞見之狹；聖人盡性，不以見聞梏其心。……見聞之知，乃物交而知，非德性所知，不萌於見聞。（《正蒙》大心篇）

如果見聞是知識唯一的來源，那就只能把握到具現的對象的知識。而孟子所謂良知並不是對象的知識，只有體證到性分內的生生，這才能由有限而通於無限。乃是宋儒才把《易》、《庸》、《論》、《孟》中的哲理通貫起來，打成一片，並明白以生生的意涵來釋仁，這是創造的詮釋的一個最佳的典範。宋明儒者，無論周、張、程、朱、陸、王都能把握到生生為仁的睿識，當然他們各人體會的深淺、表達的方式是十分不一樣。由我們的觀點來看，他們都能夠把握到內在與超越的兩廻環的道理。但因為他們

要回應佛、道二氏來的衝擊,乃不免有需要多講有關道體的體悟,而比較偏向在超越的一方面。無論如何,宋明儒學發展了儒家思想應有的一個面向而有其不朽的貢獻,它解明了儒家思想的宗教意涵而凸出了它的作為終極關懷的理論效果。

理一分殊,從超越到落實

宋明儒學既然是儒學,思想決然是現世性的。但宋明儒者並不以世間的成就能夠給與我們終極的滿足。故程子曰,堯舜事業如一點浮雲過大空。這不是說堯舜事業不重要,而是說即使豐功偉業如堯舜依然是有限性的,我們不可把重點放在跡上,而要把我們的終極託付放在道的創造性本身上面。天道是無限的、生生不已的,但具體落實到人,人的創造是有限的,受外在條件約制,有沒有巨大的成就不是我們自己可以決定的。我們只有盡量努力發揮自己的創造力,其餘乃只能委之於命。孔子求行道於天下,不可得,乃退而從事教育工作,學不厭,教不倦,不怨天,不尤人,知其不可而為,當時看來似乎是失敗的,到後世卻成為眾人敬仰的至聖先師。儒家講義利之別,並不是真的要人完全不顧效果,而是要人不要把眼光拘限在眼前現實的利害上面,依道而行,中心才能安樂,最後才能收到長遠的效果。這當然是一種主觀的信念,但它卻幫助我們解決了安身立命的問題。我接受與生俱來的種種現實上的限制,努力發揮自己的創造力,不計成敗,支撐我的力量是來自我對於道的終極託付。由此而孟子說不動心,程明道的〈定性書〉更把這一層的體驗發揮得淋漓盡緻。他說:

> 所謂定者，動亦定，靜亦定；無將迎，無內外。……夫天地
> 之常，以其心普萬物而無心，聖人之常，以其情順萬物而無
> 情。故君子之學，莫若廓然而大公，物來而順應。

　　世間的變化是不可以測度的，但有了道的終極關懷，不再順
軀殼起念，隨順當時的情況發揮自己的創造力，乃可以嚮往聖賢
乃至天地的境界。這顯然是一種既內在而又超越的思路。吾人既
建立了終極關懷，卻又不能輕忽內在，乃必須隨感隨應。落實下
來自不能像明道之描繪聖人境界那樣講得自在輕鬆，故此朱熹從
學於李延平時，延平就訓他「理不患其不一，所難者分殊耳。」
使他受到巨大的震盪，而影響了他終生為學的方向❿。「理一而
分殊」由程伊川首先提出，到朱熹發揚光大，成為宋明儒的共識。
各家的解釋容或不一，基本的睿識卻是共通的，為了當前的目的，
我在這裏只須講宋明儒共同的指向。事實上只有由生生才能了解理
一的觀念，具體落實的諸德性是同一生生之仁德的表現，西方哲學
家每拘於跡，就很難了解這一條思路所包含的睿識。着重分殊也
就是說我們不只要重視建立終極關懷，還要重視道的具體落實的
問題。朱熹對道體的證悟或不如明道、陸、王之親切而有一間之
隔❷，但他要我們注重具體落實、格物窮理的問題的用心是無可

---

❿　關於朱子從學延平以及苦參中和問題所歷經的曲折，可參拙著：
　　《朱子哲學思想的發展與完成》，臺北，學生書局，一九八二，頁二
　　九至一三八。

❷　牟宗三先生即對朱子頗有微詞，參其大著：《心體與性體》，臺北，
　　正中書局，三卷，一九六八至六九。他提出朱子「別子為宗」的看法，

厚非的。事實上即陽明也並非眞的忽視見聞之知的問題，他說：

> 良知不由見聞而有，而見聞莫非良知之用，故良知不滯於見
> 聞，而亦不離於見聞。（《傳習錄》中，答歐陽崇一）

　　由儒家思想的立場來看，良知與見聞的分別是有必要的。用今語來說，也就是，依賴經驗科學的知識並不能建立道德倫理，此所以由孟子起即謂，爲學先立其大。但既立定於良知，要具體落實道德倫理，見聞卻是一個十分相干的因素。此所以陽明必定要說，良知亦不離於見聞，而見聞莫非良知之用，二者之間有一種緊密的辯證的關係。

兩行兼顧才是安身立命之道

　　儒家這一路的思想到了現代，還有它的意義嗎？現代人的經驗科學知識突飛猛晉，但現代人並不能逃避終極關懷或宗教信仰的問題，則傳統儒家思想仍有其巨大的相干性。當代美國經驗神學（Empirical Theology）的創立者魏曼教授（Henry Nelson Wieman）作出了「創造的物品」（Created Good）與「創造的交流」（Creative Interchange）的重要分別，並指出人的終極託付只能在創造的交流，不能在創造的物品❹。這與《易》的講生

　　引起了許多爭論。我認爲以孟學爲基準，則牟先生的看法是正確的，
　　但我對於朱子有比較同情的了解，參拙著：《朱子哲學思想的發展與
　　完成》，頁三九五至四八三。

❹　Cf. Henry Nelson Wieman, *The Source of Human Good*,

生，宋儒之不滯於跡，若合符節。但在今日講理一分殊、兩行之理，顯然也一定有與過去不同的新的涵義。

　　從現在的觀點看，必須採取一種更鬆動、更有彈性的方式講理一才能符合當前的情勢。正像田立克之講「上帝以上的上帝」，東方也需要更進一步正視「道可道，非常道」的涵義。理在不同的時代要有不同的表徵，而過去人卻往往有一種傾向把一個時代的表徵當作超越的道理本身，漢代所謂三綱五常正是一個典型的例證。超越的理一要具體落實，就必成爲有限的分殊，而把有限的分殊無限上綱就會產生僵固的效果。《論語》中孔子講禮，明明是合乎人情的自然流露，到了後世，徒具形式，失去精神，甚至墮落成爲了違反人性的吃人禮教，這是何等的諷刺！如果能夠貫徹理一分殊的精神，就會明白一元與多元並不然矛盾衝突。到了現代，我們有必要放棄傳統一元化的架構。今天我們不可能像傳統那樣講由天地君親師一貫而下的道統；終極的關懷變成了個人的宗教信仰的實存的選擇。我們也無意要取消世界上不同的宗教，《中庸》早就說過：「道並行而不相背，萬物並育而不相害。」而明代末年更流行過三教同源的說法。當然我更無意要和稀泥，輕忽各個不同傳統在本質上不同的特性，乃至互相矛盾衝突的嚴重性。事實上每個人只能就自己的氣質秉賦、文化傳統以及時代環境發揮出自己的創造力，更好的是不切實際的夢想。我可以確

Carbondale, Southern Illinois University Press, 1946, *Man's Ultimate Commitment*, Carbondale, Southern Illinois University Press, 1958。我是魏曼教授在南伊大指導的最後一個博士生，在受教期間師生之間有很好的創造交流。

信自己所選擇的是最佳的可能性，但卻不可以把自己的信仰加以絕對化。我要容許別人也選擇他認爲最佳的可能性，互相交流、辯論，擴大自己的視域，造成視域的交融。我們要培養近人如哈勃瑪斯（J. Habermas）所謂的「交談理性」（communicative reason），求同存異，這才能嚮往一個眞正全球性的社團，不訴之於暴力，而訴之於理性，來解決彼此間的爭端。無形的理一是指導我們行爲的超越規約原則，而我們所要成就的也不是一種實質的統一性，而是卡西勒（E. Cassirer）所謂的「功能的統一性」（functional unity）。

由此可見，通過現代的詮釋，對於超越的理一終極託付並無須造成抹煞分殊的不良的後果。但是對於分殊的肯定也並不會使我們必然墮入相對主義的陷阱。這是因爲我們並不是爲了分殊而分殊，人人都以自己的方式去追求理性的具體落實與表現，雖然這樣的表現是有限的，不能不排斥了其他的可能性，然而彼此的精神是可以互相呼應的。宋儒月印萬川之喩很可以充分表現出這樣的理想境界的情緻。

當然我在這裏所說仍限於理想的層面，與現實中的分崩離析、矛盾衝突的局面，是有巨大的距離的。但過去的歷史與眼前的現實正是人的理想與實際互動的複雜的過程所產生的結果。空有良好的理想固然不會產生實際的效果，但人拒絕有理想的嚮往，而聽任偏見與成見支配自己的行爲，卻會產生立即而當下的惡果。哲學家的職責是提出正確的理想，而超越的理想常常要經過一段長時間的醞釀才能在現實中產生作用，此所以蘇格拉底、耶穌基督、與孔子在現世都不是成功的人物。而一旦基督王國（Christendom)與所謂儒教之國形成，卻又不免在許多地方背離了原來的精神與理想，此所以我們又需要新教徒（Protestant）的不斷抗議（Protest）的精神來恢復維持原來理想的純潔性與超越性。也正因此，朱子要貶抑漢唐，頌揚三代，他的苦心也正是要在惡濁的現實層面之上，肯定理想的純潔性與超越性。

康德說，人永遠有形而上的欲望，同樣，人永遠有超越的祈嚮。儒家思想常常被誤解成爲一套俗世的倫理，事實上由孔子開始，所謂「朝聞道，夕死可矣！」（里仁第四）就已顯示了強烈的超越的祈嚮。但一往而不反，光注重超越而忽視現世，會造成一定的偏失，世間的宗教文化常常表現出這樣的偏向。然而偉大的宗教傳統莫不在世間有強大的宗教組織，這是一個絕大的弔詭！而宗教在長時期發展的過程之中，由中世紀跨入現代，莫不顯示了俗世化的傾向，像西方的新教，與佛教的禪宗等等。這表示「內在」的一環是不容忽視的。到了現代，俗世化的傾向加劇，造成「上帝的隱退」的現象，在今日要講超越的理一，乃變成了一個困難的問題。

由此，我們可以看到超越與內在的兩廻環的作用。人困在眼前的現實之中，是難以安身立命的。即使在現代徹底俗世化的文化之中，仍然流行着各色各樣的宗教信仰，甚至包括人民聖殿教一類的邪教，一樣可以吸收到痴迷的信衆。田立克爲終極關懷找判準的努力是可以讚揚的，而他認爲我們不可以把有限的東西絕對化也包含了深刻的睿識。我們的終極託付只能在「道」的層面，不能在「器」的層面。只有找到值得我們追求的終極關懷，我們的精神才能安頓下來，找到自己的安身立命之所。

　　但光只顧超越而不顧內在，則不免有體而無用，浮遊的超越而罔顧世人的痛苦與煩惱，如楊朱之拔一毛而利天下不爲，並不能帶給人眞正的滿足。宗教的一個強烈的動機是度世，故大乘佛教要講悲智雙運，菩薩自願留在世間，有一衆生不得超度，就不肯出世，享受無邊的妙樂。而超越的理想要具體落實，就不能不經歷一個「坎陷」的歷程，由無限的嚮往回歸到當下的肯定。而良知的坎陷乃不能不與見聞發生本質性的關連。超越與內在的兩行兼顧，使我有雙重的認同：我既認同於超越的道，也認同於當下的我。我是有限的，道是無限的。道的創造結穴於我，而我的創造使我復歸於道的無窮。是在超越到內在、內在到超越的廻環之中，我找到了自己眞正的安身立命之所。

　　（原刊於《法言》，總二十五、二十六，二十七、二十八期，一九九一、十二，一九九二、二、四、六）

十二、有關理學的
幾個重要問題的再反思

一、引 言

宋明理學照一般的說法，分為程朱與陸王二系，朱熹居集大成的地位。但牟宗三先生著：《心體與性體》❶，提出了宋明儒學分為三系以及朱子乃別子為宗的說法，對於傳統的見解產生了巨大的衝擊。我在這一個領域之內工作有年，現對於理學的名義、分系、影響等重要問題作出進一步的再反思，提出一些個人的見解，希望能夠得到方家的指正 ❷。

二、理學的名義問題

宋明理學是我們一般接受的名稱，但這個名詞究竟所涵蓋的

❶ 牟宗三：《心體與性體》，三卷，臺北 ，正中書局 ，1968-1969 。
❷ 文中部分見解曾經在 1989 年 7月於夏威夷大學希羅分校舉行的第六屆國際中國哲學會提出，論文（英文）已經發表， 參 Shu-hsien Liu, " Some Reflections on the Sung-Ming Understanding of Mind, Nature, and Reason " The Journal of The Institute of The Chinese Universing of Hong Kong, Vol.XXI (1991), 331～344 。現在對於相關問題有進一步的再反思。

範圍有多廣？再加上這個名詞被翻譯成爲英文卻變成了Sung-Ming Neo-Confucianism（宋明新儒學），牽連的問題就更複雜，不能不作進一步的再反思，澄清與此相關的概念與問題。

　　馮友蘭著《中國哲學史》講宋明儒學，就沒有用理學一詞，而是用「道學」來涵蓋這個時期儒學主流思想的內容❸。馮氏這樣的選擇不是完全無理，因宋明儒莫不以道統之擔負自任，《宋史》則立「道學傳」，故馮氏以道學概括由北宋周濂溪到清代戴東原的思想。然而道學一詞並未得到普遍接受，或者是因爲道字並非宋明儒所專有，道家、道教所言之道含意不同，甚至盜亦有道，不能作爲判分的標誌；而後世用道學氣一類的話，顯含貶義，不適合作學術的客觀描述的用途。

　　有趣的是，在國外卻流行「新儒學」一詞，我作了一番小小的考證。馮友蘭的弟子卜德（Derk Bodde）把他的哲學史翻譯成爲英文，上冊出版於1952，下冊出版於1953。根據上冊引得，新儒家一詞曾四見❹。但與原文對刊，就知道卜德用的是意譯，舉凡宋儒、宋明儒，他都譯爲新儒家。在原文中，新儒家一詞其實只出現了一次，馮氏說：「戰國時儒家中有孟荀二學派之爭，亦猶宋明時代新儒家中有程朱、陸王二學派之爭也。」❺由語脈來

---

❸　馮友蘭：《中國哲學史》，下冊，第十章標題：道學之初興及道學中「二氏」之成分。

❹　Fung Yu-lan, A History of Chinese Philosophy, trans. Derk Bodde(Princeton; Princeton University Press, two volumes, 1952, 1953), Vol. I, p.443.

❺　馮友蘭：《中國哲學史》，上冊，頁352。

看，馮氏只是說，宋明時代有一些新的儒家出現，似乎還無意把新儒家當作一個專門名詞來使用。與先秦儒對比，很自然地會把宋明儒看作新儒家。馮氏的哲學史上册係出版於民國十九年，亦即1930年。過了二十二年，卜德的英譯本出來，就已經把新儒家當作專門名詞來用了。據我所知，在西方，新儒家一詞是晚近數十年間才流行的。卜德意譯馮著，在無意之中推出了一個爲學界接受的流行術語。這說明了術語的流行往往不是刻意營造的結果。

馮著上册出版之後，接着就出下册，不像胡適的哲學史只出了一本上卷就腰斬了。下册的內容既包括宋明儒學，不可能不更多地涉及新儒家的問題。馮氏說：「唐代佛學稱盛，而宋明道學家，即近所謂新儒家之學，亦即萌芽於此時。」❻

由此可見，馮氏並未自說爲新儒家一詞的發明者。根據他的證詞，三〇年代就有所謂新儒家之學的說法。但他本人卻選擇用道學家一詞。卜德的英譯乃謂道學是傳統的說法，現在一般通稱作新儒學。馮氏原書第七章的標題前面的一半是：「道學之初興」，卜德的英譯是：「The Rise of Neo-Confucianism」❼，要譯回中文便該是：新儒學（或新儒家）之興起。這恰好印證了我一貫的想法：新儒家一詞是先在海外流行，而倒流回中國的。在卜德之後，陳榮捷先生在1953年出版的英文著作也用這一詞❽。到了

❻　同上，下册，頁八〇〇。
❼　同註❹，Vol. II，頁四〇七。
❽　Wing-tsit Chan, Religious Trends in Modern China（New York: Columbia Universisy Press,1953).

張君勱先生以英文著的《新儒家思想的發展》出版 **❾**，下冊附錄
收了在1958年元旦發表，由張君勱、唐君毅、牟宗三、徐復觀四
位學者共同簽署的著名的〈中國文化與世界〉宣言的英譯本，從
此新儒家一詞在西方無疑問地成爲大家共同接受的術語 **❿**。

　　在國內，最早自覺地提出新儒家的概念，可以追溯到1941年
賀麟先生發表的〈儒家思想的新開展〉一文 **⓫**。但在當時在還未
形成波瀾壯濶的潮流。到了現在，受到海外的衝擊，這才倒溯回
去，形成研究現代新儒學的熱潮 **⓬**。大陸對於現代新儒家所採取

---

❾　Carsun Chang, The Development of Neo-Confucian Thought
　　（New York: Bookman Associates, two volumes, 1957,1962）.

❿　譬如張灝有論文詳析這篇宣言，參 Chang Hao: "New Confucianism
　　and the Intellectual Crisis of Contemporary China" in Char-
　　lotte Furth ed. The Limits of Change: Essays on Conserva-
　　tive Alternatives in Republican China（Cambridge, Mass.:
　　Harvard University Press, 1976）.

⓫　參鄭家棟：《現代新儒學概論》，廣西人民出版社，1990，頁五。賀文原
　　刊於《思想與時代》第一期，1941 年 8 月 1 日出版。

⓬　1986 年 11 月「現代新儒家思潮研究」課題被確定爲國家哲學社會科
　　學「七五」規劃重點項目，1987年9月，在安徽宣州召開了第一次全
　　國性的「現代新儒家思潮」學術討論會，初步確定以梁漱溟、張君勱、
　　熊十力、馮友蘭、賀麟、錢穆、方東美、唐君毅、牟宗三、徐復觀等
　　十人爲重點研究對象。參方克立、李錦全主編：《現代新儒學研究論
　　集㈠》，中國社會科學出版社，1989，頁三三五。以後又將名單擴大，
　　老一輩的增入馬一浮，較年輕的則增加余英時、杜維明、劉述先等三
　　人，後又再增加成中英，由中國廣播電視出版社出版現代新儒家論著
　　輯要十五冊，首批六冊（唐、牟、方、余、杜、劉）於1992年五月出
　　版。

的是一寬鬆的定義。此一詞譯成英文也有異譯，我譯爲Contem-
porary Neo-Confucianism，杜維明則譯爲Contemporary New
Confucianism。杜譯似爲比較流行的譯法，但我覺得New字太
汎，而當代新儒學與宋明儒學是有一脈相承的線索，故我在仔細
思考之後，仍然傾向於維持我自己的譯法。

再回到宋明儒學，在中文之中，從來沒有見人用過宋明新儒
學一詞，馮友蘭之後，也少見人再用道學一詞。最流行的術語依
然是宋明理學。我覺得這樣的選擇是很適當的。理的概念在先秦
儒學之中不是一個重要的概念，一直要到二程才大談理的問題，
很足以凸顯出宋明時代新儒學的特色。當然我們不可以忘記理學
一詞有廣狹二義。狹義的理學與心學相對，但廣義的理學則兼賅
程朱理學與陸王心學。這是沒有問題的，因爲陸王主張心即理，
理也是心學一個中心觀念，把心學當作宋明理學的一個分支是有
一定根據的。以下即進一步檢討宋明理學的分系問題。

三、理學的分系問題

宋明理學可以分爲程朱、陸王二系，這是不在話下。但要確
定找到兩家分別的判準，並不是一件容易的事。自鵝湖之會以來，
有關朱陸異同的爭論始終不斷，就是一個人人看得見的徵象，當
代新儒家的反省確實把對這個問題的了解推到了一個較深的層次

之上 ⑬。

　　首先，我們可以指出，宋明儒學是以內聖之學爲終極關懷的學問，它係受到二氏，特別是佛家的衝擊，所產生的新儒學思想。由這一個角度看，程朱、陸王是同一個思潮下面的不同分支，既友亦敵。這一個思潮的殿軍是以黃宗羲爲代表，戴震以欲爲首出的思想已經不屬於同一個思想的典範（Paradigm）之下⑭。

　　其次，程朱與陸王二系的分別正如前章所述，並非一重理，一重心；心與理同是兩系的中心觀念：只不過陸王主心即理，程朱主心具衆理罷了！而所謂程朱係專指伊川、朱子一系的思想，並不包含明道在內。

　　晚近有關宋明儒學的研究，對於以上兩點意見或無多諍議，但對於兩系的評價，則仍有很大的分歧，並沒有統一的見解。暫時撇開評價的問題不談，對於學者比較成爲問題的是，我們既不能用程朱、陸王二系涵蓋宋明理學所有的內容，那就不能不另外作出安排，於是牟宗三先生揭出三系說，對於當前宋明理學的研究產生巨大的衝擊⑮。

　　牟先生指出，北宋諸儒，周張由《易》《庸》回歸《論》《孟》，

───────────────

⑬　最有代表性的見解當推錢穆（參《朱子新學案》卷三，臺北三民書局，1971）與牟宗三（參《心體與性體》，卷三）。我曾參考兩家之說，對於這個問題有一綜述與分析，參拙作：《朱子哲學思想的發展與完成》，臺北學生書局，1982，頁四一三～四八三。

⑭　參拙著：《黃宗羲心學的定位》，臺北，允晨，1986，第六章，黃宗羲在思想史上的貢獻與地位。

⑮　參牟宗三：《心體與性體》，卷一，頁四二～六〇。

到明道提出一本論，乃是圓敎之模型。此時猶未分系。義理間架至伊川而轉向，南宋朱子所繼承的是伊川，於是產生了「別子爲宗」的奇特的現象。象山則直承孟子，惟是一心之朗現與遍潤，陽明承之，這是我們所熟知之二系。但南渡後，胡五峰是第一個消化者，五峰倒是承北宋前三家而言道體、性體。而宋明儒中最後一個消化者劉蕺山亦是此路，與五峰不謀而合，這即被大家一向忽視的第三系。

由哲學思想的模型立論，牟先生之分爲三系是有他的根據的。但由思想史的角度看，由五峰到蕺山，思想上根本沒有傳承的關係。而湖湘之學由五峰傳到南軒，光彩已完全被朱子壓蓋下去。現存《南軒集》由朱子編定，盡去其早歲作品，文獻不足，已難恢復南軒所傳湖湘之學的特色。到南宋末年，此系已式微，根本不能構成一個統緒。至於蕺山，他本人固然從來沒有提過五峰，同時雖則他的思想與五峰是有相似之處，但也有不相容處。蕺山因反對龍溪之蕩越，堅主性善，五峰則要凸出性體之超越義，而主性無善惡。兩下裏思想也確有一些本質相異處。基於這些理由，我覺得要由思想史的角度來立論的話，牟先生的三系說是沒法支持的。

除了牟先生的一家言說之外，勞思光先生著：《中國哲學史》第三卷，討論宋明儒學，也有專節講分派問題❶。他既不贊成二系說，也不贊成三系說，而主張一系說。他把宋明儒學當作一個整

---

❶ 參勞思光：《中國哲學史》，第三卷，上冊，香港，友聯，1980，頁四三～六八。

體的哲學運動來看。其實單就這一點來說，並沒有什麼人會反對他這種見解。同時他也承認，宋明諸大家之理論，可以概括成為三種不同形態，即他所謂「天道觀」、「本性觀」與「心性論」，分別以周張、程朱、陸王為代表。這樣他似乎只是避免用三系的名稱而已，而代之以三型的說法，當然他這樣做是有他的理由的，他解釋他自己的看法如下：

> 在時間次序上，最早出之周張之說，距孔孟原旨最遠，理論效力亦最弱；伊川所代表之學，擺脫宇宙論而較近孔孟，然亦未能歸於心性；……至陸王則經長期之醞釀而出現第三階段之新儒學，最近孔孟，亦最具理論效力。則合而觀之，自宋至明之儒學思想，可視為一整體之運動，……運動本身可分階段，但畢竟仍是一運動。……此所以應持『一系說』也。❼

　　由這一段話才可以明白他真正的意旨所在。他因為嫌惡宇宙論的玄想所造成的理論上的糾纏與困難，所以主張凸出主體性的觀念，由陸王以回歸孔孟。但勞先生這樣做，是以一個特定的哲學觀點去寫哲學史，非必人皆可以同意。漢儒的天道觀不免跡近迷信，宋儒的天道觀不可與之混為一談。中國哲學傳統的睿識是天人合一，勞先生有一種傾向是解消天的超越義，只說天的內在義。這樣比較接近康德實踐理性批判的思想，也可以成一條思路。

---

❼　同上，頁六七。

但與中國傳統哲學的思想則不免有所睽隔，蓋即孔孟、陸王也不能取消天之超越義。康德的上帝是不能證明的基設；對於宋明儒而言，天道流行，即是實理流行，浸潤在世界人生的內容之中。這樣的思想與基督教傳統的體驗不同，乃是一種既超越而又內在的形態。陽明要講天地萬物一體的情懷，思想的根源仍要回歸孔孟。在中國哲學傳統之中，人（心性）與宇宙（天道）不隔。中國人的思路是切問而近思，故不重視宇宙論的玄想，而是由每個人天生的稟賦（性）出發，通過實存的體證不斷推擴出去，故親親而仁民，仁民而愛物，仁心之遍潤沒有封限，由人道的實踐即可以體現天道。既是天人合一，即不能分割天道與人道。由這一個角度觀察，雖然牟先生與勞先生都由康德得到啓發，但取捨卻截然有異。勞先生割斷了宇宙論的外在的繚繞，只弘揚心性論，凸出主體性的觀念，比較傾向於徹底人文主義的觀點。牟先生則重新闡釋傳統天人合一的睿識，形上的體證在先，宇宙的玄想在後，但人道與天道不隔，故牟先生批評康德的缺點在不能肯定智的直覺，有限心不能通於無限心，以至天人睽隔，不免陷在基督教傳統的窠臼之中，思想未能進入圓熟的境地，尚有一間之隔。在這裏，很明顯，哲學上的差別造成了對於哲學史發展過程了解上的差別。學者可以衡量兩造的體證而自作取捨，我自己是比較傾向於牟先生對宋明儒學的解釋。

至於大陸流行的觀點，也有一種三系說，還配合上辯證法的解釋。北宋周張，特別是橫渠，中心觀念是氣，這被當作唯物論的觀點。到了程朱，中心觀念轉變成爲理，這被當作客觀唯心論的觀點。再到陸王，中心觀念又轉變成爲心，這被當作主觀唯心

論的觀點。最後到了明末清初，王夫之的中心觀念又回歸到張載的氣，但卻吸納了宋明儒學的豐富內容並加以深化，如此走了整個的圓周，重新創造一套唯物論的哲學，居於集大成的地位❶。

如果接受唯物辯證法的觀點，這種說法似乎未始不可以言之成理。但海外卻很難接受這樣的說法。這種說法最大的缺點在亂套西方的術語，根本不明白宋明儒學是以內聖之學為首要的關懷的學問，周張、程朱、陸王是同一個家族分支。最明顯的例是，張載雖然講氣，但決不是主張什麼唯物論的思想，因為他同時也講虛、講神，而且與二程兄弟一樣，有很強的道統的擔負。而這類東西根本套不進唯物論的公式，就說是張載思想中唯心論的殘餘。這個樣子講傳統中國哲學，根本不能入乎其內，沒有任何意趣。另一個明顯的例是王陽明，他的思想不是什麼主觀觀念論或唯心論的思想，我早已為文加以駁斥，不必在此多贅了❶。

總之，我們要還出哲學史的真相，首先必須要浸潤在傳統的思想中，了解他們的問題，以同情的態度追隨他們去探索問題的答案，才不至於空入寶山，無功而還。當然我們嘗試去了解傳統，並不是要抱殘守缺，只做一些尋章摘句的功夫，而必須訴之於善巧的解釋，才可以幫助現代人看到傳統的意義，並進一步了解其限制，加以創造的轉化，以適應現代人的需要。

---

❶　這類的說法有各種各樣的變形，我只舉一個例就夠了，參張立文：《宋明理學研究》，北京，中國人民大學出版社，1985，頁二四～四八，六八七～六八三。

❶　參拙著：《朱子哲學思想的發展與完成》，第九章，王學與朱學：陽明心學之再闡釋。

　　當代新儒學對於宋明理學的闡釋，特別是牟宗三先生，是有巨大的貢獻。從某一方面來說，他借助於康德的一些觀念來闡釋宋明儒學的基本概念，並不是完全沒有問題的。譬如說，他以智的直覺的肯定來說明中國哲學的特色，對於智的直覺的了解，並不合於康德哲學的原義；他又否定程朱爲自律倫理，顯然也不合於這一詞的一般涵義；他還過分強調朱子的心爲認識心，乃確定其思想爲歧出於孟子以降的直貫形態所成就之一橫攝形態；這些都是難免啓人疑思的說法。但牟先生的思想力銳利透闢，他雖然是借用了康德一些術語與概念做敲門磚，若能不以詞害意，抉發出中國傳統哲學本身含有的睿識，那麼不僅無可厚非，所嘉惠於後學的，豈云小補。只不過我們不能以此爲滿足，還要站在他的肩膀上，作進一步的探索罷了！

　　至於宋明理學的分系，無論依據那種說法，濂溪、橫渠、（明道）爲一組，伊川、朱子爲一組；象山、陽明爲一組；的確呈現了十分不同的特色，故三系或三型的說法是可以支持的。至於牟先生特別挑出五峰、蕺山，分析他們的思想形態，認爲可以構成一系，這是他的自由，只是不必與思想史發展的過程混在一起講罷了！

　　由宋明儒學思想的統緒看，黃宗羲是這一條線索的殿軍，應該可以說是絕無疑義的。我曾詳加闡釋，自陽明以降，內在一元思想大盛，超越之義減煞，陳確、戴震以欲爲首出的思想已屬於另一典範[20]。基於同樣的理由，王夫之的思想已經由內聖之學的

───────────────

[20]　同註[14]。

線索脫略了開去，決不是對宋明儒學的很好的繼承與綜合。由唯物論的觀點抬高船山，給與集大成的地位，不是我們可以接受的意見❷。事實上也必須要等到當代新儒家之興起才得重新恢復這一條已斷了的思想的線索。

四、理學的影響問題

在這篇文章的有限篇幅以內，要想全面檢討理學的影響問題，是不切實際的。其實我在本節之中所要處理的只是一個特定的題目；即宋明理學是否有反智論（Anti-intellectualism）的傾向的問題。反智論是在七〇年代友人余英時兄提出來解析中國政治傳統與宋明儒學發展的一個概念❷。他並沒有給反智論下一個清晰的定義，只指出一般地說，可以將之分為兩個互相關涉的部分：一是對於智性本身的憎恨和懷疑，一是對代表智性的知識分子表現一種輕鄙以至鄙視；而在實踐中這兩者則有時難以分辨❷。我在當時讀到他的那幾篇文章，就已引發不少思緒，可惜未能整理成文，後來就只留下了一個大概的輪廓與印象。英時兄論中國政治傳統，以先秦儒為主智論，道法為反智論，漢代所落實的卻是

---

❷ 譬如勞思光先生對王夫之的思想評價甚低，參所著：《中國哲學史》，第三卷，下冊，頁七三〇～八二三。勞先生的見解雖非必人皆可以同意，至少可以顯示出部分問題癥結之所在。

❷ 相關的幾篇文章已結集收入余英時著：《歷史與思想》，臺北，聯經，1976。

❷ 同上，頁二。

儒家的法家化，這些多是我所十分同意的見解。但他論宋明儒學
中智識主義的傳統，則有我不能苟同的見解，大體上他肯定朱熹
的智識主義，而對陸王反智識主義的傾向則不無微詞。有一次我
曾當面問他，怎麼可以把王陽明歸之於反智論的陣營呢？他的答
覆是，他從來沒有這樣做，不信的話可以查他的文章，令我語爲
之塞，但却並不能夠眞的盡釋我的疑惑。因爲在我們談話不久之
前，我剛好重新翻閱過墨子刻的書，他就明言余英時以陽明爲反
智論❷。難道我們兩個人的印象都錯了：或者英時兄眞的沒有這
樣說，他只是引導了我們這樣想？這引起了我的好奇，我就眞的
去翻查資料，找到的結果是十分有趣味的。英時兄說他並不認爲
陽明是反智論，的確是有根據的，他曾經這樣說：「王氏的『致
良知』之敎，雖然後來流入反知識的路向，但陽明本人則不取反
知的立場。他正視知識問題，並要把知識融入他的信仰之中。所
以他和柏格森一樣，是『超知識的』（Supraintellectual）而非
『反知識的』。」❷

　　這是我十分同意的見解。但他却忘記了，在較早的一篇文章
之中，他也曾這樣說：「就整個宋代儒學來看，智識主義與反智
識主義的對立，雖然存在，但並不十分尖銳。由於在兩宋時，二
氏之學（尤其是禪學）尚盛，儒者忙於應付外敵，內部的歧見因
此還沒有機會獲得充分的發展。

---

❷　Thomas Metzger, Escape From Predicament（New York：
　　Columbia University Press, 1977）, p.64。

❷　見《歷史與思想》，頁 132。引自〈清代思想史的一個新解釋〉（1975）。

下逮明代，王陽明學說的出現，把儒學內部反智識主義的傾向推拓盡致。說王學是儒家反智識主義的高潮並不含蘊王陽明本人絕對棄絕書本知識之意。從他的思想立場上看，博學對於人的成聖功夫言，只是不相干❷⑥。

這一段話還在王學與陽明本人之間作出分疏，並未坐實陽明爲反智論。但緊接下去，英時兄在引了陽明〈答顧東橋書〉中的一段話之後即說：

> 這一段話極力說明離開「尊德性」而務博學之失，可以說是陽明反智識主義的最明確的表示。❷⑦

在這篇文章後面的部分，英時兄提到羅欽順與王陽明的辯論，又說：

> 故整庵與陽明的對立，從本文觀點看，實可說儒家智識主義與反智識主義的對立；從歷史的線索看，則也可說是宋代朱陸異同的重現。❷⑧

由此可見，墨子刻的說法是有根據的，我也並沒有完全寃枉英時兄。但我想英時兄成熟的見解的確是以陽明爲超智識的，不

---

❷⑥　同上，頁九三～九四。引自〈從宋明儒學的發展論清代思想史〉(1970)。

❷⑦　同上，頁九四。

❷⑧　同上，頁九九。

是反知識。問題癥結在，英時兄用Anti-intellectualism一詞並無一個清晰的定義，他的譯名不統一，有時譯作反智識主義，有時譯作反智論。或者他在前作之中所用的是反智識主義的寬鬆的意義，於是把陽明本人也包括在裏面，後作所用的是反知識主義的比較嚴格的意義，就不能說陽明是反知識的，只能說他是超知識的。我覺得這是較爲適當的說法，今後當以此爲準。同時若不以詞害意而善會之，也就可以解消英時兄前後二文的外表的矛盾：很明顯地，在英時兄的心目中，眞正嚴格意義下的反智識主義在宋代根本沒有形成，在明代也只能歸咎於王學末流，而不能怪罪陽明本人，雖則陸王的思想先尊德性，後道問學，有流於助長反智識的傾向。

英時兄曾說過，講思想史最忌過分簡化❷，這是我所完全同意的見解。同樣，講哲學也是最忌過分簡化。我在下面想把幾個互相關聯的問題：主知、反知，道問學、尊德性，聞見之知、德性之知等放在一起，作一綜合的討論。

儒學思想從孔子開始就有一種十分平衡的看法。孔子不是一個對於文獻、知識沒有興趣的人，他也非常注重踐履，頗希望能夠行道於天下。他兼重學思，故曰：「學而不思則罔，思而不學則殆。」（《論語》爲政第二）《中庸》正是繼承了孔子這樣的精神，提倡博學、審問、愼思、明辨、篤行；並指出君子的理想是「尊德性而道問學，致廣大而盡精微，極高明而道中庸」。到了宋儒，思想概念的分疏越密，張載乃提出聞見之知與德性之

---

❷　同註㉕，頁一三六。

知的分別，以後幾成爲宋明儒接受的共法。但因入手方法不同、重點不同，乃激成朱陸異同的爭辯。餘波盪漾，一直到今天還成爲一個問題。我想由哲學以及思想史兩個角度，對之作出一番檢討。

　　英時兄謂，心性之學在北宋初還不是主流，也不能盡宋明儒學全部的內容❸，這當然是事實，應無諍議。即使到了南宋，理學當令，朱熹與呂祖謙編《近思錄》，第一章論道體，但此書的讀法還特別提醒讀者無須由第一章讀起，不妨先由比較具體實際、容易了解的章節下手，最後才回到第一章講的那些抽象、精奧卻最基本的哲學問題。然而宋明儒學的特色的確是在因二氏的刺激而發展出來的心性之學，而且無論程朱、陸王，均肯定儒學的目標是內聖外王，實現的程序則不外乎《大學》所謂修齊治平之道。無疑理學、心學的爭辯乃是屬於同一個家族內部的爭辯，這樣的情況由朱陸異同便可以明白地看得出來。在鵝湖之會以後，朱子曾約象山到白鹿洞書院講學，後來答覆項平父疑問則有云：

> 大抵子思以來，教人之法惟以尊德性、道問學兩事用力之要。今子靜所説專是尊德性事，而熹平日所論，卻是道問學上多了。（《朱子文集》卷五十四》）

朱子在此函尾乃謂：

---

❸　同上，頁一二九～一三一。

今當反身用力，去短集長，庶幾不墮一邊耳。

朱子這樣的說法顯存調停之意，但象山卻一點也不領情，竟謂：

朱元晦卻去兩短，合兩長，然吾以為不可。既不知尊德性，焉有所謂道問學。（《象山全集》卷三十六》）

表面上看來，朱子的態度比較平衡，象山卻咄咄逼人，不留任何餘地。然而從義理上看，象山緊緊追隨孟子先立其大之義，反對在外部盤旋，朱子也不能不承認陸學在日用功夫上有其過人之處，而自己則往往不免支離之病。由內聖之學的規模看，兩方面的確不能齊頭並列，而必須建立主從關係。象山也不是真的要人完全不讀書，所謂六經皆我註腳的含意是，六經畢竟只是外在的跡，真正的基礎仍在每個人內在的千古不磨心上。由這一線索追溯下去，既以孟學為判準，則我不能不同意牟宗三先生以朱子為「別子為宗」的見解，同時也不能不反對朱子之批評陸子為禪，那是沒有充分根據的聯想。

但肯定象山為正統，並不意謂他的思想是不可以批評的。他在本質程序上了解正確，並不表示他在教育程序上也一定了解正確。先後天修養功夫必須同加重視，方是正理。但象山卻完全排斥後天功夫，未免把問題看得太易。朱子晚歲對象山乃嚴加批評，他說：

陸子靜之學，看他千般萬般病，只在不知有氣稟之雜，把許多粗惡底氣，都把做心之妙理，合當恁地自然做將去。(《朱子語類》卷一二四)

這樣的批評可謂恰中要害。同時象山把知行結合得太緊密，乃少曲通之效，以至門庭狹窄，開拓不出去。陸學之不能與朱學競爭，其來有自，決不是完全偶然的結果。到了明代，王學之興足可以與朱學抗衡，而王學末流之病乃恰與陸學末流之病如出一轍，由此不能不佩服朱子眼光之銳利。

但朱子硬要把象山的問題與禪宗拉在一起說，這是無謂的繚繞。後天漸教的功夫做到透，一樣可以體證本心。這明明是孟子的思路，但朱子始終因為有禪的忌諱，以致有一間之隔，不能不令人遺憾。而其中一個重要的關鍵是在，他不能真正重德性之知與聞見之知的分別，以至陷入泥淖之中。

由哲學理論的觀點看，我們在今日明白「實然」(IS)與「應然」(OUGHT)這兩個層次的差別。如果把格物窮理當作歸納的程序來看待，那麼的確是無法建立起有超越、普遍性的道德律的。此所以康德必須主張，即使純粹理性不能證明意志自由，它也得是實踐理性所要求的無可避免的基設(POSTULATE)，否則人類的道德生活便會完全沒有意義。康德到最後終不能不歸之於上帝的信仰，而中國的心性之學卻無須走如此迂曲的道路，儒者逕歸之於天道流行內在於每一個人的本心本性。這是中國哲學的一大貢獻，而這必須預設聞見之知與德性之知的分別。有關這一點，即伊川也能謹守勿失，只朱子順着先賢話頭隨口說過去，未能真

正重視這一分別的意義，以至始終難免支離、義外的牽累。陽明對於朱子的批判的確是有他不得不爾的苦衷，王學與朱學的對立也委實是有其必然性的。

但聞見之知與德性之知的關係並不像一般人想像的那樣簡單，故我們必須對之作進一步的反思。毫無疑問，由內聖之學的規模看，聞見之知不能不是第二義的。陽明說了幾句最有意味的話：「良知不由見聞而有，而見聞莫非良知之用，故良知不滯於見聞，而亦不離於見聞。」（《傳習錄》中，答歐陽崇一）

陽明的第一句話正好印證了前面所說的不能由實然引導出應然之旨，這確可以校正朱學對於兩方面不加分疏的缺失，但聞見之知決不是可以忽視的東西。我近來才慢慢明白，原來陽明已體認到，良知要具體實現，就離不開聞見之知。德性之知，也即良知，所要體現的乃是大人與生俱來的生生之德，這確不假外求，屬於宋儒所謂「理一」的層次。然而除了這一個層次之外，還必得有真正具體落實外在化的「分殊」的層次。朱子從學延平，受到延平最大影響的一句話就是：

> 吾儒之學，所以異於異端者，理一分殊也。理不患其不一，所難者分殊耳，此其要也。」（趙師夏跋《延平答問》）

朱子一生之所以能夠成其大，正在他之把精力的大部分放在分殊的探究上，不意反而在理一處卻不免虛歉，這是十分可憾的。陽明在校正了朱學的缺失之後，在原則上卻非不可以吸納朱學的精粹。由此可見聞見之知與德性之知之間有一高度辯證性的關係：

良知要眞正具體落實外在化，顯發其作用，就不能離開見聞。由陽明的指導理念來看，是不可能導出反智識主義來的。只有王學末流，不明白陽明的良知是歷經艱難由百死千難中得來，但說「現成良知」，馴至滿街皆聖人，這才陷落在反智論的窠臼之中而造成了人人詬病的那些禍害與流弊。

　　英時兄指出，明末蕺山也反對德性、聞見的分別❸。關於這一點，我也想作一補充。正由於蕺山強烈反對龍溪的蕩越，所以他處處都要故意反過來講。好像有關四句教的辯論，陽明原來的說法：「無善無惡心之體」本無過失，因至善超越善惡一類相對的形容詞，蕺山也完全明白這樣的道理；但蕺山爲了反對龍溪的四無說，就一定要反對這樣的說法❸。同樣，聞見、德性之分本來無過，而且在概念上有必要作出這樣的分疏。蕺山又是在反對王學末流那種只講現成良知、徹底排斥聞見的說法。英時兄由思想史的角度看，明末王廷相、劉宗周等是有反對作這樣的分別的趨勢，但他們所發展的卻未必是一套更好的哲學。

　　再繼續由思想史的角度來作一些觀察。明末王學末流之害人人可見，此不待言，但把一切壞的結果都歸之於王學的影響卻是過當之論。講思想史就要訴之於事實的根據，不能夠想當然耳。朱維錚就反對這種流行的看法，而指出明代熱衷吸收西學者如徐光啓輩大多有王學的背景，原因可能是朱學者傾向於守舊而王學者比較有主動創新的精神的緣故❸。

---

❸　同上，頁一三五。

❸　參拙著：《黃宗羲心學的定位》，頁四四～五五。

❸　參朱維錚：《走出中世紀》，上海人民出版社，頁一五九～一六二。

　　清代學術之轉向考據自決非憑空而起，英時兄指出，由理學到經學的發展有學術內在的原因，這樣的見解是深刻的。但他把視野過分放在讀書上面，以至未及討論與這些問題相關的其他方面，我在這裏願意略作補充。我認爲就一般而論，清初的智識主義雖有它內在的動力，但受到內外在因素的限制而未能走上一個健康的方向。一方面經世致用之學在異族統治之下難以得到正常的開展，另一方面智識的追求以考據爲歸止，這本身就含有某種反智的傾向。英時兄指出，「顏習齋是一個最極端的致用論者，而同時，他又是一個最徹底的儒家反智識主義者。」我們今日只能由他留下的文字略知其精神，英時兄感到這是一絕大的諷刺❸。與此相對，英時兄「以〔戴〕東原的哲學徹頭徹尾是主智的，這是儒家智識發展到高峰以後才逼得出來的理論。」❸我由這裏也看到了很深的吊詭性。習齋之致用變成了復古，一點也不實用，這固然匪夷所思，而東原之主智也不免引生出一些十分奇詭的結果。正如英時兄所指出的，東原本是個刺蝟型的思想家，卻把自己裝扮成一隻狐狸，他要講自己的一套哲學，卻出之以考據的方法。他著《孟子字義疏證》，巧言而辯，把孟子原有的超越精神完全講不見了。誠然這種內在一元的思路的確是時尙所趨，不是一個孤立的現象。但他講的已不屬於宋明理學的統緒，他把欲當作首出的概念，分明已經溢出主智主義的藩籬，建立了一個新的典範。我不否認，思想的發展有其連續性，但也有其創新性。由

---

❸　同註❷，頁一三九～一四〇。

❸　同上，頁一五三。

後一個角度看，馮友蘭講清初道學之繼續，正是他的沒分曉處。戴震是用一套徹底主智的方法去建造一套理寓於欲的非理性主義的哲學。而清代智識主義更嚴重的問題在，它並未能開出現代化的契機。問題的關鍵在，西方文藝復興以後，並不光是把眼光放在希臘古典上面，而是重新發現了自然，清代的考據卻一頭鑽進故紙堆內。閉關以後，國人對於世界地理的知識，還遠遜於明代。這是由智識主義的誤置所產生的反智識的效果。其實大理學家朱熹不論，即使王陽明也不廢學，他所反對的只是把博雅記誦之學當作本身的目的看待。而乾嘉的考證後來果然走上了這樣的自我異化的道路，難怪癡迷考據的段玉裁到晚年也會發出捨本逐末的感嘆❸❻。

　　到了今天，當代新儒家並沒有人反對智識，就是熊十力先生也不例外。良知與聞見的分別本身無過，但中國傳統過分偏重道德倫理，輕視自然知識，的確造成了令人遺憾的偏向。在今日要恢復傳統的睿識，不能不在同時對治這種偏向。事實上良知是屬於理一的層次；落實的道德倫理與自然知識則都是屬於分殊的層次；如何分別給與適當的分位，正是現代人需要好好努力加以思考的大問題。而當前西方由現代走向後現代，反而流行反智論的時尚，這是值得我們密切注意的現象。但這已溢出本文的範圍，只有留給慧心的讀者自己去探索與反省了。

---

❸❻　同上，頁一五三～一五五。

五、結　語

　　在一個國際朱熹的會議中，我卻提出一篇汎論宋明理學的文章，理由安在呢？關於朱熹哲學思想內部的問題，我已寫了很多，無意在此重複我以前已經討論的東西❸。但我對朱熹的了解還是要放進整個宋明理學的規模來理解。所以才有本文之作。讀完本文之後，讀者乃可以進一步印證我對朱熹一貫的看法。我認為朱熹的首要關懷是內聖之學，是宋明理學中一個重要的環節。但既以孟學為判準，那就不能不支持牟先生以朱子為「別子為宗」的論斷。不過朱子對現實人性的駁雜是有深刻的理解，幾乎可以預見王學末流的弊害。理學這一典範必肯定一超越的體證，其發展以黃宗羲為殿軍；重新繼承和發展這一條線索則有待於當代新儒家❸。在今日如果能夠深入了解良知與聞見之間的高度辯證關係，那就可以掌握儒家傳統的睿識，對於思想史發展的曲折過程乃至我們在當前面臨的抉擇，都會有相當重要的啟示。

　　（原刊於《國際朱子學會議論文集》，一九九三）

---

❸　我的《朱子哲學思想的發展與完成》在1984年出增訂版，在附錄中又收入了其他相關的文字。後來我又補寫了〈由朱子易說檢討其思想之特質、影響、局限〉《傳習錄》（臺北東吳大學哲學系，1989）。最近的一篇為〈朱熹的思想究竟是一元論或二元論〉，《中國文哲研究集刊》創刊號，1991，此文也已收入本書之內。

❸　當代新儒家有廣狹二義，廣義的當然可以包括註❸提到的那些人以及更多的學者，但此處所指是狹義的，專指由熊十力先生所開啟的那一條線索。

十三、朱熹的思想究竟是
一元論或是二元論？

一、引　言

　　朱熹的思想究竟是一元論或是二元論？學者聚訟不息，似無定論。各種說法固然言之成理，持之有故，但我覺得，如果能夠把觀點層次分開，許多矛盾衝突或者可以化除大半。我的意思是，由形上構成的角度看，朱熹是二元論，由功能實踐的角度看，朱熹是一元論；兩方面融爲一體，才能夠把握到朱熹思想的全貌。我著《朱子哲學思想的發展與完成》一書，曾經指出，朱熹所以主張二元論，目的是要保住理的超越性❶。但中國哲學以後的發展由王陽明以降都傾向於一元論的思想：理不外乎即乃是氣之理。這樣的思想自有其優勝性，但也有一項流弊，就是容易陷落在「內在」之中，而造成「超越」意義之減煞❷。朱熹晚年攻擊陸九淵的弟子誤把氣的夾雜也當作自然天理看待，這確涵著一種先見：他的批評恰好可以針對王門後學的蕩越。從工夫論的觀點看，朱熹的思想仍然是一個重要的參照系，不可輕忽過去。以下即根

---

❶　劉述先，《朱子哲學思想的發展與完成》（臺北：學生書局，增訂版，一九八四），第三章，〈朱子參悟中和問題所經歷的曲折〉，頁七一～一三八。

❷　劉述先，《黃宗羲心學的定位》（臺北：允晨，一九八六），頁二五～二九，七二～九〇，一一八～一一九，一六二～一七五。

據這裏所提出的線索檢討裏面所蘊涵的理論效果。

二、形上構成的二元論

由形上構成的角度看，朱熹的思想是主張一種理氣二元不離不雜的形上學，我曾經把他的思路作一概括性的綜述如下：

依朱子的思想，理是形而上的：理只「在」而不有，也就是說，理不是現實具體的存有，它乃是現實存有的所以然之超越的形上的根據。以此，理只是個淨潔空濶的世界，無情意、無計度、無造作、無作用。只有這樣的理是純善。但理要具體實現，就不能不憑藉氣。氣恰與理相對，乃是形而下者。氣本身並不壞，它是一必要的實現原理。但有了氣，就不能不有駁雜與壞滅，故也可以説氣是惡之根源，雖則惡並無它本身積極獨立之意義。理是包含該載在氣，正如性是包含該載在心，而心則有情意、有計度、有造作、有作用。故理之敷施發用在氣，又正如性之敷施發用在心。由此可見，理氣二元，不雜不離，互賴互依。從時間的觀點看，同時並在，不可以勉強分先後。但由存有論的觀點看，則必言理先氣後，因為有此理始有此物（氣），而無此理必無此物，故決不可以顛倒過來説。然而由現實的觀點看，則又因為理本身無作用，氣才有作用，故又可以説氣強而理弱。理氣二者之間既有如此錯綜複雜的關係，自難一言而盡，必須多方説明，始

能得其繁要。❸

朱熹這種見解肯定理、氣之間有十分緊密的關係，故不離；然而理自理，氣自氣，二者不可以互相化約，故不雜。我曾經大量徵引文獻來說明朱熹這種理氣二元不離不雜的形上學❹。這樣看來，由形上構成的角度看，朱熹是二元論，似乎應該是沒有問題的。然而也有學者持不同的意見，譬如張立文說：

一句話，「理」是第一性的，「氣」是第二性的。物質性的「氣」是由精神性的「理」決定的。如果認為朱熹是這樣來解決思維對存在，精神對自然界的關係問題的話，那麼，他便不是唯物論，二元論，也不是多元論，而是道地的理一元論的唯心論。❺

撇開唯心、唯物的問題不談，朱熹是不是理一元論呢？表面上看來這樣的說法也不無道理，因為朱熹的確說過：「有是理後生是氣。」（《朱子語類》卷一）明明理是本有的，氣是派生的，那麼朱熹當然是理一元論了。然而這種說法有一個致命的弱點，即忽視了「生」字的歧義，以至作出了錯誤的推論。生究竟是怎麼個生法呢？是像女人生孩子那樣地生嗎？如果是這樣的話，怎

❸　同註 ❶，頁二七〇。

❹　同上，第六章，〈朱子理氣二元不離不雜的形上學〉，頁二六九〜三五四。

❺　張立文，《朱熹思想研究》（北京：中國社會科學出版社，一九八一），頁二三四。

麼可以說理是無造作、無作用呢？豈不是令朱熹的思想陷於自相矛盾的境地嗎？若說理生氣，就生這一遭，以後就得靠氣來化生萬物，與理沒有關係，這樣的解釋合乎情理嗎？事實上也找不到文獻根據來支持這種解釋。在中國過去的思想家之中，朱熹的思想最有條貫，是深思熟慮的結果，下筆極有分寸，那麼怎麼會弄得這樣似乎模稜兩可，給後人增添了如許麻煩呢？一個主要的原因是，古人發揮自己的觀點，往往要藉資於古典，而朱熹宇宙論的思想是由周敦頤的〈太極圖說〉發展出來的。他用了許多表面上像周子的修詞，而實義不同，這才造成了麻煩的根源。牟宗三先生首先清澈地窺破了此間的秘密❻。周子〈太極圖說〉是假借太極圖來闡發他自己的創生的宇宙論的思想，茲將此文最前面的部分引在下面：

> 無極而太極。太極動而生陽。動極而靜，靜而生陰。靜極復動。一動一靜，互為其根。分陰分陽，兩儀立焉。陽變陰合，而生水火木金土。五氣順布，四時行焉。五行一陰陽也，陰陽一太極也，太極本無極也。

牟先生依周子《通書》解〈太極圖說〉，斷定在義理上本無問題。如以誠體之神解太極，則「無極而太極，太極動而生陽」兩語實即《通書》「靜無而動有」一語之引申。「靜無」即無極

---

❻ 牟宗三，《心體與性體㈠》（臺北：正中書局，一九六八），關於〈太極圖說〉有極透闢的解析，參頁三五七～四一五。

而太極，「動有」即太極動而生陽。誠體之「動而無動」非實是不動也，只是不顯動相而已！自迹而觀之，則動是動，靜是靜，是陰陽氣邊事。誠體神用在其具體妙用中，即在其順物之感應中，隨迹上之該動而顯動相，隨迹上之該靜而顯靜相。即神用即存有。如此解析則可符合孔孟《中庸》《易傳》之立體直貫型的道德創生之實義，也更能符合於「維天之命於穆不已」這一根源的智慧❼。

如果這樣的解釋不失周子原意的話，那麼象山兄弟對於〈太極圖說〉的懷疑是無據的，因為他們根本不了解周子這一系的思路。但奇怪的是，極力宣揚宣揚〈太極圖說〉的朱子，照牟先生的解析，也並不眞的了解周子的思路。牟先生指出：

朱子分解中之問題，不在理氣之分與理先氣後，乃在其對於太極之理不依據《通書》之誠體之神與寂感眞幾而理解之。朱子之理解是依據伊川對於「一陰一陽之謂道」之分解表示而進行。伊川云：「一陰一陽之謂道。道非陰陽也，所以一陰一陽道也。」又云：「離了陰陽更無道。所以陰陽者是道也，陰陽氣也。氣是形而下者，道是形而上者。形而上者則是密也。」此「陰陽氣，所以陰陽是道」之分解表象嚴格地為朱子所遵守。此思路很清楚很邏輯。……朱子……把超越的所以然之形式陳述所顯示的形上之理只看成是作為誠體內容之一的那個理，而心神俱抽掉而視為氣，如是超越的所以

---

❼　同上，頁三六〇～三六八。

然所顯示之形上之理遂成為抽象地「只是理」（但理），而道與太極遂不可為誠體，而只成了「只是理」，而「維天之命於穆不已」之智慧亦脫落而不可見。❽

朱子這樣的思路解「無極而太極」沒有問題，故與象山辯論時頭頭是道，但解「太極動而生陽」問題就很大，這是因為朱子解太極為但理，而依牟先生的理解：

此靜態的所以然之形上之理只擺在那裏，只擺在氣後面而規律之以為其超越的所以然，而實際在生者化者變者動者俱是氣。而超越的所以然之形上之理卻並無創生妙運之神用。此是朱子之思路也。❾

牟先生引朱子〈太極圖解〉原文並詳加解析以證成他的想法，我們在此只須略引朱子的圖解兩段即可知其梗概：

○、此所謂無極而太極也。所以動而陽靜而陰之本體也（原註：太極理也，陰陽氣也。氣之所以能動靜者，理為之宰也。）。然非有以離乎陰陽也（原註：道不離氣），即陰陽而指其本體（原註：器中之道），不離乎陰陽而為言耳。（原註：道是道，器是

---

❽　同上，頁三六九。
❾　同上，頁三七○。

器。以上三句要離合看之，方得分明。）。❿

蓋太極者，本然之妙也。動靜者所乘之機也。太極、形而上
之道也。陰陽、形而下之器也。是以自其著者而觀之，則動
靜不同時，陰陽不同位，而太極無不在焉。自其微者而觀之，
則沖穆無朕，而動靜陰陽之理已悉具於其中矣。雖然，推之
於前，而不見其始之合，引之於後，而不見其終之離也。故
程子曰：動靜無端，陰陽無始，非知道者，孰能識之？⓫

由以上兩段引文就可以看出牟先生眼光之銳利，朱子是以自
己那一套理氣二元不離不雜的思想來解〈太極圖說〉。朱子平時
很少說「理生氣」一類的話，往往都是套在周子的宇宙論的格局
之下才作這樣的表述。然而「理生氣」在他的思想框架之內只能
理解為，在超越的（生）理的規定之下，必定有氣，才有具體實
現之可能。故「理生氣」只是虛生，「氣生物」才是實生，兩個
「生」字斷不可混為一談。此所以朱子必強調：「天下未有無理
之氣，亦未有無氣之理。」（《語類》卷一）

我曾經加以闡釋曰：

理和氣同時並存，無分先後，故由宇宙論的觀點言孰生孰後
乃一無意義的問題，是由形上學的觀點看始可以說理先氣後。⓬
朱子的意思是說理是一切具體存有的超越的形而上的根據，

---

❿　同上。

⓫　同上，頁三七四。

⓬　同註❶，頁二七四。

有了這樣的根據才能有氣的具體存在，然而脫離了氣卻又無法談它的超越的形而上的根據。理氣是兩層，故決不可混雜，二者之間是微妙的不離不雜的關係。⑬

具體的存在物有成有毀，但形上的理卻無生滅。且必有此理，始有此物。山河大地陷了，還是有此理；天地未判時，亦已有此理。若根本無此理，自也不可能有是氣。有是氣，是因為有此理；不是因為有是氣，而後才有此理。在這一意義之下，我們乃必須說理先氣後。⑭

純由現象觀察很難斷定理氣之先後，但考慮到形而上的根據問題，似乎不能不說是氣依傍理而行。實際的生滅靠氣，而所以有實際的生滅卻靠理。理無作為，只氣才有實際作為。但因為有此理方有是氣，在這一特殊的意義之下，乃也可以說理生氣。⑮

有理便有氣流行，……在這一意義之下，朱子的理是一生理。但理並不直接發育萬物，是此氣在流行發育。沒有理，固然沒有萬物，但沒有氣，一樣沒有萬物。只不過有了理，就必有此氣流行。理氣之間的不離不雜關係清晰可見。⑯

為了節省篇幅，我把文獻的徵引減免了，讀者要有興趣，可以去查閱我的書。老實說，如果真正了解朱子的思路，說他的思想是一元論或二元論都無關緊要，因為這些都是由西方哲學借來的詞語。但一元論的說法比較容易引起誤解，把理當作本有的，氣當作派生的，很容易把「理生氣」的「生」字解為實生，那就

---

⑬　同上，頁二七五。

⑭　同上。

⑮　同上，頁二七六～二七七。

⑯　同上，頁二七八。

犯下了致命的錯誤。而朱子以太極爲理，屬形而上者，陰陽爲氣，屬形而下者。天壤間自來便有理這樣的形構原理，氣這樣的實現原理，在超越的理的規定之下，氣在實際上絪縕交感、化生萬物，二者之間的關係是既「不相離」，也「不相雜」，這是朱子本人用的詞語 **⑰**。而朱子堅持：

> 所謂理與氣，此決定二物。但在物上看，則二物渾淪不可分開各在一處。然不害二物之各為一物也。**⑱**

由這樣看，理氣雖在實際上不可分，但理自理，氣自氣，二者決不可以互相化約，這是朱子一貫的思想。故由形上構成的角度看，朱子主張理氣二元不離不雜的思想是不容辯者，有關這個問題的討論就到這裏爲止。

三、功能實踐的一元論

如果我們光由形上構成的角度講朱子的二元論，顯然不足以盡朱子思想的全貌，而且過分強調這一方面，也一樣可以引起嚴重的誤解。由上面的討論已經可以看出，在朱子的思想之中，理氣二者雖是二元，彼此之間卻有一種非常密切的互相依賴互相補足的關係。這種理氣二元不離不雜的思想與我們一般熟知的西方

---

⑰　《文集》卷三十七〈答程可久〉十書之第四書。

⑱　《文集》卷四十六〈答劉叔文〉二書之第一書。

的二元論的思想，理論效果完全不同。舉例來說，柏拉圖的二元
論嚴分理型與事物，於是產生彼此分離的問題，無論用參與說、
呈現說、模仿說都難以解決理論的困難。這是因爲柏拉圖由靜態
的共相與殊相的角度來看問題，一與多、同與異、靜與動，對立
而統一不起來，乃找不到解決問題的出路。朱子的思想卻採取理
一而分殊的方式，故人人一太極，物物一太極；理氣之間自然融
一，互補互依；道器相即，形上穿透在形下之中；兩方面既沒有
加以人工的割裂，在功能上互相融貫，根本就不產生彼此分離的
問題。李約瑟極贊朱子的有機思想。通過這種有機的方式，無論
是理與氣、心與性、道與器，都依循伊川所謂「體用一源、顯微
無間」的原則，融爲一體。由功能實踐的角度看，也不妨可以說
是一種一元論的思想。這種思路與希臘哲學完全拉不上關係，而
近人卻要用柏拉圖的共相來解釋朱熹的理，妄生穿鑿，要把中國
式境界型態的思想化爲西方式實有型態的思想，實未見其是。而
希臘的思想外延的廣句與內容的豐富適成反比，形式的推演終無
與於實存的體證，這樣焉能繼承中國傳統的睿識！

　　再有笛卡兒的心物二元論，笛卡兒認爲心物是兩個不同的實
體，心的屬性是思想，物的屬性是廣延，二者之間沒有一點相似
之處。故此心物之間的交感乃成爲問題，最後不能不訴之於上帝
才能解釋心物交感的現象。由於心物都是上帝創造的，那麼只有
上帝是本有的，心物都是派生的，我們是否也只能說笛卡兒的思
想是一元論呢？事實上只要心物各有不同屬性，彼此不能化約，
就可以說他是二元論的思想。這樣看來，顯然沒有充分的理由不
許我們稱朱子是二元論的思想。但在功能實踐的層次上，笛卡兒

仍然堅持二元論的立場，以至心物的交感成爲問題。這種二元論是中國傳統之中所缺乏的東西。中國思想從來沒有在心與身、知與行、理論與實踐之間劃下一道鴻溝。朱子也一樣要講一貫之道，故由功能實踐的角度看，也不妨可以說他是一元論。錢穆先生的立論應該由這一個角度去理解。他說：

> 朱子論宇宙萬物本體，必兼言理氣。氣指其實質部分，理則約略相當於寄寓在此實質內之性，或可說是實質之內一切之條理與規範。朱子雖理氣分言，但認爲只是一體渾成，而非兩體對立。此層最當深體，乃可無失朱子立言宗旨。⑲

又說：

> 把理氣拆開說，把太極與陰陽拆開說，乃爲要求得對此一體分明之一種方便法門。不得因拆開說了，乃認爲有理與氣，太極與陰陽爲兩體而對立。
> 理與氣旣非兩體對立，則自無先後可言。但若人堅要問個先後，則朱子必言理先而氣後。……但朱子亦並不是說今日有此理，明日有此氣。雖說有先後，還是一體渾成，並無時間相隔。唯若有人硬要如此問，則只有如此答。但亦只是理推，非是實論。……
> 必要言天地本始，朱子似無此興趣，故不復作進一步的研尋。

---

⑲　錢穆，《朱子新學案㈠》（臺北：三民書局，一九七一），頁三六。

太極卽在陰陽之內，猶之言理卽在氣內。一氣又分陰陽，但
陰陽亦不是兩體對立，仍只是一氣渾成。若定要說陰先陽後，
或陽先陰後，朱子亦並不贊許。

但旣如此，為何定不說氣先理後，理不離氣，有了氣自見理，
太極卽在陰陽裏，有了陰陽也自見太極，因若如此說，則氣
為主而理為附，陰陽為主而太極為副，如此則成了唯氣論，
亦卽是唯物論。宇宙唯物的主張，朱子極所反對，通觀朱子
思想大體自知。

但旣曰理為本，又曰理先氣後，則此宇宙是否乃是一唯理的，
此層朱子亦表反對。……

朱子之學，重在內外本末精粗兩面俱盡，唯理論容易落虛，
抹殺實事，朱子亦不之許。……

以上見朱子之宇宙論，旣不主唯氣，亦不主唯理，亦不主理
氣對立，而認為理事只是一體。唯有時不如此說，常把理氣
分開。……所以理氣當合看，但有時亦當分離來看。分離開
來看，有些處會看得更清楚。❷⓿

錢先生總結說：

朱子理氣論，實是一番創論，為其前周張二程所未到。但由
朱子說來，卻覺其與周張二程所言處處脗合。只見其因襲，
不見其創造。此乃朱子思想之最偉大處，然亦因此使人驟然

---

❷⓿　同上，頁三七～四〇。

難於窺到朱子思想之真際與深處。 ㉑

　　錢先生是史家，重點不是放在概念的清晰性上面，但他拒絕把西方哲學的範疇強加在朱子的思想之上，而強調理氣之一體渾然，顯然是由功能實踐的角度立論。但錢先生既承認理寄寓於氣，就不能不承認在形上構成的角度朱子是二元論的思想。然而這不是他的重點所在。由功能實踐的角度看，他否定朱子是唯氣論、唯理論、理氣對立論，那就只能是理氣一體渾成的一元論思想。而朱子這種功能實踐的一元論並不矛盾於他的形上構成的二元論，事實上只有兩方面合看，才能得到朱子思想的全貌。

　　然而有趣的是，錢先生對朱子佩服得五體投地，乃說他表面上是因襲，其實是創新，對他毫無保留，頌揚備至。牟先生卻說他表面上是因襲，其實已由周張、明道的線索脫略了開去，只是繼承伊川，發展了自己的一條思路，結果造成了「別子為宗」的奇特現象㉒。二位先生對於朱子的評價完全不同，但對於他在宋明理學與中國思想史上的地位，則不能不加以肯定。在儒家思想發展的過程中，朱子是孔孟以後一人，這恐怕是任何人都不能否認的公論。

　　朱子功能實踐的一元論的義蘊又不限制在宇宙論的範圍以內，它在心性論上也發生了重大的影響。依朱子，性是理，心是氣之精爽者，心與性的關係是，心包具衆理，用朱子自己的話來說，

㉑　同上，頁四一。
㉒　同註❻，頁四二～六〇。

「性是理，心是包含該載敷施發用底。」（《語類》卷五）很明顯地，由形上構成的角度看，心性是二元，但由功能實踐的角度看，卻又是一元。朱子說：

> 心之全體，湛然虛明、萬理具足、無一毫私欲之間。其流行該徧、貫乎動靜、而妙用又無不在焉。故以其未發而全體者言之，則性也。以其已發而妙用者言之，則情也。然心統性情，只就渾淪一物之中，指其已發未發而為言爾，非是性是一個地頭，心是一個地頭，情又是一個地頭，如此懸隔也。
>
> （《語類》卷五）

朱子認為，理氣在正常的情況下彼此融為一體，但理純善，氣機鼓盪卻可以為惡，心性之間也要作如是觀。故他也可以道性善，因義理之性純善，但氣質之性以及人的情慾，若不加以統御，卻可以為惡。因此心在朱子的思想之中實佔一樞紐性的地位，心以理御情，乃可以令喜怒哀樂之情發而皆中節。由此可見，朱子所言之心為一經驗實然之心，它與理的關係是當具，不是本具，必須通過後天的修養工夫才可以使心與理一。心而不宰即可以為惡。《文集》卷三十九〈答許順之〉有云：

> 心一也。操而存則義理明而謂之道心，舍而亡則物欲肆而謂之人心（原註：亡不是無，只是走出逐物去了。）。自人心而收回便是道心，自道心而放出便是人心。頃刻之間。恍惚萬狀，所謂出入無時，莫知其鄉。（〈答許順之〉二十七書之第

十九書）

　　朱子正是由制心繼承了古文尚書十六字心傳所謂：「人心惟危，道心惟微，惟精惟一，允執厥中」，而建立了道統的❷❸。他又把存心和窮理關連在一起。《孟子・盡心章・注》曰：

> 心者人之神明，所以具眾理而應萬事者也。性則心之所具之理，而天又理之所從以出者也。人有是心，莫非全體。然不窮理，則有所蔽，而無以盡乎此心之量。故能極其心之全體而無不盡者，必其能窮夫理而無不知者也。既知其理，則其所從出亦不外是矣。以《大學》之序言之，知性則物格之謂，盡心則知至之謂也。

　　這個注是朱子晚年成熟的見解，不只用《大學》的架局來釋《孟子》，而且倒轉了盡心知性的次序，明言盡心由於知性。朱子這樣的說法和他在〈大學章句・格物補傳〉所表達的意思是完全一致的，他說：

> 必使學者即凡天下之物，莫不因其已知之理而益窮之，以求至乎其極，至於用力之久，而一旦豁然貫通焉，則眾物之表裏精粗無不到，而吾心之全體大用無不明矣。

---

❷❸　參拙著有關朱子建立道統的理據之分析，同註❶，頁四一三～四二七。

　　朱子這種說法不能將之直解爲人可以像上帝那樣的全知，他所說的正是一種心理合一的境界。而這是朱子功能實踐的一元論的一個重要意涵。

四、漸教的修養工夫論

　　我一向認爲，朱子的思想是因爲在修養上遇到困難，感到氣機鼓盪難以收攝，這才在參悟中和的過程之中，逼出了超越的理的觀念❷。以後才發展完成他心性情的三分架局以及理氣二元不離不雜的形上學。朱子在修養上面下了不少工夫，體會極深。他講治心，謂：

> 心只是一個心，非是以一個心治一個心，所謂存，所謂收，只是喚醒。（《語類》卷十五）

他駁佛者的〈觀心說〉，曰：

> 夫心者，人之所以主乎身者也。一而不二者也。爲主而不爲客者也。命物而不命於物者也。故以心觀物，則物之理得。今復有物以反觀乎心，則是此心之外復有一心，而能管乎此心也。然則所謂心者爲一耶？爲二耶？爲主耶？爲客耶？爲命物者耶？爲命於物者耶？此亦不待教而審其言之謬矣。…

---

❷　同上，頁七一～一一一。

若盡心云者，則格物窮理廓然貫通而有以極夫心之所具之理也。……是豈以心盡心，以心存心，如兩物之相持而不相舍哉。……

大抵聖人之學，本心以窮理，而順理以應物，如身使臂，如臂使指，其道夷而通，其居廣而安，其理實而行自然。釋氏之學，以心求心，以心使心，如口齕口，如目視目，其機危而迫，其途險而塞，其理虛而其勢逆。蓋其言雖有若相似者，而其實之不同，蓋如此也。然非夫審思明辨之君子，其亦孰能無惑於斯耶。（《文集》卷六十七）

朱子又有答門人廖子晦一長書，亦斥當時學者做工夫之不當，並闢所謂洞見全體之說㉕。因文長不錄，只引《語類》卷一一三數條以指點此間問題癥結之所在：

安卿問：前日先生與廖子晦書云：道不是有　個物事閃閃爍爍在那裏。固是如此。但所謂操則存、捨則亡，畢竟也須有個物事。曰：操存只是教你收歛，教那心莫胡思亂量，幾曾捉定有一個物事在裏。又問：顧諟天之明命，畢竟是個什麼？曰：只是說見得道理在面前，不被物事遮障了，立則見其參於前，在輿則見其倚於衡，皆是見得理如此。不成是有一塊物事光暉暉地在那裏。

廖子晦得書來云：有本原，有學問。某初不曉得，後來看得

㉕　《文集》卷四十五〈答廖子晦〉十八書之第十八書。

他們都是把本原處是別有一塊物來模樣。聖人教人，只是致知格物，不成真個是有一個物事，如一塊水銀樣，走來走去？那裏這便是禪家說，赤肉團上，自有一個無位真人模樣。

以前看得心只是虛蕩蕩地，而今看得來湛然虛明，萬物便在裏面。向前看得便似一張白紙，今看得便見紙上都是字。廖子晦們便只見得是一張紙。

朱子晚年工夫做得深了，才能講得出這樣的說話。朱子所成就的是一個實在論的型態，心必須摸捉得實理。他所建立的是一套「致知格物窮理」漸教的修養工夫論。由教育程序的觀點來看，從小學的灑掃應對進退開始，涵養（敬）做頭，繼之以致知，力行，這是一條十分穩妥的道路 ❷❻。但這樣的進路並不是完全沒有問題，由朱陸異同的一重公案乃可以看得明白 ❷❼。

由本質程序的觀點看，真正要自覺作道德修養工夫，當然首先要立本心。如果問題在教人作自覺的道德修養工夫，那麼做小學的灑掃應對進退的涵養工夫，讀書，致知窮理至多不過是助緣而已，不足以立本心。鵝湖之會二陸舉詩，完全是孟子學的精神。象山所謂：「易簡工夫終久大，支離事業竟浮沉」，並不是無的放矢，的確有他的堅實的根據。朱子對他們「盡廢講學，專務踐履」的偏向有所憂慮是不錯的，但以之「將流於異學而不自知」

❷❻　參拙著，同註 ❶，頁一一五～一三七。
❷❼　參拙著，同上，頁四二七～四七〇。

而聯想到禪，則是無謂的❷。其實朱子也自知自己的進路是有不足之處的，他說：

> 大抵子思以來，敎人之法唯以尊德性、道問學兩事為用力之要。今子靜所說專是尊德性事，而熹平日所論，卻是道問學上多了。所以為彼學者多持守可觀，而看得義理全不仔細，又別說一種杜撰遮蓋，不肯放下。而熹自覺雖於義理上不敢亂說，卻於緊要為己為人上，多不得力。今當反身用力，去短集長，庶幾不墮一邊耳。（《文集》卷五十四〈答項平父〉八書之第二書）

朱子此函等於承認了自己的進路確有支離之病，後來給象山函更坦承了這一點，而謂：

> 所幸邇來日用工夫頗覺有力，無復向來支離之病。甚恨未得從容面論，未知異時相見尚復有異同否耳？（《文集》卷三十六〈答陸子靜〉六書之第二書）

朱子的態度要去短集長是不錯的，但他對於象山的批評則不稱理。象山先立其大，乃由孟子而來，何來杜撰？而象山乃明白拒絕朱子的調停，他說：

---

❷ 同上，頁四三四～四三五。

朱元晦欲去兩短，合兩長。然吾以為不可，既不知尊德性，馬有所謂道問學。（《象山全集》卷三十六）

從聖學的立場看，象山是不錯的，朱子的進路確可以一輩子都只是依仿假借。先天之學也可以立工夫論：先立其大，乃不會為小者所奪。朱子並不是完全不明白這一層道理，故曰：

近來自覺向時工夫，止是講論文義，以為積集義理，久當自有得力處，卻於日用工夫全少點檢。諸朋友亦只如此做工夫，所以多不得力。今方深省而痛懲之，亦願與諸同志勉焉。

（《文集》卷四十四〈答吳茂實〉二書之第一書）

但象山的偏向也是有毛病的。若教人是指一般的教育程序而言，劈頭就講本心，那麼人根本摸不到頭腦，只有隨事指正為是。在事實上，即明道這樣的大儒，也要出入佛老幾十年，才能夠悟到吾道自足。而且立本心德性之知，也並不是要人盡廢見聞，象山當時立言乃不免太過。連陽明與陳九川談論陸子之學也要說：「只還粗些。」（《傳習錄》下）他直指本心，乃完全不能以分解的方式講義理，也完全忽略了後天做工夫遭逢到的種種艱難。以後陸學的流弊顯發出來，朱子乃鳴鼓而攻。《語類》中材料多抨擊象山，口說之間，更無保留，此處只錄一條，即可見其梗概。

禪學熾則佛氏之說大壞。緣他本來是大段著工夫收拾這心性，今禪說只恁地容易做去。佛法固是本不見大底道理，只就他

本法中是大段細密，今禪説只一向粗暴。陸子靜之學，看他千般萬般病，只在不知有氣禀之雜，把許多粗惡底氣，都把做心之妙理，合當恁地自然做將去，向在鉛山，得他書云，看見佛之與儒異者，止是他底全是利，吾儒止是全在義。某答他云：公亦只見得第二著。看他意只説吾儒絕斷得許多利欲，便是干了百當，一向任意做出，都不妨。不知初自受得這氣禀不好，今才任意發出許多不好底，也只都做好商量了。只道這是胸中流出自然天理，不知氣有不好底夾雜在裏一齊滾將去，道害事不害事！看子靜書，只見他許多粗暴底意思，可畏。其徒都是這樣，才説得幾句，便無大無小，無父無兄。只我胸中流出底是天理，全不著得些工夫。看來這錯處只在不知有氣禀之性。（《語類》卷一二四）

然而陸學從未居主導地位，故其流弊並未蔓延氾濫。到明末王學末流，乃有以人欲為天理，馴至滿街皆聖人，正坐朱子所斥責的弊病。由此可見，朱子漸教的修養工夫論之不可廢，它仍然是一個重要的參照系，不可輕忽過去。當然朱子本人的思想也有其偏向，他因少年習佛，後來對禪形成一種忌諱，竟把所有直貫型的思想都當做禪，這是沒有根據的説法。事實上王學的興起正因針對朱學支離的流弊而起。陽明反對朱子二元的思想，倡心即理、知行合一之説。中國哲學以後的發展由陽明以降都傾向於一元論的思想：理不外乎即乃是氣之理。這樣的思想自有其優勝性，也較接近孟子思想。但也有一項流弊，就是容易陷落在「內在」

之中，而造成「超越」意義之減煞❷。其實在陽明本人，超越的體證尚未失墜，他對於修養工夫論也有比較持平的看法，此見之於「天泉證道」之一公案，陽明的弟子王龍溪（汝中）主頓悟，錢緒山（德洪）主漸修，陽明爲他們開解，說：

> 二君之見正好相資爲用，不可各執一邊。我這裏接人，原有此二種。利根之人直從本源上悟入。人心本體原是明瑩無滯的，原是個未發之中。利根之人一悟本體，卽是功夫，人己內外一齊俱透了。其次不免有習心在，本體受蔽，故且敎在意念上實落爲善去惡功夫，熟後渣滓去得盡時，本體亦明盡了。汝中之見是我這裏接利根人的，德洪之見是我這裏爲其次立法的。二君相取爲用，則中人上下皆可引入於道。若各執一邊，眼前便有失人。便於道體各有未盡。（《傳習錄》下）

然後又說：

> 以後與朋友講學，切不可失了我的宗旨。無善無惡是心之體，有善有惡是意之動，知善知惡的是良知，爲善去惡是格物。只依我這話頭，隨人指點，自沒病痛。此原是徹上徹下功夫。利根之人，世亦難遇，本體功夫一悟盡透，此顏子明道所不敢承當，豈可輕易望人。人有習心，不敎他在良知上實用爲

---

❷　對於這個問題，在拙著：《黃宗羲心學的定位》之中有較詳細的討論，同註❼。

善去惡功失，只去懸空想個本體，一切事爲俱不著實，不過養成一個虛寂，此個病痛，不是小小，不可不早說破。（同上）

由此可見，陽明想把象山、朱子的頓、漸所教都吸納在他的思想之中，分別有其定位 ❸。要挑剔一點說，陽明仍然語有未瑩，因爲即在個人，兩種工夫也是相資爲用，並不是互相排斥的。事實上在修養工夫上，儒家旣需要象山的先天工夫先立本心，又需要朱子的後天工夫格物窮理，才能兼顧理想主義與現實主義的兩個層面。可惜的是這樣的規約原則常常做不到，往往滑落一邊，造成了偏向的結果。故必須常惺惺，保持不斷批判的精神，才能使超越的規約原則在現實上發揮其應有的作用。

（原刊於《中央研究院中國文哲研究集刊》創刊號

九九‥、三，）

---

❸　參拙作：〈論陽明哲學之朱子思想淵源〉，同註 ❶，頁五六六～五九八。

第 三 部
世界文化的觀摩比較

十四、有美國特色的
當代美國宗教哲學

一、當代美國宗教哲學的源流與特色

在這篇文章中，我並無意討論當代美國宗教哲學所有的各個流派，只討論我認為最能夠反映出當代美國哲學特色的少數幾個流派的思想。

西方思想發展到文藝復興以後，已經有日益著重現世的傾向，這樣的傾向在美國哲學尤其表現得格外明顯。一般公認有六位古典美國哲學家：皮爾士（Charles Sanders Peirce，一八三九～一九一四），詹姆士（William James，一八四二～一九一〇）羅一士（Josiah Royce，一八五五～一九一六），杜威（John Dewey，一八五九～一九五一），懷德海（Alfred North White-head，一八六一～一九四七），與桑他耶那（George Santa-yana，一八六三～一九五二）。其中皮爾士、詹姆士、與杜威，可以劃歸實用主義的陣營。羅一士雖然是唯心論者，但因他與詹姆士在哈佛長期同事的緣故，也吸收了許多實用主義的觀點。懷德海是英國人，他本來是數學家，由於被邀請到哈佛以後才有系統地講哲學，所以美國人也視他為美國哲學家；他發展了一套所謂「過程哲學」（Process Philosophy），與杜威的思想很有一些相通的地方。桑他耶那雖然出身哈佛，任教哈佛，但他與周圍的氣氛反而格格不入，到了晚年辭去教職，定居西班牙。他的哲

學自成一家，很難給與適當的描述，無論如何他是一位實在論者，簽署過批評的實在論者的宣言，與當時潮流也不是完全沒有互相呼應的地方。

雖然詹姆士寫了《宗教經驗之種種》（ *The Varieties of Religious Experience* ），羅一士寫了《哲學的宗教方面》(*The Religious Aspect of Philosophy*)，但是他們對於日後美國宗教哲學的發展，似乎並未發生深遠的影響。或者因為詹姆士著書是由心理學的觀點，對於神學的衝擊力不大；而羅一士的上帝觀則比較接近傳統，未能突破舊有的藩籬，所以沒有特別引起後人的重視。

反而杜威，一般公認為自然主義者，由於他對美國哲學的一般風氣有很大的影響，不期而然對於能夠反映出美國哲學特色的宗教哲學的發展，也產生了相當份量的影響。最有趣的是，懷德海，一個外國人，因為提出了新穎的生成變化的上帝觀念，對美國宗教哲學與神學反而有巨大的衝擊。由他的「過程哲學」得到啓發，美國產生了一股「過程神學」（ Process Theology ）的潮流，很能夠表現出美國思想的特色。

總結起來說，第一，美國思想着重經驗，但不是休謨式的原子經驗，而是生物機體的整合經驗。其次，美國哲學着重過程，對於永恒缺乏感應。最後，美國文化有強烈的俗世化的傾向。這些特色都反映在美國宗教哲學與神學的思想之上。

在這篇文章之內，我提議首先對杜威與懷德海有相關性的思想，作一番簡略的介紹。然後對魏曼（ Henry Nelson Wieman, 一八八四～一九七五 ）的「經驗神學」（ Empirical Theology ）

與赫桑（Charles Hartshorne）的「過程神學」（Process Theology） 作比較詳細的闡述；其次討論尼布（Niebuhr）兄弟：理查（H. Richard）與萊恩哈（Reinhold） 的存在主義的神學思想；然後要談一談哈維・柯克斯（Harvey Cox）在《俗世之城》（*The Secular City*）一書中提出的主要論旨。最後才作一些簡短的總結以結束全文。

二、杜威的宗教性的體驗

　　杜威自稱爲自然主義者，一般認爲宗教情懷十分薄弱，但並未將宗教的價值完全排除在他的哲學以外。他曾著《一個共同的信仰》（*A Common Faith*）一書，承認現實人生有種種的缺陷與限制，儘可以有無窮的理想與嚮往，這就是宗教經驗的根源。但他堅決反對超自然主義與傳統宗教觀念之中一些違反科學的觀念，艾慕士（S. Morris Eames）對於杜威的宗教價值觀有一扼要的撮述：

　　　對杜威來說，並沒有一種隔離的「宗教的」情操。人對生命有整體的反應，這些反應即構成一個人的宗教的意義。不可見的、目標與理想是有真實性的。但杜威和詹姆士一樣，反對單獨由超自然主義來界定宗教性。杜威之分析宗教（re-ligion）與宗教性（the religious），首先指出，超自然主義者與無神論者都接受了上帝是超自然的定義，只不過一方面肯定上帝的存在，而另一方面則拒絕這樣的信仰。杜威認爲，我們應該把經驗中真正宗教的成分，與傳統的符號、信

仰、儀式、及機構分離開來。他認為，「宗教性」一詞應該指經驗的一種性質，因為宗教的性質常常為包圍着它的許多信仰、教條、儀式、以及習俗的慣例弄得模糊了。尤有進者，他主張，「一個宗教」通常包含有關世界與超世之信仰，但是這些信仰現在已顯示出來並沒有科學地位。人類學、語言學、與歷史，已經破壞了有關自然的一些特別的說法以及許多世界宗教的基礎。比較研究指出，在宗教信仰之內，乃至有關諸神或上帝的觀念，根本就沒有公分母。

為了更鮮明地對比宗教性與宗教的區別，杜威說，吾人可以把「宗教性」當作一個形容詞，「宗教」當作一個實名詞。「宗教性」的形容詞只指謂一種經驗的性質，不指任何特定的存有，也不信任何制度組織，或者信仰系統。宗教性乃是對於整個生命的一種態度。生命的全體有一個道德的向度，但牽涉到的不只是道德，也包含理智與情感的向度。經驗的宗教面牽涉到現存的與理想的。然而理想並不是浪漫的幻想，或某種絕對，或某種由自然的根切開的抽象概念。實際與理想，需要與目標，手段與目的之間的關係是要緊的。如何使理想成為實際，如何使需要與欲望對應於可欲的目標，如何使目的與手段連貫起來——這些活動牽涉到整個自我的方向，以及自我所想像的宇宙。如何去探索、計劃、控制，把生命的所有各方面融為一個綜合的整體，乃是人類面對的最富有挑戰性的問題。每當這樣的整體時刻得以成就時，個體就是宗教的。另一方面，一個個體可以過分崩離析的生活，根本沒法子把一部分的經驗與其他部分的經驗關連起來，也沒

法子把整體的自我與一個人生活與活動的整個世界關連在一
起；在這種情形下，有宗教性質的經驗整體就沒有產生出來。
杜威認為，自然和經驗是一系列的過程、功能關係。一旦了
解此一人生觀與人性觀，杜威以下的話乃指向「宗教性」的
新釋：「上帝」的觀念代表一種理想價值的統一，其根源在
本質上是想像的，只不過當想像付之實行時，不免充斥了語
言上的困難，因為一般用語是把「想像」這個字去指謂幻想
或可疑的事實。但是理想目的之作為理想的真實性，是由它
們在行動上不可否認的力量所保證的。理想並非幻覺，因為
想像是了解理想的機括。一切可能性，都是通過想像方能把
握。在一種確定的意義下，唯一可以指派給「想像」一詞的
意思是，未落實的事物可以莅臨，而且有力量鼓動我們。通
過想像所獲得的統一並不是幻想，而是實用與情感的態度的
統一的反射。統一並非意謂單一的存有，而是由鼓動和抓住
我們的理想或想像的性質的力量，下令許多目的結合成為一
體的事實，所引發的忠心與努力的統一性。

在另一重要段落，杜威又說：這些考慮可以應用到上帝的觀
念之上，或者，為了避免誤解，不如說是神聖者的觀念。這
個觀念，正如我所說，乃是通過想像的體認與投射而統一的
一種理想可能性。但是這一上帝或神聖者的觀念，也與所有
一切自然的力量和條件相關，包括人和人的團體在內，促進
了理想的生長並幫助其完成實現。我們所面對的，既非徹底
落實的理想，也非無根的空想、幻思、烏托邦一類的理想。
自然與社會中有產生和支持理想的力量，它們進一步為行動

所統一，給與它們融貫性與堅實性。就是這種連接理想與實際的主動關係，我稱之為「上帝」。我並不堅持一定要用這個名詞。有人主張，此詞與超自然的聯想既繁多而緊密，只要一用，就必定會產生誤解，認為這是對於傳統觀念的讓步。

杜威以上這兩段話引起了相當的爭議。他有一些追隨者認為，杜威根本不該用「上帝」這個字，因為和傳統的超自然主義有太多的關連。有人解釋杜威為人文主義者，這一點杜威本人否定。他說自己是自然主義者。二者的分別在，前者以理想純粹是人的想像的投射，而後者主張「自然與社會中有產生和支持理想的力量。」杜威本人思想的系絡，似乎在嘗試把「上帝」一詞由傳統的關連解救出來。試着開創一條道路，為真正宗教性的本質，找新穎、有創發性的睿見。

杜威指出，並沒有一種特別的、分離的經驗叫做「宗教」經驗，好像經濟、政治、審美一類的經驗那樣。把「宗教性」從視之為一種分離的經驗部門的觀點解脫出來，杜威試着把它當作許多不同種類經驗的一種性質看待。由這一觀點看來，宗教的性質可以普遍地由家庭生活、經濟生活、政治生活、與社會生活發生出來。只要理智、道德、審美的統一出現，把個人與自己、與他人、與世界連成一氣，宗教的性質就會在經驗的各個方面發生。 ❶

---

❶ 我的譯文，譯自 S. Morris Eames, *Pragmatic Naturalism* (Carbondale : Southern Illinois University Press, 1977)，頁一七七～一八〇。艾慕士是杜威哲學的專家，我曾經上過他的課，不幸他已在不久以前逝世。這裏我選譯他講杜威宗教價值觀的段落，恰正是紀念艾慕士教授的一種表現。

三、懷德海的生成變化的上帝觀念

杜威對於宗教性的理解無疑影響到魏曼的經驗神學，不把上帝當作一種超自然的存有，而是在自然以及人文世界之中發生作用的力量。但是他的上帝觀畢竟講得太過簡略，顯然不足。而懷德海在他宇宙論大系統之中，却發展了一套有關上帝的新穎觀念，所謂上帝的「原初性」（ Primordial Nature ）與「後得性」（ Consequent Nature ），認爲上帝不只有永恒性的一面，同時也有生成變化的一面。這種說法在後來產生了重大的影響，不容吾人忽視，以下我們即簡介他的宗教與上帝的觀點。

在《形成中的宗教》（ Religion in the Making ）一書，懷德海指出，宗教是孤獨事，只有在孤獨時才有宗教的體驗。真正內在的宗教信仰能夠改變整個人的氣質。宗教的外在的表現乃牽涉到儀式、情感、信仰、理性等因素。而上帝的目的即賦與無常的世界以價值。一方面上帝涵蓋無窮的可能性，由這個角度看，上帝是無限的；但要抽象的可能性落實，就不能不有限制，由這個角度看，上帝不能是無限的，因爲祂不能是惡，只能是善，是價值的和諧。由這樣的思路，懷德海分別開上帝的原初性與後得性。我們還是用懷德海本人的話來說明他的看法，在他的大著：《過程與眞實》（ Process and Reality ）最後一章，懷德海綜述了他對於上帝與世界互相依存的見解：

> 開宗明義，上帝不可以當作形上原理的例外，只是用來挽救其崩潰的。祂正是形上原理主要的範例。就原初來看，祂是

可能性的絕對財富的無限的概念上的體認。在這方面，祂並非先於一切創造，而是與之在一起的。然而，作為原初者而言，祂還遠不是「顯赫的真實」，在這種抽象的情況之下，祂乃是「有缺陷地現實的」，而這可以就兩方面來說。祂的感覺僅只是概念的，故缺少現實的充實性。其次，概念的感覺，尚未和實質的感覺有複雜的整合之前，在其主觀形式下，是缺乏意識的。……祂的概念的現實即闡發並建立了範疇的條件。概念的感覺構成其原初性，在其主觀形式下闡發了它們相互的感受性、以及主觀目的之主觀統一性。這些主觀形式即是評價，為每一現實機緣決定了永恆對象的相對相干性。祂乃是感覺的誘引，永恆的欲望的驅策。……但上帝不只是原初性，也是後得性。既是起點，也是終點。祂之為起點，意思並不是說，祂在所有成員的過去。祂乃是概念運作所預設的現實，與每一個另外的創造活動一同生成變化。故此，由於一切事物之相對性，世界對於上帝也有影響。上帝本性之完成為實質的感覺的充實，是由世界在上帝之內的客觀化而來。……上帝本性之一面是由其概念經驗構成。這一經驗是世界以內原初的事實，它不為它所預設的現實所限制。故此它是無限的，根本不含一點負面的攝受。其本性的這一面是自由的、完全的、原始的、永恆的，現實上有所缺如，同時是無意識

的。另一面則始自由時間世界而來的實質經驗，然後獲致與原初面之整合。它是決定的、不完全的、後得的、「永繼的」、充分現實的，而且是意識的。祂的必然善表示了祂的後得性的決定。❷

他又用一種看來似弔詭的方式，表達了他的宏觀與睿見：

最後的總結可以用一組矛盾語來表達，其表面上的自相矛盾實依於對不同存有範疇的忽略。在每一組矛盾語中，都有語意的轉移，而把對立轉變成為了對比。

說上帝是永恆的而世界是流變的，與說世界是永恆的而上帝是流變的，同樣是真實的。

說上帝是一而世界是多，與說世界是一而上帝是多，同樣是真實的。

說與世界相比上帝是顯赫的現實，與說與上帝相比世界是顯赫的現實，同樣是真實的。

說世界內在於上帝，與說上帝內在於世界，同樣是真實的。

說上帝超越世界，與說世界超越上帝，同樣是真實的。

說上帝創造世界，與世界創造上帝，同樣是真實的。

上帝與世界為對比的反對項，通過他們，創造性成就了它卓越的工作，把分離的雜多，與其反對的歧異，轉變成為結合

---

❷　我的譯文，譯自 A.N. Whitehead, *Process and Reality* (New York : Macmillan, 1929)，頁五二一～五二四。

的統一性，包涵着對比的歧異性。❸

懷德海的上帝和世界互相依賴的見解，與基督教傳統世界依賴上帝，而上帝不依賴世界的見解大相逕庭。他的概念和術語自成一個系統，不很容易了解，但是他思想的指向則十分清楚。很顯然，要不是懷德海指出這樣新穎的上帝觀念，根本就不會有當代所謂「過程神學」這樣的潮流 ❹。我們在後面的討論中就可以看到懷德海思想的深刻影響。

杜威與懷德海顯然在思想上有許多互相通貫的地方。杜威提供了經驗的方法與進路，懷德海則樹立了一個宇宙論與自然神學的規模。由這樣的線索發展出來的經驗神學與過程神學，與歐洲新神學的主流走上了一個不同的方向。由巴特（ Karl Barth ），蒲爾脫曼（ Rudolf Bultman ），而田立克（ Paul Tillich ），當代歐洲神學深受存在主義思想的影響，不很重視自然神學。天主教雖然承認自然神學的地位，但其傳統一貫認為，自然神學充其量只能證明上帝存在（ that God is ），而不足以了解上帝的本性（ what God is ），故啟示神學的地位高於自然神學。當代美國發展的經驗神學、過程神學，雖然肯定宗教經驗與玄想的價值，却拒絕承認超自然的啟示。這種看法很能夠顯出當代美國宗教哲學的一些特色。以下我們即介紹魏曼經驗神學的思想。

---

❸ 我的譯文同上，頁五二八。

❹ 參 Ewert H. Cousins ed., *Process Theology* (New York : Newman Press, 1971)，頁八五。

四、魏曼的經驗神學

據魏曼自述❺。他是在哈佛求學的時候發現了杜威的作品，杜威給與他廣濶的經驗的觀念。後來他又接觸到懷德海，對於上帝的原初性一類宇宙論的玄想並沒有特別的感應，但他把上帝當作此世以內的創造力量，拯救人類脫離墮落、毀滅的道路，則有很深的體認。他把他一生最關注的問題，用以下的方式陳述出來：

什麼東西在人生之中作用，有着這樣的性格和力量：在人不能夠改變自己時，它將變化人的氣質，把他由罪惡拯救開來，引導他過人生可能的最好生活，如果他能附合於某一些必要條件的話？這些必要條件之一就是信仰。宗教信仰是，就他所可能的，把自己整個的存在，託付給他相信具備有適才提到的性格和力量的東西。這種自我委棄必須以一切方法來淨化自己，宰制一切在自己內部發現抵拒他所託付的變化力量的東西。用神學語言來說，這種淨化就叫做罪惡的悔改與

---

❺ 參魏曼的自傳，原文見Robert W. Bretall ed., *The Empirical Theology of Henry Nelson Wieman* (New York : Macmillan, 1963)；頁三～一八。此書爲《現存神學圖書館》(*The Library of Living Theology*)第四卷，就曾把這篇自傳譯爲中文，刊載於《人生》第三十一卷第二期（一九六六、六、十六），頁一五～二三。現在重印在論文案《文化與哲學的探索》（學生書局，一九八六）之內，頁一四三～一六二。

坦白。

變化只能以事件的形式發生。而經驗是唯一可能的方法以區別開事件，知道它們產生怎樣的變化。因此，如果宗教問題是像前面所說的一樣，那麼神學必須是經驗性的。如果上帝就是在人不能改變自己以轉化人的力量時，拯救他離開自我毀滅的傾向，引導他到人生可能的最好生活，那麼那種譴責經驗研究方法的神學，必定是徒勞而誤導的。

從一開始我就堅持，大部分的宗教在人生之間是一項主要的罪惡，因為這是託付給人們相信會轉化止於至善的力量，而這樣的託付常常委棄給事實上背道而馳的力量。所以建築在不為經驗研究所修正的信仰的宗教，很可能會變成一項罪惡。❻

由此可見，魏曼對於現實上的宗教係取批判的態度，其善惡要靠經驗所建立起來的判準來分辨。關於魏曼本人的見解，利用他在自傳中所取的策略，最好是和田立克‧巴特對比，就可以把握到他的立場。田立克對於我們這個世界的了解，深深受到存在主義思想的影響。我們現代人最大的問題，即在感受到生命的無意義。我們的存在乃是一個問題，要為這個問題找尋答案，不能局限在我們這個世界以內。我們要建立終極關懷，所關懷的終極不能是有限的東西，如金錢、國家之類，必須是超越的無限者，而這不是用普通的語言文字說得明白的範圍，故此他所取的是一象徵符號的進路。耶穌釘十字架，便是一個有力的象徵符號，這

---

❻　同上。

個世界生命的終結，乃是另一個更豐富更有意義的生命的開始。乃至「上帝」，也僅僅只是上帝的象徵符號而已！除了「上帝是存有本身」一語是直敍的語句以外，此外一切對於上帝的描寫，都只不過是象徵符號式的表達。人只能廓清自己的一切成見與偏見，把自己徹底打開，才能夠接受上帝的啓示，獲得絕對忘神的喜悅。現實世界充斥曖昧性，在這樣的情況下，人所需要的乃是生存的勇氣。

　　魏曼承認，由於受到田立克的影響，他很重視非認知性的符號的功能。譬如叫一個孩子「心肝」，便是一項非認知性的符號，我們必須要用這一類的符號來表達和喚醒對於個別性的當下經驗。尤其是在牽涉到美、愛、信仰與忠誠的時候，只有非認知性的符號才能喚醒、表達、生動化並強化任何現存事物的實際內容的性質的經驗。但魏曼堅持，一切含有這樣性質的現存事物，也具備一些架構，可以通過它們認知、描寫，並且在對付它們的時候有所行動的指導。然而田立克却認爲宗教符號指向於超乎一切架構者，因而也超乎一切可能的知識，而「上帝」成爲了上帝的符號，不能用世間的詞語來描述。魏曼雖然承認宗教符號的應用因爲有着認知以外的功能：要喚醒、深刻化、以及擴大我們的性質的經驗，而這進入到宰制我們的宗教信仰的存在之內，並不能夠給與我們知識。但凡宰制我們信仰的也有着一種架構，可以通過這架構認知它，並由其他種類的存在甄別開來。要知道這一項架構，我們必須具備認知性的符號。故魏曼反對田立克，而主張上帝並不是不可知的神秘，上帝的神秘並不等於說，上帝就沒有任何可知的架構。

巴特有許多說法與田立克正好相反。田立克的上帝超越於一切存在之上，巴特的上帝不只存在，而且作用於在時空之中，上帝不是超歷史性，而是歷史性的。巴特堅持，神學的語言必須是直解的，且認知性地描寫上帝啓示的那些眞實事件。耶穌基督是上帝，一個「神人兼人神」乃是直解地眞。在耶穌基督，我們必須與上帝本身，或創造主打交道。耶穌基督道成肉身，存在於時空之內。巴特把上帝當作眞實的事件，上帝實際在耶穌基督之內，其形式爲創造性的交流的眞實事件，通過它，人們得以創造性地受拯救地轉化。巴特認爲，沒有人能夠在聖經或耶穌基督以內遇到上帝，除非上帝主動給與斯人知道與信仰眞理的自由。魏曼同意巴特把上帝看作是內在於存在、歷史之中，然而巴特的思想有強烈的獨斷主義的成分。他肯定耶穌基督這個人是上帝，而缺乏了必要的分疏，同時他強調，關於上帝的眞理是超越人類知識的權力的，只有靠由上帝來的特殊恩賜人們才相信、認知它。這樣說來，只有巴特這種得到特殊恩賜的人，才能把握得到上帝啓示的眞理，其他的人既沒有分別眞僞的標準，就只有聽信巴特一類人的宣述。而且巴特甚至進一步宣稱，既得到上帝的恩寵而有了信仰的自由，即使有相反的證據與矛盾的因素，也在所不顧。巴特雖說他不排斥理性，而且承認教理容易犯錯，但他強調人的知識的自然能力與上帝全然無關，他所謂「理性的照明」是奇蹟，必須直接由上帝而來，對一般世智是不可思議、不可想像的。巴特確信他自己能把握到眞正的原始的基督教義，但也有別的人說法完全不同而有同樣的確信，那麼我們究竟何去何從呢？魏曼對於這種主觀主義、信仰主義的說法深致不滿之情，他拒絕這種權威主義的態度。

對於創造性的洞識，我們必須樹立起某種認知上分別真偽的判準。

　　田立克與巴特是當代最有影響力的神學家，魏曼從他們學到許多東西，但也對他們有很大的保留。魏曼轉與現代經驗自然的思想接上了頭。他所謂經驗已不再是休謨那種原子式的經驗，而是杜威的廣義的經驗；自然也不是德謨克里脫斯的機械的自然，而是懷德海的有機的自然；上帝更不是亞里士多德或中世紀的經驗把握不到的超越的實體，而是作用在此世的首善的泉源（The Source of Human Good），人所終極託付的創造的拯救力量。

　　一談到善，就不能不作一些必要的分疏。魏曼所謂善並不指工具性的善，他更重視當下感知的性質本身內具的價值。同時善不能當作快樂看待，所謂寧可做一個不滿足的蘇格拉底，不可做一隻滿足的豬，內容的豐富遠比當下的舒適更為我們生命追求的目標。人的天責是去不斷追求內容日益豐富的善，而這不可與我們去追求某種烏托邦的理想混為一談。烏托邦乃是人為的產物，真正的創造力常常衝破一切人為的藩籬，進入到我們無法夢想的境地。故此我們只能把自己託付給一種我們自己無法想像而可以拯救我們的創造性的力量，這就是上帝。任何被創造的善〔物品〕（created good）不可能是我們終極託付的對象，我們的終極託付只能是善的創造性的根源（the creative source of good），而這正是上帝。

　　現在我們要進一步問一個關鍵性的問題，究竟是怎樣的過程產生了人間的善？這是一個經驗性的問題，只有通過細心的觀察才能夠回答。這樣的觀察是開放給所有人的，最初的回答自難令人滿意，但決不可以用不可觀察的真實或者信仰的跳躍來搪塞，

慢慢地我們就可以找到一些相狀，可以爲浸潤在不同傳統之內而做開心懷的人所接受。魏曼最負盛名的即是他有關「創造的交流」（ Creative Interchange ）的學說，他描寫創造性所表現的四步過程，可以說是他的學說的中心骨幹。他說：

　　個人的創造性的轉變與任何其他的變化不同，在於具備下列四種特性。這四種特性並不是屬於它的僅有特徵，因爲創造性異常複雜在它的深度之內消褪入無限奧祕之中。……但這裏所提到的四項已足以把創造性的轉變與其他種類的變化甄別開來。

　　㈠　創造性是個體所能知道、評價以及控制的範圍的擴大。

　　㈡　創造性是個人跨越過疏離與仇恨的隔閡，而能夠賞賞地了解其他個人與民族的能力的增加。㈢　創造性是個體的自由的增進。而所謂自由意卽個體能夠融合任何作用於他的因子的能力，使得其所產生的效果表現出個體的性格，並實現其目的。蘇格拉底之死卽是一個例子。他的死表現出他自己的性格，實現了他自己的目的，遠超過那些導致他死亡的人所表現與實現的程度。㈣　創造性的轉變的第四項成分可以描寫如下：增進個體得以整合更多殊異的經驗以融入其獨一個性的能力，使他所遇到的一切，多能變成豐富與力量的泉源，而不至於造成貧乏與虛弱。

　　對於創造性的這四項成分的檢驗會顯示出，它們互相關連，

無法分離。❼

　　魏曼在其他地方還有不完全相同的表達，柯布（John B. Cobb, Jr.）曾經把魏曼對於性質意義生長事件的相狀的描寫，歸結成為以下五個方面：

　　　　首先是個人認知、控制、欣賞能力範圍的擴大。其次是對自己以及他人作為個體的欣賞了解的增進。在這兩方面的欣賞觀念包涵了對於正負價值的分辨。創造事件的第三方面是個人所獲得的一切的不斷進步的整合。第四是面對受苦、失敗以及死的創造性的能力的增進。第五是自由的增進。❽

　　由此我們可以清楚地看到魏曼思想的指向。而創造事件的大敵則為僵固，執着於有限的價值，以及關閉於新的經驗與可能性。一個嬰兒的生命是開放的，但到了成人階段，人就慢慢變得關閉，未能充量作創造的交流，故此吾人最迫切的需要是保持自己開放，誠心誠意委棄給上帝的創造力量，不斷豐富我們的生命。魏曼深信我們自己並不是善的作者，父母也不能使得孩子變得富於創造

---

❼　我的譯文，譯自 Henry Nelson Wieman. *Man's Ultimate Commitment*（Carbondale : Southern Illinois University Press, 1958），頁三～四。

❽　我的譯文，譯自 John B. Cobb, Jr. *Living Options in Protestant Theology*（Philadelphia : The Westminster Press, 1962），頁九九。

性，精神科醫生並不能真的治病，教士也不能改變他的信衆，甚至農夫也不能使穀物生長，我們能做的只是樹立信仰，造成一些有利的條件，引致生長發生。上帝是我們的主人，而不是我們的奴隸。生命的發展有許多不可知的因素，但我們的信仰決不是盲信，也不是爲了改變而改變，我們能夠分辨出過去造成善的創造力量的作爲，我們也深信，這一過程會引導我們在未來創發更大的善。我們要和上帝創造的過程有更緊密的關連，不斷更新我們的生命。

講到這裏爲止，基督教的神學家會對魏曼提出一個問題，魏曼是建立了一個有普遍性的宗教哲學架構，但和基督教所體證的特殊經驗有什麼關連呢？魏曼並不否認，在其他文化之內也可以有深刻的宗教的體證。但他生長在基督教的傳統之內，就他的了解，耶穌和他的門徒之間的關係，正是體現了創造的交流的精神，尤其是耶穌之死與復活，變成了歷史的轉捩點。耶穌之死似乎停止了創造的交流，然而他的復活却使交流達到了新高點，超越了猶太民族的畛域，而有了對全人類的普遍的意義。教會的目的正是要人虔敬善的創造的根源，而不能把目光只限制在被創造的善的領域之內。魏曼可以說，他的思想完全不違背基督教傳統的看法，救贖是通過信仰與恩寵，他也一樣拒絕寡頭的人文主義的看法。

但魏曼也有一些思想與傳統大相逕庭。傳統相信一個全知、全能、全善的上帝，於是惡的來源的問題始終得不到善解。但魏曼只需要建立有一個超乎我們的創造的力量在作用，但我們並沒有證據認爲這是在宇宙間唯一或者最有力量的過程。上帝的力量

雖是永遠不竭的，但不能保證惡的蹂躪不會降臨到我們身上。人
只有堅定自己的終極託付，與罪惡奮鬥，使善的創造的力量發生
最大的力量，而這乃是我們唯一的希望。

　　很明顯，魏曼的神學與他的存有論、價值論有密切的關連，
魏曼深信，善意的人多會有這樣的終極的託付。然而在事實上，
人儘可以有不同的託付。魏曼似乎也明白困難之所在，他清楚地
了解，人類確有徹底毀滅的可能性。要避免這樣的結果，只有寄
望人終極託付給上帝的創造的力量，而人的拒絕救贖可以使人墜
入萬劫不復的境地。而這樣的危險決不只是閒思的結果，二十世
紀人類許多自毀的行為都是真實發生的事件。

　　以上把魏曼的宗教哲學神學講了一個梗概，它和基督教的關
係是明顯的，但它和其他傳統的關係又是怎樣呢？在《現存神學
圖書館魏曼專集》之中，柏特（E.A.Burtt）教授撰文曰：

　　說真的，我想魏曼神學的主要限制，是否在於歷年來他過分
　　專注於西方神學的其他派別之上，而亟求陳構一套學說來翻
　　查出他們的錯誤，並給予必須的改正。我一直期望，他能勇
　　往直前，自由無羈地追求宗教真理；然而，太多時我發覺他
　　有一種消毀性的熱望，要去治療那些在思想上預設了西方乃
　　至基督教所犯下的錯誤。結果是評者也極易像受評者那樣困
　　在同樣狹隘的範圍之內，施展不開手腳。 ❾

---

❾　我的譯文，譯自Edwin A. Burtt, "Wieman's Religious Pers-
　　pective : Is It Wide Enough ?" in *The Empirical Theology
　　of Henry Nelson Wieman*, ed. Robert W. Bretall（New York:
　　The Macmillan Co., 1963），頁三七九～三八〇。

　　柏特對魏曼的批評可謂一針見血，對於柏特提出的問題，魏曼並未給與一個暢快的答覆，他只說無法脫離他所生身的基督教傳統，但他並不拒絕把他的思想擴大應用到基督教的傳統之外。事實是，魏曼並沒有對世界其他宗教傳統下過苦工去探索，但他的「上帝」實在更接近東方的「道」，這逃不過明眼人的法眼。論者指出，魏曼到了晚年，慢慢脫離開基督教的故域。湊巧魏曼在南伊大退休（一九六六）之前的兩年，我正好遊於其門，常常和他討論有關中國哲學的問題，卒業以後又繼續保持通信，他直承對於中國哲學的睿識感到一種親和性，但彼此之間也有明顯的差距❿在他給我的最後一封信中（一九七○，二、四），他說：

　　關於你之會通儒耶，兩方面作創造的交流，我只有贊譽，沒有批評。我要加的一點超越了你所寫的範圍，但不必與之反對。

　　如果人類得以繼續生存下去的話，現在人類發生的革命性的轉變會改變了儒家與基督教的現狀。我們所賴之而生的信仰，如果我們得以繼續生存下去的話，不會是寄託在瀰漫整個宇宙的創造性之上，而主要指向只在人生作用，不在已知宇宙他處作用的創造性（即創造的交流）。我不能脫離人生而有所作為，因為所需要的語言或其他符號的資具只有人能運用，不是低等動物、植物、分子與原子所能運用的。當然，在這

---

❿　讀者對這個問題有興趣，可參拙作：〈魏曼與中國哲學〉一文，見《文化與哲學的探索》，頁一一一～一三六。

些較低層次之內，確有創造性在作用，而人的創造性也仰賴
之。但超越這些較低層次，人生所繫的那些問題、危險、可
能性、與支撐的條件，只能通過創造的交流作建設性的處理，
而這得要用語言與其他符號。當然，我們也依賴宇宙的其他
部門。但光憑它們是沒法拯救我們的，人誤用了力量，不斷
在增加之中的工藝與科學知識而弄出原子戰爭、人口過剩、
環境污染、以及種種其他禍害，而陷於自絕之地。

在基督教與儒家盛時，這種對於科學工藝與知識自毀的運用
是不存在的，故此不適於對付現在人生冒出來的新情景。我
們必須有一種能夠建設性地對付這些情況與問題的中心託付，
與往昔所知者截然有異。在過去一百多萬年演化的人生，將
過渡為一種新的生活，因科學的新力量而實現。這種新生活，
如果可以生存下去，所需要的宗教將不同於基督教與儒家。
這種新宗教將由儒耶生出，因為未來必由過去衍生出來。但
有的時代變化既迅速而深遠，以至繼續生存的主要問題是必
須由過去的羈絆解脫出來。人類如今到了一個時代，自人由
其他動物蛻變而來之後，變化比過去任何時代更為迅速、深
遠，而廣泛。⓫

魏曼在五年後即以九十一高齡逝世，這封信裏所講的，可以
說是他的晚年定論了。他雖肯認未來必由過去衍生出來，但他的

⓫　我的譯文，同上，頁一二二～一二三。

眼光已經超越了基督教⑫，乃至儒家思想的故域。他所強調的是與時推移，建立個人的中心託付，不是爲了思古之幽情，而是爲了對付今日文明所必須面對的生死存亡的大問題。

五、赫桑的「過程神學」

赫桑的思想深受懷德海的影響，他曾經和保羅‧懷士（Paul Weiss）一同編纂皮爾士（Peirce）的著作。赫桑與其徒從企圖建立他所謂「新古典的有神論」（neoclassical theism）思想。希臘思想從巴曼尼底斯到柏拉圖、亞里士多德，都把「永恆」的價值放在「流變」之上，中世紀的神學與這樣的思想結合，把上帝看作永恆不變的存有。但佛教的思想却正視「無常」，希臘則只有海拉克里脫斯重視流變。赫桑指出，索西納斯（Fausto Socinus）反對不變的上帝，認爲神的全知與人的自由互不相容⑬然而他的教派却因受到迫害而被消滅。十九世紀的法國哲學家勒克爾（Lequier）則提出了「自我創造」（self-creation）的觀念⑭。到了二十世紀，懷德海有系統地發展了一整套的過程哲學。柏格森、詹姆士、杜威、亞歷山大、貝底雅夫（Berdyaev）、

---

⑫ 柯布認定魏曼的視域是「後基督教的」（post-Christian），可謂煞有見識，參註⑧前揭書頁三二一。

⑬ Cf, Charles Hartshorne : "The Development of Process Philosophy" in Ewert H. Cousins, ed., *Process Theology*, New York, Newman Press, 1971, pp.50~51。

⑭ 同上，pp.51~52。另外費希納（Fechner）也提出了一些有啓發性的模糊的觀念。

乃至沙特之流遙爲呼應，興波助濤，以至蔚爲風尙。赫桑本人受
業懷德海，最擅玄思，一生致力發展他所謂的「新古典的形上學」。
對於過程神學的推展，留下了不可磨滅的影響。

　　赫桑的一個很有特色的理論是，他企圖用模態邏輯來重新建
構安瑟姆（ Anselm，一〇三三～一一〇九 ）有關上帝存在的本體
論論證（ Ontological argument ）⑮。安瑟姆的論證從提出來開
始就充滿了爭議性，其論證可以表述如下：

大前提：上帝是最完美的，比他更完美的存有是無法設想的。

小前提：無法設想比他更完美的存有必定不只存在於觀念之
　　　　中，也實際存在。

結　論：故上帝不只存於觀念之中，也實際存在。

大前提只是給與我們一般人們對於上帝的觀念，即使有人根本就
否定上帝的存有也沒有關係。小前提的意思是：如果無法設想比
他更完美的存有只存在於觀念之中的話，那就會陷於自相矛盾的
境地之中——因爲既存在於觀念之中又實際存在的存有就比他更
完美。所以結論乃是，上帝不只存在於觀念之中，也實際存在。

　　這樣的論證之所以被稱爲本體論的論證，是因爲由上帝的觀
念就可以推出他的實際存在，乃是一種先驗（ a priori ）形式的

───────────────

⑮　有關此一公案，請參閱 Frederick Copleston, S.J., *A History of*
　　Philosophy, Vol. II, Pt I, New York, Image Books, 1962, pp.
　　一八三～一八五。英文材料的中譯，如果沒有特別聲明的話，都是我
　　自己做的。

論證。不是像宇宙論論證（ cosmological argument ）由果溯因那種後驗（ a posteriori ）形式的論證。

僧侶高尼洛（ Gaunilo ）攻擊安瑟姆混淆了邏輯的層面與真實的層面：我們在觀念中可以想像最美麗的島嶼，但這並不能推出世間真有這樣的島嶼存在。安瑟姆則拒絕這樣的類比推理：最美麗的島嶼並不必然存在，但是最完美的存有在觀念上要不陷於自相矛盾的話，那就必然存在；我們要是說美麗的島嶼可能存在，這一點也不荒謬，但我們要是說可能的必然存有卻是背理的。這樣的爭論一直持續到後代，聖多瑪就排拒了這一論證。但笛卡兒與萊布尼卻衛護了這一論證。康德則認爲存在不是一個謂詞而否定了這一論證。

到了當代，這一爭論並未了結。維根斯坦的大弟子諾曼·瑪孔（ Norman Malcolm ）又恢復了這一論證 ❻ 。他認爲這個論證有兩種形式：可以攻倒其中一種形式，而不能攻倒另外一種形式。芬萊（ J.N.Findlay ）的意見剛剛相反，他認爲安瑟姆的論證的確證明了一些東西，所證明的與安氏的願望恰好相反：根本是否定了有神論。❼芬萊的說法是，上帝的確是必然存有（ necessarily existent ），但根據現代的邏輯，根本不可能有必然存有，

---

❻ "Anselm's Ontological Arguments," *Philosophical Review*, LXIX（ 1960 ），pp.41～62 。

❼ "Can God's Existence Be Disproved?" *Mind*, LVII (1948)，176. Reprinted in Anthony Flew and A. MacIntyre eds.），*New Essays in Philosophical Theology*（ London: SCM Press, 1955 ），pp.47～56 。

故上帝不存在。赫桑認爲二人各得一偏，其實問題出在對於「完美」（perfection）的了解是有歧義的。如果根據的是傳統古典式的了解，那麼這個論證是有毛病的，但若改爲赫桑的新古典式的了解，那麼這個論證是可以成立的。於是赫桑著書論他所謂「完美的邏輯」❸。他認爲本體論論證不是單純講存在、不存在，而是講存在的模態，故他以模態邏輯的方式把這一論證重新建構成爲其成熟的形式，可以表述如下：

q代表（$E_x\ P_x$），完美者存在

N代表必然（邏輯地真）

～代表不真

V代表或

p→q代表p嚴格涵蘊q，或者N～（p&～q），卽p與～q之必然否定

整個論證乃可以寫成以下的形式化的推論：

1. q→Nq，卽「安瑟姆原理」的意涵：完美不能只是偶然存在。

2. NqV～Nq 根據排中律。

---

❸ *The Logic of Perfection*（Lasalle, Illinois：Open Court Pub. Co., 1962）。赫桑以模態邏輯的方式重新建構本體論論證，見頁五〇～五一。

3. $\sim N_q \to N \sim N_q$ 根據貝克設準（Becker's Postulate），現實上不必然者即絕不可能為必然者，也即必然為不必然者。

4. $N_q \lor N \sim N_q$ 根據 2. 3. 所得出的推論。

5. $N \sim N_q \to N \sim q$ 由 1. 所得出的推論，後件之必然假涵蘊前件之必然假〔逆斷離律（modus tollens）之模態形式〕。

6. $N_q \lor N \sim q$ 根據 4. 5. 所得出的推論。

7. $\sim N \sim q$ 直覺的設準（或由其他神學論證所得出的結論）；完美非不可能。

8. Nq 由 6. 7. 所得出的結論。

9. $N_q \to q$ 根據模態公理（modal axiom）。

10. q 由 8. 9. 所得出的結論。

這個結論就是完美者存在。

這裏應該說明，赫桑的意思並不是說這個論證眞正滴水不漏，充分證明了上帝的存在。他只是說，不能把這個論證當作詭辯（sophistry）看待。這個論證不只是自圓一致的，也是有意義的，通過某種適當的解釋，甚至是有信服力的。當然你可以拒絕一些假定（如 1. 3. 7.），但拒絕是一回事，駁斥又是另一回事。赫桑覺得這些假定在直覺上可以成立，推論也不會引導出任何荒謬背理的結果。

整個問題的關鍵在於：根本不是辯存在或不存在的問題，而是在辯偶然存在與必然存在的問題，也就是說，乃是有關模態的

問題。赫桑認為，最大的困難是在第七步——怎樣才能做出一個吾人可以接受的「完美」觀念：安瑟姆本人就未能做到這一點，整個的古典傳統把完美者當作永恒不變的存有更是誤入歧途，一定要努力作出新古典的「完美」觀念，才能對於問題找到一個令人滿意的解答。

赫桑指出，世間的存在都是偶然的存在，但若上帝存在，就不能不是必然的存在。故此說上帝不存在如果指的是上帝不像我們那樣是偶然的存在，倒並不是什麼不正確的理解；反而那些把上帝想成偶然存在的人才是犯了更根本的錯誤。但古典傳統卻把偶然與時間、必然與永恒這兩個方面對立了起來，乃誤入歧途。試想把上帝變成了不動不變的絕對體，豈不是把上帝的意涵弄得貧乏了：人怎麼會去崇拜這樣一個冷冰冰的徹底超越時空的本體呢？上帝之所以至高無上，正是因為他能與我們互相關連，要是他完全缺乏同情的話，那他比普通人還不如，怎麼可以說是高出凡人之上呢？赫桑寫了整本書講神聖的相關性，駁斥古典傳統留下來他認為錯誤的上帝觀 ❶ 。一般人把相關性與依賴性混同，於是由上帝之獨立、不依賴性推出他之非相關性。但是一個原子比人絕對，少相關性，缺乏靈性與感應，這使得原子比人在價值上更高嗎？我們之不能夠了解上帝的靈性與感應，究竟是因為我們不了解上帝的靈性與感應之豐富與多樣性，還是因為上帝根本就缺乏靈性與感應，也缺乏相關性呢？

---

❶ *The Divine Relativity*, New Haven and London, Yale University Press, 1964。

對於上帝的理解，赫桑所採取的是「至高無上的原則」(emi-
nent principle)。人仁愛，上帝是至高無上地仁愛；人智慧，
上帝是至高無上地智慧；人存在，上帝是至高無上的存在。人對
上帝的形容，通常會用許多譬喻，好像上帝是君王之類，而人們
也都知道這是譬喻。但對上帝似乎也不能全用象徵語言，總必要
用直敍(literal)語言才行，否則全是些模糊的隱喻(meta-
phors)，充滿了歧義，對於上帝怎麼能有任何確定的理解呢？
傳統神學像聖多瑪是用「類比」(analogy)的方法來解決這個
問題。類比當然要比隱喻確定得多，用得適當的話，既可以保持
上帝的超越性，又可以用類比的方式來理解上帝與世間的關連，
不至於陷落模糊主義的泥淖。但通常類比是由人到上帝，我們了
解人的知識，然後用類比的方式了解上帝的知識是至高無上的。
但赫桑在這裏卻把整個的關係倒轉了過來。人有知識，有的是怎
樣的知識呢？人根本就沒有可以完全免於謬誤的知識，內容是不
確定的。反過來，上帝有知識，他的知識就是知識，沒有七折八
扣可言。於是赫桑下斷語說，上帝有知識，這才是直敍的述句，
通過類比，才可以說人有知識。同樣，上帝存在是直敍的述句，
人存在卻只是偶然存在，要通過類比來理解。所以我們不能用
「否定神學」(negative theology) 的方式去了解上帝，說上
帝「不是」這樣，「不是」那樣！反過來，人才要用「否定人類
學」(negative anthropology)的方式來理解，人仁愛、智慧、
存在！人眞仁愛、智慧、存在嗎？其實不能用直敍的方式來了解，
只能用類比的方式來了解。類比的一端必須是確定的、直敍的，
奇怪的是，赫桑提出，那是上帝的一方，而不是人類的一方，剛

好把傳統的說法顛倒了過來。

赫桑的根本問題在，如何把上帝的完美、全知、全在與世間的偶然、有限、變化互相融貫調和。古典的傳統把人的自由意志完全剝除了，世間的一切都是前定的，根本就沒有偶然的變化，這種意見是完全不能夠接受的。這樣，赫桑就必須徹底改造上帝的觀念。人的確有自由意志，世間也的確有偶然變化，上帝不會橫加干預，把一切化爲一場傀儡戲。但上帝依然是完美、全知、全在的。錯誤是在把上帝當作不動不變的存有。其實上帝是可以有變化的，在內容上他可以不斷地增富，但在形式上他仍然可以維持自我的同一。在一個時間切片之中，沒有事物可以脫離上帝，在上帝的攝握之外。但在下一個瞬間，世界的內容增益了，上帝的內容也增益了，一切仍在上帝的攝握以內。很明顯地，赫桑的上帝是一個在生成變化之中的上帝。基本上赫桑是接受了懷德海上帝的「原初性」與「後得性」的觀念，並將其理論效果繁衍出來，而自成一個系統。

上帝不只是全知、全在，他也有永恒的記憶。世間很容易把一切混忘了，但上帝卻把一切記憶保留下來。上帝也是一個有感覺的上帝，他與世間的一切息息相關。世間有了創造性的貢獻，他分享了我們的歡愉；而世間種下了許多惡因，產生許多惡果，他也與我們一齊悲傷。這樣的上帝是有一種深刻的悲劇意識的。故此我們更應該加倍奮發，我們的有創造性的成果會在上帝的永恒的記憶之中保留下來；同時我們也要努力避免做壞事，不要遺臭億萬年，永遠洗刷不了。

很少神學家關心邏輯問題，赫桑卻把現代的模態邏輯吸收進

來，重新建構上帝的本體論論證。同時他精於玄想，思入深微，
為過程神學開拓了一片廣濶的疆土，不能不說是個異數！

六、尼布兄弟的存在主義神學

要談美國當代宗教哲學，不可能不談尼布兄弟。他們把歐洲
存在主義的一些論題吸收進他們的思想之中，應用在美國當前的
情況之內，特別著重社會的影響與實踐，而自成一種風格。他們
的著作廣及各個方面，但並不缺乏系統神學方面的興趣與影響力
[20]。兩兄弟有許多相同的看法，但在這裏我們要強調的卻是他們
的不同的意見。大體說來，理查認為基督之肯定應該了解成為一
種表白（ confession ），也就是說，人由一個有限而相對的視域
去體證絕對。故此辯解（ apologetic ）是不必要的，甚至是不可

------

[20] 對於尼布兄弟思想的闡釋，我大體上是依據柯布，參 John B. Cobb.
Jr, *Living Options in Protestant Theology*, Philadelphia :
The Westminster Press, 1962。書內有專章討論尼布兄弟的思想，
頁二八四～三一一。討論理查的思想主要是根據他早年的一部論著：
H. Richard Niebuhr, *The Meaning of Revelation*, Macmillan,
1941 ，其他重要的參考資料包括： *Christ and Culture*, Harper &
Brothers,1951, *Radical Monotheism and Western Culture, Harper
& Brothers, 1960 。 討論萊恩哈的思想主要是根據他的一部論著：
Reinhold Niebuhr, *The Self and the Dramas of History*,
Charles Scribner's Sons, 1955 。其他重要的參考資料包括：
Charles W. Kegley and Robert W. Bretall, eds., *Reinhold
Niebuhr, His Religious, Social, and Political Thought*, Mac-
millan, 1956 。

能的，因為一個社團所把握的眞理並不一定適合於另一個社團。萊恩哈則認為，《聖經》中所包含的先知與基督的信仰照明了社會與歷史的情境，是其他的信仰與哲學所曲解和模糊化了的，重新把握基督對於人神關係的理解，可以幫助我們去做智慧的行動。以下即對這兩種不同的看法作進一步的闡解。

存在主義偏重個人的實存的體驗，甚督教顯然也有這一方面的體驗，但與無神論則分道揚鑣而展現了它自己的獨特的面相。理查認為人天生有許多託付（ commitment ），如國家、家庭、自我之類，故人天生乃是多神教（ polytheism)的信奉者，但各種不同的關懷向各個不同的方向拉扯，矛盾衝突不能解決，不免產生自毀的效果。於是只有突出一個對象作為獻身的目標，而顯示了尊一神教（ henotheism)的傾向。不幸的是，所獻身的對象本身只具備相對性，絕對化之後乃造成偶像崇拜的惡果。只有絕對本身才值得崇拜，而這才使得我們升進到眞正一神教（ mono-theism ）的殿堂。

上帝存在本身是絕對的 ，但啓示 、與人的實存面對（ en-counter)卻要受到時空的限制。故此把啓示的內容加以普遍化是不可能的，它只是我們的信仰的表白，它指向絕對，但本身卻不可以絕對化。故此我們不能把自己抬高到別人之上，那是一種不合理的僭越。

啓示固然離不開個體的實存體驗，但卻也是公共的（ com-munal ），因為個體是有限的，其成長離不開歷史，離不開社團（ community)。我必須通過社團、歷史而成為我自己，也是通過社團的經驗我才了解上帝。對於基督的社團來說，上帝的決定

性的啓示乃在耶穌基督，我們通過基督以接觸上帝，故終極來說，仍然是神中心（theocentric）而不是基督中心的（Christocentric）。

對於歷史，我們有外在客觀的了解，也有內在信仰的把捉，兩方面相關而不相同。正好像一個醫生給盲人開刀恢復了他的視覺，醫生的描述與恢復視力的本人的描述絕不會是一樣的。個體內在體驗的歷史，並不是一種較差的歷史知識，但信衆也不能強迫客觀的史家曲從他們的觀點，而要尊重客觀的歷史的證據。只是他們增多了一個信仰的層面，而不必接受不信者的預設，那同樣是一種帶着有色眼鏡的一偏之見，而不可加以絕對化。

對理查來說，啓示雖然是相對的，但卻不是漫無定準的，啓示必須要給與我們意義，融貫於我們所能把握的世界史，同時也可以幫助我們解決我們的問題。體驗之實存是一回事，自我中心之無窮脹大又是另一回事，二者不可混爲一談。基督的啓示使我們得以跳出純客觀與純主觀的對立的兩難之外。信仰與理性之間並沒有衝突。眞正一神教的信仰可以使人超越多神教信仰的內在掙扎以及尊一神教信仰的熱狂主義，信者能夠更清明地運用自己的理性。基督信仰的力量正表現在它的謙卑以及對於痛苦的忍受之上。啓示的表白使我的生命充滿了意義，由耶穌的無限人格以接觸上帝，有部分共同的辭彙與其他信衆相通。但它並不使我超越我的歷史相對性，或者使我凌駕乎他人之上，勉強把自己的經驗去強加在他人之上。理查是用這種特殊的方式調和了個體實存體驗的相對性與上帝存在的絕對性。

理查到後來並沒有像早年那麼強調表白與反辯解的性格，而

萊恩哈則從來不感覺到以辯解的方式寫作有什麼問題。他的著作有兩個焦點：一方面解釋當前的歷史作爲具體行動的指導；另一方面則指證，《聖經》的信仰才能提供給我們了解歷史的最具備照明性的視域。故此萊恩哈不只認爲《聖經》的信仰超過其他宗教，而且也超過哲學的全體。依他之見，哲學探討存有的架構，闡明事物是由一些普遍的原則所支配與決定。但《聖經》信仰却由自由與對話的戲劇性的範疇來了解人與歷史，而不可將之化約爲存有的不變的架構。就這一點來說，萊恩哈的思想是與存在主義合流的，而他也確引馬丁·布伯（Martin Buber）爲同道，田立克也是由他請來美國的。

萊恩哈並不否認，希臘式的理性、哲學與科學是有價值的，他只是否認這是唯一了解世界的方式，否則就會造成曲解的效果。一旦否定了人的自由，把歷史化約成爲自然的過程，這樣就會產生虛假的期待，投射虛假的目標，而人類歷史都屬於人的終極關懷的範圍，如此加以曲解就會產生巨大的惡劣的影響。

萊恩哈認爲只有《聖經》思想的戲劇化的範疇才能照明歷史，顯示其意義。他的分析包含自我與自我、自我與他人、以及自我與上帝的三層對話。在自我與自我的對話之中，他肯定了人的徹底的自由。但他的分析與沙特不同。沙特是經由意識的否定作用，由無來肯定自由的——人永遠不能體現存在之在其自己。但萊恩哈却肯定自我爲負責任的自由的來源，然而他既不是要恢復笛卡兒的心靈實體，也不是要回到康德的超驗的統覺。他是由現象學的描繪實存地去把握負責任的自我。人對自我的知識的困難在於自我不容許完全客觀化，故此，他永遠是一個神秘，我們所可以

討論的是他的活動與關係。

自我不即是意志，雖然包含了意志。自我也不即是理性，而理性的概念思考的能力却是自我的工具，充分地利用了理性的作用，自我仍然要作出自己的決定。同樣，身體和心靈一樣也是自我的工具。把心身都看作工具並不是貶低其價值，事實上，都對自我造成深刻的影響。但我們絕不可以把自我化約爲他的一項功能。自我與自我的對話可以由理性轉移到衝動，又轉移到良心，自我可以用各種不同的角色說話，但自我的深層却超越每一個角色，他的奧秘就在於他的負責任的自由以及對於這樣的自由的敗壞。

自由一般有三義：自由去創造，自由於外在的障礙，以及自決或自作主宰的自由。三義都與萊恩哈的說法有關連，却又不能盡其意涵。萊恩哈認爲自我超越心身，可以客觀化自己，同時通過批評與衡量又可以改變他自己，也就是說，能夠決定他的思想、行爲、以及他自己。這樣萊恩哈的自由觀乃與意志的束縛（bondage of the will）的教理不可分割地結合在一起。表面上看來這似不可解。其實意志決定思想與行爲的層次，與意志客觀化、對自己作判斷的層次是不能夠互相分割開來的。當人把自己當作思想對象時，馬上就有兩個傾向同時出現了。一個傾向把自我當作諸多自我之一，每一個都客觀地有相同的權利去得到成功與快樂。另一傾向則把自己的自我突出，只有自己的成功與快樂才是最重要的。而人類普遍傾向於後者，這根植在人性的自由之內，即是人的「原罪」。故「意志的束縛」是合乎自我的利益的，而意志的束縛即是一個徹底自由的意志的束縛。

萊恩哈以這樣的現象學的分析確立了一條實存的神學的進路，

而不取玄想的哲學的方法。如此乃可以防止對於歷史的曲解以及
對於未來可能性的幻覺。由這條進路去了解上帝，要是否定了上
帝的自我等於是否定了人的自我。萊恩哈並未對這一點詳細加以
發揮，但他補上了經驗的論證，肯定《聖經》對於上帝的了解的
優越性，遠超過其他的傳統。萊恩哈很明顯地在自然與歷史之間
加以劃清界線，希臘的哲學與希伯萊的宗教信仰互相對立，分別
掌握真實呈現出來的兩個性質不同的秩序。但萊恩哈並未嘗試去
綜合這二元，只是指出人的歷史不能只用客觀的方法去了解，他
歸結到《聖經》的信仰，以為只有這條進路才能提供一個對歷史
了解得更深刻的層面。

七、柯克斯的《俗世之城》的論旨

　　一九六五年，哈維·柯克斯出版《俗世之城》一書，副題：
「由神學的視域看俗世化與城市化」，在當時引起了很大的震盪
❷。雖然並未明說，這部書名恰正與奧古斯丁的《上帝之城》相對。
作者開宗明義便說，他要對付的問題就是我們這個時代的兩大標
誌：城市文明的興起以及傳統宗教的崩壞。他巧妙地結合了神學
與社會學的探索，而為我們提供了一個全新的視域。我們不只無
須悲悼傳統之消逝，相反，我們還要慶祝俗世化和城市化帶給我
們的新自由，人才能發展一種新的責任感而變得更為成熟。

　　「俗世化」（ secularization ）的意思就是人要把他的注意
力由他世轉移到現世以及此時。 saeculum 正是「現在這個時代」

---

❷　*The Secular City*, New York, Macmillan, 1965 。

的意思。龐豁夫（Bonhoeffer）在一九四四年即宣告：「人成熟了。」（man's coming of age）㉒ 他認為上帝的意旨是，現在人不需事事依賴上帝，而要自己肩挑起世界的責任。現在最深刻的宗教意識是與無神論的思想完全吻合的。

事實上宗教的發展與文化的發展是離不開的。人的文化是由「氏族」（tribe）發展到「市鎮」（town）的中介階段然後到「都市」（technopolis），故此往「城市化」（urbanization）的趨勢發展，是一個不可逆轉的方向。許多傳統的價值是無可避免地失落了，但這並不值得我們惋惜。我們需要的是與時推移，才能夠趕得上時代的節拍。

從基督教發展的歷史來看，希伯萊的宗教信仰與希臘的哲學結合在一起。但希伯萊的文化是時間性的，希臘的文化是空間性的，二者之間並不是真的那麼水乳交融。基督教先要由多神教的信仰解脫，然後又要由形上學的本體論跳出來，才能日趨成熟之境。我們要由一個新的觀點去解讀《聖經》，就可以找到豐富的俗世化的資源。照柯克斯的說法，「自然的解除魔咒」（disenchantment of nature）始自〈創世紀〉；「政治之非聖禮化」（desacralization of politics）則始自〈出埃及記〉；而「價值之非神聖化」（deconsecration of values）乃始自西奈山之聖約㉓。猶太、基督教的傳統毫無疑問是反偶像崇拜的。故此基

㉒ 參Dietrich Bonhoeffer, Ethics, New York, Macmillan, 1955, *Prisoner for God*, New York, Macmillan, 1959。

㉓ 參（註❶），頁一七。

督教實在不應該反對俗世化，而應該加以支持。但「俗世化」自不可以與「俗世主義」（ secularism ）混為一談，後者乃是一種封閉的意識形態，威脅到俗世化過程所帶來的開放與自由，而必須加以排拒。在現代無神的社會中，要追求共識需要一種新的基礎，而這需要一種新的成熟的體驗。

　　自從德人湯耐士（ Ferdinand Tönnies，一八五五 ～一九三六）分別「社團」（ Gemeinschaft, community ） 與「社會」（ Gesellschaft, society ）之後，人們往往譴責現代社會喪失了傳統社團的親和性。❷但這種懷舊情懷並不一定是正確的，生活在都市之內其實另有一種好處。不錯，住在一個小村子裏，郵差、送牛奶的人，個個都叫得出名字，人與人之間有一種親密的關係。反過來生活在城市裏面，住在同一棟大廈之內，鄰居可能照面而不相識，現代人似乎失去了面目，心理上似乎不容易適應這樣的新的情況。但是仔細尋思，傳統的方式一定是優勝的嗎？事實並不盡然。在傳統的社團之中，人與人的關係常常並不是自己選擇的，東家長、西家短的閒談籠罩一切。現代人却可以通過自己的職務、自己的興趣去選擇自己的朋友，不必一定與居住在鄰近而志不同、道不合的人來往。生活在傳統的社團之中，活動和變化的範圍是很小的；而生活在現代的社會中，却有了更大的自由的幅度，隨時可以遷居，社會也有更多的變化。現代人一方面分工日細，另一方面公私的界限分明，人的選擇的自由不斷在增長。現代人是一個「符號的動物」（ homo symbolicus ），乃需要不

────────────

❷　同上，頁四二～四四。

同的訓練來適應新環境。都市的風格有兩大特色：實用性（prag-matism）與「凡俗性」（profanity）——這個字的原意是，超乎廟堂之外——做什麼事都要考慮實效，而不關心他世的問題。傳統的宗教在今日已經失去其意義，但這並不是說《聖經》、福音的信息在今日也失去其意義。

現代人已超越了神話宗教的時期與形上學的時期，而進入了功能實效的時期，但猶太、基督教的信息並不因此過時，因為它本來就是一個重視實踐的傳統。耶穌說的真理（aletheia）並不是抽象永恆的本體論真理，它是身體力行具體實踐的真理。但實踐的真理不可與短視的實用混為一談；它所體現到的是，人的文化創造並無定法，不需要意識形態的指導，更不容許僵化而產生扼殺生力的負面效果。卡謬（Albert Camus）可以說是一個典型的「基督無神論者」（Christian atheist）。已死的是傳統的神，這樣的上帝與人的責任感是互不相容的。現在我們了解到，人絕不生活在一個完成的世界之中，人和上帝其實是一種夥伴的關係，一同來創造世界。上帝所創始的，人加以護持延續，不斷地創造下去，是在這樣的意義之下，人才是上帝的選民。這樣我們才可以發展一種「社會變遷的神學」（theology of social change）。傳統的神學是後顧的，每沉緬於過去的光榮，今日的神學是前瞻的，乃至與革命結合在一起。「俗世之城」的象徵其實並不反對於「上帝王國」的象徵，耶穌即是這樣的象徵的人格化，他所體現的即是上帝的創始力以及人對於責任的擔承。社會之僵固正由於人的心智之僵固（catalepsy），故人是罪人，必須覺醒、悔改，擔起責任來推動改革。這不是要驚新，而是要

衝決網羅，與時推移。人間不斷有災禍（ catastrophe ） 臨頭，又不斷洗滌（ catharsis ） 更新，這是一個永遠不斷的過程，周而復始，日新月異，不容許一分一秒懈怠下來。

由這個觀點我們重新檢討教會的功能，乃知道教會並不只是一個制度機構，它的目的是爲了人民，解救民生疾苦於倒懸。它的功能有三：首先是報佳音（ kerygma, proclamation ），其次是醫療（ diakonia, reconciliation, healing ），最後是建立兄弟情誼（ koinonia fellowship ）以指證新社會的性格 ❷。教會所報的佳音是，人不可以老爲外力宰制，而必須自作主宰。其次，社會裏有貧富、種族、宗派種種的矛盾衝突，人必須面對問題，尋求解決之道，而得到和解、醫療的功效。最後乃產生一種新的兄弟情誼，使得希望得以具現在人間。教會在這個意義之下乃成爲一個前衞的「新時代社團」（ eschatological community ）；因爲 eschaton 一字本來就有兩種含意：「最後的事物」或者「新的時代」。舊的一切終結，新的時代伊始。吾人得以超越過去的分崩離析，廣大包容各種異質的成分，和而不同，開創一個新的世界，象徵上帝王國在人間的來臨。

但由昨日走到今日絕不是一條平坦的道路，我們到今日還保留了許多氏族時代與市鎮時代的心態，以致不能適應今日的新情勢。教會乃應該發生「去邪」（ exorcism ）的作用 。耶穌信息的散播可以破解文化的神經病（ neurosis ）。一方面要驅鬼（de-mons），另一方面又要與法里賽人（ Pharisees ）戰鬥。

---

❷　同上，頁一二七。

今日氏族心態與市鎮心態的遺留，可以用性的問題作例證來加以闡明。氏族社會崇拜諸神，今日的美國則崇拜金童與玉女。玉女的崇拜見之於美國小姐的選舉之中。美國小姐所代表的價值恰好與聖母相反，參加競選的女孩子或者不自覺，她們被塑造成為女神，成為偶像來崇拜。金童的崇拜則見之於花花公子(play-boy)的形象之上。永遠是一男一女無意中邂逅了，有一段煙霧似的愛情，然後飄逝了，不必負擔任何後果。《花花公子》雜誌號稱是宣揚性的解放，這種東西如用傳統道德的觀點去批評是無效的。但揭穿了它的外表的帷幕，其實隱藏了一種深刻的對於性的恐懼，兔女郎所提供的只是一個假象。真正的兩性關係可以是持久的，我要和所愛的人真正分享生活，要把自己轉成一個「為他人的存有」(being-for-the-other)，就不能滿足於短暫的露水姻緣的關係。人對性要有真正成熟的了解也必須超越市鎮的心態。今日的社會一方面充斥了刺激性的官能的廣告，另一方面却又保持了維多利亞時代的道德觀，要求婚前的貞節。這是一種偽善的表現，男女熱戀愛撫，什麼都可以做，就不走那最後一步，好像這就可以衛護了貞操似的。其效果必然是自毀的。真正的對性的了解是要接受對方的真實，才能發展出一種恆久的親密的建築在愛情上的關係。

同樣今日的大學已經俗世化，教師已不再是僧侶，經費也不再來自教會，乃有了一個全新的面貌。教會應該明白，它控制大學的日子已經過去了，再多辦幾個教會大學也解決不了它的問題。

其實教會的希臘字 ecclesia 是個動詞，促使事件發生。首先，它要有「和解」(reconciliation)的作用，獻身於上帝的人的

首要責任就是要去除仇恨與隔膜。其次，要有「批評」（criti-cism）的功能，先知的傳統就是一個對現狀不滿的傳統，但所提出的乃是富有建設性的批評，引導我們去建造一個更好的世界。最後要有「解構」（disaffiliation）的效果，有時有必要站在世界之外，絕不隨波逐流，這才能變成歷史中的不斷革命的推動力。總之現實的教會組織是保守的，但真正的教會信仰却是前進的，它活躍在世界之中，幫助我們塑造未來的命運。

總之，在今日，傳統的宗教與上帝是無力的，我們要以一種全新的方式來接近上帝。上帝對今日的人來說是一個社會學的問題，是一個政治問題，也是一個神學問題。在今日的世界之中，上帝隱退了。但舊的不去，新的不來。在今天要走復古的道路是不行的，但存在主義所指出的道路也是不行的，我們要打進今日的社會、今日的政治，來創造一個全新的世界。

八、結　語

以上我們挑選了一些具有美國特色的當代美國宗教哲學的潮流作了簡略的介紹。懷德海的宇宙論的玄想與杜威的實用主義，爲當代美國的宗教、哲學提供了新的資糧，並指點了一個新的方向。魏曼（Henry Nelson Wieman）與赫桑繼承了他們的睿識，肯定了世間的變化與上帝是息息相關的，而分別發展了「經驗神學」與「過程神學」的哲學神學。尼布兄弟則不取思辯、哲學的進路，他們吸收了歐洲存在主義的睿識，而發展了存在主義的神學。最後，柯克斯著書論「俗世之城」，他把神學的考察與社會學的考察緊密地結合在一起，而爲我們提供了一個全新的視域。

他所發展的是一種肯定社會變遷的神學，乃至宣揚革命的神學。

很明顯的，在這篇文章之中，我們不可能窮盡地討論所有具有美國特色的當代美國宗教哲學的流派。舉例說，我們沒有討論「上帝死亡神學」（ Death of God Theology ）㉖，也沒有討論所謂「解放神學」㉗但我們已經重點式的介紹當代美國哲學的一些重要流派的思想，並指點了一個發展的方向，再進一步的探索只能有待於有心人在未來的努力了。

站在中國的立場，我們對於當代美國哲學這樣的發展的線索有怎樣的評估呢？我在這裏只提出三點簡單的意見。首先，中國哲學傳統一向着重流變的重要性，「道」所體現的乃是一種內在的超越的精神，從來沒有發展出希臘哲學永恆不變的存有的觀念，當代美國哲學的轉變是我們所歡迎的。其次我要指出，中國哲學與西方基督教傳統最大的一個差別在於後者把基督當作歷史的中心以及走向上帝的唯一通道看待。中國人並沒有困難把耶穌看作一位聖賢，但絕不能夠接受他的神格。只有基督的信念能夠普遍化到完全超越傳統基督教的畛域，位格的上帝消融為超越位格的

㉖　十九世紀末尼采首先提出「上帝死亡」的口號。雖然尼采是反基督的無神論者，龐豁夫却由有神論的觀點賦與這個口號以完全不同的涵意。「上帝死亡神學」的倡導者即龐豁夫的流亞。柯克斯雖未專門討論這樣的神學，但他引述了 Thomas J。J. Altizer, Gabriel Vahanian, Paul M. Van Buren，顯示他很熟悉這一流派的思想，並引以為同道，但沒有感到有任何必要闢出專節來討論這樣的神學。

㉗　這篇文章所着重的是理論方面的開拓，強調行動綱領的神學不在本文討論之列。

道，兩方面才能會合爲一。否則中國哲學儘可以吸收基督教傳統開出的一些睿識，兩方面的根本差距則依然存在着，不容許輕忽過去。如果只強調彼此的相同點，而不顧彼此的相異處，這樣做是不可能作出任何眞正的綜合的。最後，中國傳統與基督教的傳統都正在面臨現代急遽的變化中，如果不能夠作出適當的適應，就會變得與現代人不相干，而陷於沒落或死亡的命運。我們看現代的情勢，一方面許多傳統的象徵符號在今日已失去了意義，而引致許多傳統宗派的沒落。但在另一方面，現代人並不是沒有宗教方面的需要，像人民聖殿教那樣的邪教竟也能吸引到一批信衆，而廣播福音更變成了一種新的企業，吸收了不少資本，同時也暴露出近來報章所揭露的那些不堪的醜劇。柯克斯對現代的批判或者是不夠的，但他認爲今日的上帝與宗教必須以一種全新的面貌出現，這却是一個正確的方向。今日的中國哲學與基督教正在面臨着同樣的困難與問題，當代美國宗教哲學的探索無疑可以給與我們一些重要的啓發，激勵我們以一種新的方式改造中國哲學，給與它創造性的詮釋，來迎接以及面對我們的現在以及未來的世界。

（原刊於《當代》二十三、四十九期，一九八八，三，一九九〇、五）

十五、論私有化的趨勢

未來的世界要往怎樣的方向走呢？

一九一九年，美國記者史提芬斯（Lincoln Stevens）訪問了蘇聯，新成立的所謂「工人的天堂」，當時他熱情洋溢，說了一句傳頌一時的名言：「我已經看到了未來，而且它眞在發生作用。」米勒（James C. Miller Ⅲ）在講述了這件軼事之後，接着就說，史提芬斯的話在兩個方面都錯了。首先，未來的前途並不在共產、法西斯、社會主義、或其他集體主義的意識形態；其次，蘇聯現在已經公開承認，他們的那一套，且不說未來，從來就沒生效過 ❶。

現在的世界潮流是儘量減少政府的控制，而走向常識與自由。私有化正是這個潮流的一部分，對於貨品的製造與分配，要依賴私營的誘因來產生更大的效能，來滿足民生的需要。這也就是說，要把公營的事業儘量轉歸私營。政府並不是沒有功能，而是要有適當的功能。它得主管國防，立法管制暴力、欺詐以及其他罪行，執行法律，並救濟社會上有需要以及傷殘的人士等等。但它不應該開工廠、經營新貨店、速食鍊，或者其他一般性的企業。美國人

---

❶ 參 James C. Miller Ⅲ, "Privatization : Challenge and Opportunity" *National Forum*, Vol. LXX, No. 2 (Spring, 1990), 頁三六。

的常識相信，這些商業性的行為私營一定比公營做得更好。而政府必須有效率，舉凡民間能夠做得更好的就得交給民間去做。譬如國防部可以招標，用更經濟的方法讓民營的公司造武器的零件。這就是私有化理論的一些基本的構想❷。

一九八七年雷根總統指派了一個委員會研究私有化的問題，主席是現在已由伊利諾大學退休的林諾維士教授（David F. Linowes）。這個委員會的報告：「私有化，走向更有效能的政府」，已經在一九八八年呈交上去，他並在該年底美國經濟學會的年會講了這個委員會的發現，以後又濃縮成為一篇文章：「私有化的未來」❸，刊載在 Phi Kappa Phi 榮譽學會學報：《國家論壇》（*National Forum*）一九九〇春季討論私有化問題的專號之上。這篇文章以及專號以內其他相關的文章所提出的一些論點和意見是值得我們注意的。

林諾維士指出，委員會一致的結論是，只有私有化才能解決美國社會所要面對的問題，而它包含了三個重要的面向。第一，由於政府不能網羅各界的人才，所以必須與民間簽訂契約，讓他們發揮創造力，來幫忙解決有關醫療、教育、貧窮、交通等棘手的問題。政府的結構老大，人員冗雜，四分之一在做與民間一樣的業務，而效能遠遜。只有乾脆把這些裁減掉，專心做政府該做的事，才能變成一個更有效能的政府。第二，必須依賴政府服務的顧客應該給與他們選擇的機會。舉例說，公營的學校、醫療服

---

❷　同前註。

❸　參 David F. Linowes, "The Future of Privatization"，同註❶，頁二～四。

務、以及公屋計劃，都弄得一塌糊塗，主要就是因為缺少市場競爭的緣故。佛蒙州的辦法是把教育津貼發給中學生，讓他們自己去選學校，結果就好得多。同理，不應該強迫民眾去住廉價公屋，而應該發放房屋津貼，讓他們自己去找合適的住所。第三，政府不該作營利的事業。舉例說，政府不該直接借錢給老百姓去買屋、辦農場、交學費、做生意，而變成二千五百億的大債主，這些業務應該交給銀行去做。政府也不應該擁有油田，做生產石油的生意。公家既浪費而無效率，沒有理由在那裏插手做應該由民間去做的業務。

然而除了以上這些指導性的原則之外，却不能不在同時要注意到，政府必須盡到自己應盡的職責。首先，政府要負責制定政策，維持標準。譬如說，導航可以交給民營去做，但聯邦航空行政却仍然必須繼續制定政策與維持標準。其次，政府必須照顧到人民不斷變化的需要，而不能只是局限於缺少彈性的意理之內。變化可以採取漸進的方式，先從必要的做起，然後做可能做的，最後連不可能的都做得到了。以美國當前的情況來說，像郵遞服務有許多方面就亟需私營的參與。一九七九年快遞函的限制取消了，好多家快遞郵件服務公司立即有戲劇化的成長率，現在公營郵局在這方面只有百分之十二的生意，而服務的素質提高了，郵資反而減低了。這就是因為有了競爭的緣故。其實不只郵政還需要作進一步的改革，另外像導航也應該私營化，反對的理由是不能成立的，航空公司是私營的，我們把性命都交給了這類商業機構聘請的飛機師，就沒有理由不許導航也變成營利的事業。其他可以考慮改為私營的包括火車，城市的大眾交通，醫療協助，甚

至於監獄的管理等行業。其實私有化決不只是美國的趨勢,英國、法國、意大利、日本、智利、烏拉圭、乃至一些非洲國家都在把國營的事業轉讓給私營,這是個世界化的趨勢。國有化和過多的管制都收不到效果,應該讓商業起帶頭的作用,而這樣做反而促進了國家的利益,注入新的活力,改善社會的服務。

沙瓦士(E. S. Savas)進一步分析私有化作爲架構改革的策略的問題❹。他認爲世界私有化運動是由多方面的壓力輻輳起來造成的,大致可以歸納成爲四個方面:實用的(pragmatic),意理的(ideological),商業的(commercial),及悅民的(populist)。我們可以簡略地撮述如下:

實用的目的是追求更強更健康的經濟。政府的花費越來越大,公衆對於高稅率的抗拒也越來越大,那就得謀求對策來解脫困境。一種常用的手法是簿記的方式,使得收入和支出看起來差距並不是那麼大;另一種方法是借更多的錢來彌補開支;但要弄這樣的手法遲早不免碰壁,剩下來的選擇不外二途:減少政府的活動,或者提高政府的效能或創造力。很自然地,受益人會反對政府削減服務,表面上看來,增加政府的效能是政治上比較容易接受的出路。於是政府採取了各種改組的措施,然而實際上却收效甚微。這說明了,吾人必須採取更根本的策略來對付這個問題,而私有化正是這樣的策略來使得納稅人付的稅物有所值。

意理的目的則在於限權。大的政府對於民主形成威脅。政府

---

❹ 參E.S.Savas, "Privatization:A Strategy for Structural Reform", 同註❶,頁九～一三。

支配的錢越來越多，離開民眾的實際需要反而越來越遠，却又無
所不在。這會導致自由與人權的喪失，即使在所謂民主的社會也
在所不免。而且能夠得到多數票支持者就可以利用政府機構來壓
制少數派，使得公義與平等也受到威脅。而政府變得越來越龐大，
也就會變得越來越沒有效率。自由、公義、效率三者都是重要的，
政府的作用是在三方面覓取平衡，而太多的政府政治却對它們都
造成危害。同時現代人並不那麼信任政府，要是犧牲了自己的權
益却什麼都拿不到，只換來一個大而不當、浪費無能的政府，信
心危機乃可以造成極為惡劣的後果。再有經濟方面的考慮是，經
濟的決定應該以市場為準，不能專以政治的考慮為準。奇妙的是，
意理派並不希望政府太有能，却不期然地與實用派走在一起，支
持私有化的傾向。前者希望較少干預，而後者則要求小而有效能
的政府，所指向的是同一個方向。

　　商業的目的是在經濟上得到更大的分潤。他們的想法其實十
分單純。政府花很多錢，用來付雇員的薪水。而他們做的事其實
都是例行的商務活動，諸如建築物、車、船的維修；打字、搜集
資料；處理保險事宜、通知付款；收垃圾、修道路之類。這些都
與管治無關，故應立法不許政府與民爭利。事實上私營的商業做
得更好，還向政府交稅。除了這些以外，還有政府的大額投資計
劃，如造路、橋、監獄、污水處理廠、轉廢料為能源的工廠等等，
都可以交給民營來做。尤其在政府財政拮据的時候，民間籌款舉
辦實業乃變成了一個很有吸引力的可能性。有些國家把國營事業
賣給私營，背後的理由是一樣的。賠錢的事業可以改進變成賺錢
的生意。其實所有國營事業，像工廠、礦、油田、交通、訊息系

統、銀行、林地、空地，都可以考慮轉交私營。商業之支持私有化純粹是爲了追求利益，理由與實用派、意理派可以完全不同。

最後悅民派的目的是分權給民衆。他們反對大政府、大企業，而主張把權交給地方，交給民衆。舉凡大機構，不論是政府或私營，都無可避免地會變得體制化、官僚化、專業化，罔顧老百姓的利益。現在的公營服務事業根本就不給人們任何選擇；地方社團則不應該讓遙遠的官僚機構來決定其需要。我們的家庭、鄰居、敎會、種族性與職會性的會社必須發揮更大的作用，才能產生健康的社團意識。大的政府機構像敎育部、房屋部等變成了專橫的官僚機構，而特殊利益集團可以利用這些政府機構把他們的價值強加之於衆人之上。只有不把多元化的小團體組合扼殺，各種利益互相均衡，才能讓自由、公義、效率得到一個適當的比例。權力必須分散，選擇必須增多，才能形成一個更好的社會。這班人也追求私有化，與前面的三派合流，指向同一個方向。

至於私有化要怎樣進行呢？大體上有三種技巧，所謂三個 D，即 Divestment （放棄），Delegation （委託），與 Displacement （轉移）。首先，政府可以主動地放棄一些活動。譬如說，政府可以把運輸鐵路賣出去，不論是賣給一家公司，或者是發行股票賣給公衆。政府也可以把一些公營事業送出去，譬如英國鐵路把英倫海峽的飛翼船服務根本就送給員工自行經營，就免得老要用公款去貼補這項服務。最後，太不賺錢的事業也可以破產，把資產變賣，無需死撐下去。

其次，政府也可以把一些活動委託給私營去做，而只需保留監管的責任。政府可以招標，與民間簽約，讓他們作某一種的服

務。地方政府經常把收垃圾、修街道、剷雪一類的工作交私營去
做。而州政府與聯邦政府則把建築物維修、交通、伙食、印刷讓
私營去做。政府也可以通過招標，把特許權給與某些機構，讓他
們作巴士、的士、電氣、煤氣、水、電信一類的服務。政府當然
還可以把辦公室租賃出去，這其實是特許權的另一種方式而已！
政府有時可以發憑單給顧客到市場去選購食物、住所、教育、保
健、交通一類的服務。政府還有一種辦法，就是提供補助，讓私
人來作一些活動，其實這也是提高政治影響力的一種手法，所以
常常被政客所利用。

　　最後，政府可以採取消極的手段，讓民間逐漸取代政府的服
務。舉例說，公家的網球場維修得不好，就會漸漸被私家的網球
場所取代。甚至警察也可以雇私家的，部份地取代了警察部門的
業務。另外就像道路、橋樑、下水道等都可以讓民間集資來經營，
取代政府的差勁的管理。有時政府部門管不了那麼多事務，就可
以與私營合作，讓他們提供服務。譬如像無家可歸者的庇護所的
安全問題，一般警察不願過問，就可以請私營的護衛來照管。這
樣政府機構就無須因過分擴張而腫脹。同時政府常常有一種獨占
壟斷的傾向，故此取消管制也變成了私有化的一種方法，這樣民
間就可以挑戰政府的壟斷行為。譬如開放快郵，不再禁止私營公
司把信放入收信人的郵箱，快郵公司就如雨後春筍一樣地生長，
搶去郵政的生意。

　　總之，以上三種技巧可以合起來用以促進私有化的過程。有
些機構解體固然可以造成暫時失業的痛苦，但整體經濟的改善使
得人民的需要可以得到更大的滿足。政府的功能是「管治」（go-

vern），其希臘字源的原意是「掌舵」（steer），也就是說，政
府該做的事是領航，而不是搖船，實際的搖船工作可以讓民間去
做。政府只是社會的一個重要的環節，公私得到適當的定位，才
能夠各盡所長，各棄所短，互相配合以收到最好的成果。

　　摩爾（Thomas Gale Moore）的文章則更集中地討論取消管
制與私有化的關係 ❺。他認為私有化運動是取消管制運動的自然
的延長。市場一旦失敗，政府擁有與管制就代替了私有化。而私
有化與取消管制是要把政府所控制的工業重新放回到有競爭性的
私營市場之內。不受管制的公司的表現較好是因為它們要受到市
場的節制，而管制却往往取消了競爭，目的往往不是為了以最低
的價錢換得最佳的服務，而是為了取悅上級，討好有政治影響的
團體，以及有利於受管制的公司等等的動機。舉例說，現在的政
府機構反而喜歡和有組織的工會打交道，因為他們掌握了大批選
票。同樣，管制常常有利於某些特殊利益團體。政府擁有的公司
既無須努力去謀利，受到市場的賞罰的影響，往往就會用　大堆
冗員，給與太高的薪水與福利。政府事業賺錢是件沒有意義的事，
因為錢賺來即收歸國庫，與該事業沒有直接的關連。主管乃千方
百計找出辦法來花錢，什麼改善工作環境，推廣有意義的計劃之
類，就是不要把錢剩下來！故此，取消政府的管制即是讓這一行
業轉歸私營。而政府擁有正是限制產權的最極端的例子。在美國，
多數公用事業、航空、鐵路都歸私營，政府只加以管制，其他國

---

❺　參 Thomas Gale Moore, "Deregulation, Privitization, and
　　the Market", 同註 ❶，頁 5～8。

家則往往是國營，故在美國之取消管制正好相當於其他國家採取私有化的措施。美國的管制源於一八八七年建立「州際商務委員會」(Interstate Commerce Commission)，原因在一些事業接受政府的大額補助，弄得尾大不掉，這才需要一個委員會來管制。最直接的原因則是鐵路的擴建，為了要避免惡性競爭，運費需要穩定，乃需要管制；其他的國家乾脆早就變成國營事業了。後來由於美國鐵路變成賠錢生意，政府不得不加以接管， 如今貨運(Conrail)終於變回私營，但客運(Amtrak)則仍歸公營，因為沒有補貼，根本就沒法子維持，不可能在自由市場競爭，只有用另外的理由來辯護它的繼續生存下去了。但鐵路既受到管制，政府的管制就變成了一種慣性，公路也受到管制，其他各種公用事業都受到管制，而這又是與一些歷史的原因互相關連的。

美國自立國以來，本來是相信市場的表現的。鐵路這個巨怪投下了第一個陰影。到了本世紀的二〇年代三〇年代，人們對於市場制度完全喪失信心。不景氣造成大量失業，民不聊生。於是樣樣都要加以管制。許多知識份子反對資本主義，贊成社會主義、共產主義、集體主義。二次大戰以後，世界的未來被認為在社會主義。但三十多年以後，鐘擺又漸漸擺了回來。理由其實也是十分現實的。現在人慢慢了解，政客與官員行事常常並非為了公益，只是為了不斷繼續當選下去而已！管制常常只是為了某些特殊利益集團的好處。現在的知識份子乃體現到，市場的表現要比政府擁有或控制好得多。而反市場的經濟並沒有引致較好的生活水平、經濟成長、自由平等，於是對於社會主義感到幻滅。國有化的後果是災難性的，毛病在管治者與被管治者成為一體，制衡的作用

根本不存在，以至付了更高的價錢都只能得到更壞的服務。終於私有化變成了世界的潮流，而認識到私有的不受管制的事業乃是經濟推動的原動力。

　　專號的其他文章討論各種特定的題目：如公屋、郵政、土地、存款保險、社會福利、乃至田納西水壩轉歸私營之類與私有化相關的問題，此處不贅。但專號的最後一篇文章，本來不是講私有化，而是講美國憲法的 ❻，反而值得我們注意。坎農（Mark W. Cannon）是慶祝美國憲法二百周年紀念委員會的主事者（staff director），而《國家論壇》曾經出過有關這個題目的專號，他在這裏根據他的經驗提出反省，恰好畫龍點睛，爲我們當前討論的問題作出了扼要的總結。

　　坎農指出，志願主義（Volunteerism）是美國的立國之本。托克維爾早就看出這是美國與歐洲不同的地方。慶祝二百周年紀念，美國也是發動草根層面自動來做，結果克服了經費不足、協調公私種種的困難而獲得了顯著的成果。通過問卷調查，慶祝二百周年紀念各階層的領袖人物都相信，自由經濟與政治制度是緊密地關連在一起的。他們相信，自由企業與私產權對於政治自由與繁榮來說是最關緊要的，而美國憲法對於發展一個有創發性的國家，享有快速的經濟成長來說，是十分重要的。

　　由這一次的經驗可以得到怎樣的教訓呢？第一，創發力是最重要的，各人要找到自己的方式去闡發憲法背後的精神。第二，

❻　Mark W. Cannon," The Constitution: The Real Thousand Points of Light," 同註 ❶，頁四〇～四五。

志願的創造性的節目是最難處理的，需要各種不同的人才，還要高度的想像力，豐富的知識，超特的忍耐力，合作、協調的本領，以及激起熱情的說服力，這才得以不斷持續下去。第三，志願者要真正把傳播憲法的信息當作自己的事來做，所需要的不是一時的興奮，而是要用腦筋實際去做工作。第四，最重要是自由的護持，它像是一塊稀有的寶石，一旦失去可沒法子再要回來。臺灣與大陸本來人均收入是差不多的，但因為臺灣有較大的自由，現在收入已經變成大陸的十七倍。邱吉爾說，民主是最壞的政治形式，但却還找不到比它更好的形式，這實在是至理名言！第五，自由不免產生種種問題，但這些問題只有自由人才能夠解決。專制可以集中力量對付一個問題，但我們可受不了專制帶來的禍害。

往未來看，我們希望自由成功，就必須樹立價值的典範，以身作則，尤其需要留意下列五個領域的問題：第一，必須清楚地認識自由的條件，美國長期實行民主，充分了解分權的重要性，肯定出版自由，以發揮制衡的作用。第二，開國元老給吾人的啓示是必須高瞻遠矚，自覺到在改變未來歷史的進行。今日的美國人却只圖眼前的享受，不事積蓄。日本人則不論低利率仍省下五分之一的收入，如今竟然買下了美國政府發行的四分之一的債券。第三，正如托克維爾所說，吾人的首要責任乃是推行民主教育，不要因為越南戰爭的頓挫，乃把自己的制度看成一無是處，民主法治的價值仍然必須護持，自由顯然勝過奴役，秩序勝過失序。第四，美國人必須培養服務他人的意願，事實上只有熱心公益，開國的理想才能夠繼續維持下去。第五，宗教信仰是不可忽視的友軍，一貫發揚志願主義的精神，履行公民道德，幫助人們解決

實際的問題。雖然美國明令禁止在教室之內傳教，但了解宗教與歷史文明進展的關係仍是一個人的教育的很重要的一部分。總結下來說，志願主義是美國的立國精神，華盛頓尤其身體力行，爲我們立下最好的榜樣，我們今日也該立志，在我們每個人卑微的方式之下，積極參與，改變未來的歷史，那怕成就只是一丁點兒，下定決心對抗無厭的貪欲以及譏誚的態度，也就有其不可磨滅的意義與價值。

以上我把《國家論壇》私有化專號重要的內容介紹了一個梗概，下面我要略爲講一講我自己的意見。我覺得坎農的文章提出了一個十分重要的視域。他明白地指出，美國的立國精神乃是志願主義，這並不等同於我們一般所理解的個人主義。志願主義的精義在，個人需要爭取主動，但這決不是說，個人必須自私自利。恰正相反，個人要出於自願，爲社會公義而努力，兩方面並不站在互相敵對的地位。表面上看來，坎農的思想很陳舊，又在標榜美國的傳統，甚至頌揚宗教的貢獻。但眞正的問題並不在美國人是否要維持美國的傳統，而是在，這樣的傳統是不是應該或者值得維持下去！人類所開發的智慧是不是該聽其失墜！故此吾人無須懼怕背負上保守主義的名號。需要創新的就要勇於創新，需要保守的也得要勇於保守，這才是我們應取的態度。而有趣的是，價值重建、鼓吹對於社團負責任的公權主義（Communitarianism）又變成了新的時期。（見《時代》雜誌，二月二十五日的報導。）

基本上我是贊許私有化的趨勢的，否則我就無須花許多時間和精力來介紹這一個專號的內容。少年時我也相信過社會主義的理想，各盡所能，各取所需。但隨着歲齒的增加，這才逐漸體悟

到，崇高的理想缺乏制衡的機括只能夠產生新階級的現象，而私產的擁有恰正是人權的最佳保障，法治的施行才能使得我們享有自由，它與胡作非為的失序狀況並沒有任何關連。人生活在一起就必須自我限制作出某種犧牲才能夠換取憲法上所規定的那些自由。但肯定民主政治、自由貿易的經濟制度並不能夠推出爭權奪利是人生最終極的目標。在一個多元開放的社會之中，人可以有自由去追求自己的終極關懷以及崇高的精神境界，那是另一個層次的問題，不可與政治經濟的問題混為一談，否則就會陷入汎政治主義、汎經濟主義的泥淖。

在一個開放自由的社會之中，我們不願意有一個權力過分龐大的政府，它會威脅到我們所寶貴的開放自由的價值，同時也只有促進私有化，才能夠為政府與商業分別找到定位，發揮它們最大的功能，讓民生的需求獲致更大的滿足。從一方面來說，私有化與取消管制的趨勢的確是齊頭並進的。美國過分的管制已經造成問題，據說美國成立一家公司只能夠請幾個工程師，却要請好幾十個律師，而日本却可以請幾十個工程師，只需請幾個律師，這也是美國的產品日益失去競爭力的一個基本的原因。但是不是所有管制都該取消，越少管制越好，這却是個富諍議性的問題，專號裏的文章往往偏向一邊，另一面的觀點並沒有得到申述的機會，複雜的問題受到簡單化的處理，我們可以在這裏略作進一步的討論。

事實上在專號之中，米勒的文章就曾經提出了一個重要的區分。他認為政府的功能是主管國防、立法管制暴力、欺詐以及其他罪行，執行法律，並救濟社會上有需要以及傷殘的人士；但不

應該涉足商務，與民爭利，結果表現極不理想。由這個角度來看，並不是不需要所有的管制，只是不需要不必要的管制罷了！在應該私有化的範圍之內，就應該儘量取消管制，正如摩爾所論辯的那樣。但是某些範圍之內却是需要管制的，然而在公私之間要怎樣劃分界限，却並不是那麼清楚明白的，我們可以舉一些實例，就可以明白問題癥結之所在。

　　就說開工廠罷：一個地區想要繁榮，把經濟攪上去，乃可以決定撥出一塊地，提出種種優厚的條件，吸引工業來設廠。但是現在不比從前，發展並不是唯一的考慮。工廠排出的廢氣污水如果超出某種限度便可以造成環境的污染，危害居民的健康，就要立法來加以管制。這顯然不是基於純經濟的考慮，因爲要處理廢氣污水的問題，就要增加成本，不利於產品的競爭。但若沒有管制，情形會怎麼樣呢？據說加州有些工廠爲了逃避管制，就越過邊境到墨西哥去設廠。結果是墨西哥的空氣和水污染得一塌糊塗。只不過墨西哥的水還得流入加州，污染的程度終於引起了公衆的關注。從環保激進份子的觀點看來，工業的污染形同犯罪，必須與之抗爭。同時強國如果只顧自己的利益，完全忘記自己也是地球的居民，肆意污染環境，破壞生態，最終不免遺禍子孫，後果堪憂。又像吸煙，本來純粹是個人愛好之事，但到了證實吸煙可以致癌之後，就要立法加以管制，禁止在公衆場所吸煙，甚至大衆傳媒也不許刊登香煙的廣告。然而在同時，美國却把香煙傾銷到東方來，因爲那邊沒有嚴格的管制，人們既自願吸煙，樂意承受其後果，那就聽其自然好了。由此可見，民衆支持或反對一些事情，乃取決於多項因素，如財富的水平、知識的水準、傳媒的

廣播、利益的左右等等。國家與國家、地區與地區之間，彼此的關懷與需求不同，可以造成巨大的差別。而嫖妓、同性戀、墮胎、安樂死、吸毒是否應該合法化？乃變成了不斷引起爭議的問題。

又換一個角度來考慮，反對過分私有化的論辯指出，有些跨州、跨國的計劃不是地區或者個人的努力所可以對付的，仍需要政府來推動。其實即使政府把許多活動轉交私營，像美國聯邦政府那樣龐大的機構仍然是個巨大的怪獸。即使它只主管國防、立法、司法、社會福利，它的權力仍然是驚人的。輓近的海灣戰爭就是一個實例，布希總統一聲令下，就要動員多少人力，花費多少資源與伊拉克開戰。權力巨大的政府在現代是一個事實，不是我們的希望可以使它消失或萎去的，如何限權確是一個令人頭痛而真實的問題，奇怪的是，發展到現階段，我們發現有些事業固然需要跨國的力量合作，才能夠取得進一步的成效，但並不一定大的一定就是好的，許多小型的事業仍然可以發揮主動，有驕人的表現。如何在大小之間覓取一個適當的平衡，變成了今後一個可以令人注目的問題。

如果牽涉到國家之間的關係，問題就變得更複雜了，今日世界上還有很多國家補助自己的農業，這也不是為了經濟的考慮，而是為了國防的考慮，同時也得為自己的農民有所交代。世界畢竟沒有大同，如果完全依賴外來的糧食，屆時可以發生意想不到的後果。正是因此，日本仍然大量補助其農業，而美國則一直施加壓力要日本取消管制打開他們的市場。關稅的問題也始終難以有良好的解答。又譬如美國的牛肉賣到歐洲就受到共同市場的抵制，一個理由是美國用肥牛素，不符合歐洲的規定。但世界的趨

勢是慢慢去除人為的障礙，像歐洲共同體的成立，至少超越了小
國林立各設關卡的許多障礙；英國也終必加入歐洲共同體，英法
地下隧道通車會進一步打破英國孤立的形勢。西歐如此，想來這
應該是世界未來共同的趨勢。華沙公約瓦解，世界越來越像一個
地球村。而在另一方面，我們仍要努力保存不同文化的特色，不
能聽任一個超級霸權把一切都定於一。開放與多元恰正是世界另
一個不可阻抑的趨勢，而這要靠各個地區針對自己的情勢，作出主
動的努力，和而不同，依照這樣的規約原則來加入世界的新秩序。

　　世界如今正在走進一個全新的時代。蘇聯與東歐已坦承集體
主義的經濟是行不通的，但如何轉往市場經濟仍是一個極端複雜
並可以產生嚴峻的後果的問題。部份的原因在，所需要面對的並
不單純是經濟問題，同時還要牽涉到政治制度的改革、思想方式
的改變、以及生活習慣的轉變。長期接受上面指令行事的人是很
難一下子變成樣樣爭取主動的人的，而既得利益集權也是很難會
樂意放棄自己一向享有的特權的。但世界的轉變的巨輪是不可能
叫它停止的，我們得仔細認取未來的大趨勢，根據自己的情勢，
找尋因應之道，而不能盲目引進外來的東西，未蒙其利，先受其
害。我們自必須參照先進工業國成功的經驗，但最重要的仍是先
要找到自己的問題 ❼，然後對症下藥，才可以收到真正的成效。

（原刊於《信報月刊》總一九五期，一九九三、六）

---

　❼　參何博傳：《山坳上的中國——問題、困境、痛苦的選擇》，修訂本
　　　（香港，三聯，一九九〇）。書中首次提出研究「中國問題學」的倡
　　　議，很有啓發性，值得我們注意。

十六、對日問題四章

一、研究日本侵華史的必要以及應取的態度

我們經歷抗戰的一代對於日本侵華莫不感到深惡痛絕。但是光只有情緒上的反應是不濟事的，甚至還會發生反效果。我們有必要組織一批學者研究抗戰時期日本侵華的史實，我在這裏只簡單地討論一下我們應採取的態度的問題。

首先，我們需要瞭解我們所面對的客觀環境。經歷二次大戰，德國人對於自己的反省很明顯地比日本人要深刻許多。原因並不一定是因為德國人的自覺程度高於日本，部份的解釋可能是因為日本與德國所受到的壓力完全不同的緣故。德國有法國那樣的世仇；又要面對猶太復國所建造的以色列那樣新興的國家；還有少數人一生以追蹤、暴露滿手血腥的納粹為職志，不論他們化名隱藏在世界那一個角落，都要把他們找到，然後繩之以法。這些不能不說是合乎正義的結果。但是日本人從來沒有受到這樣的遭遇。美國接受日本投降，不只沒有為難天皇，反而處處加以衛護。或者這是由於接受人類學家的建議，為了減低日本人的抗拒情緒而有其必要罷！但不把裕仁當作戰犯，不讓他為戰爭負半點責任，他一生對於日本侵華始終沒有向中國人正式道過歉，死後前美國駐日大使賴世和竟然還譽他為日本有史以來最偉大的天皇之一，

這未免太過分了。而中國官方的態度當然要負相當重大的責任。首先是國民政府所謂「以德報怨」，除了處決為首的少數幾個戰犯之外，日本人的滔天罪行就此輕輕一筆帶過。而共產黨的政府也好不了多少，由於需要日本人的經濟援助，態度上也就硬不起來。記得當年釣魚台事件，海外學運弄得如火如荼，大家同聲譴責國民政府的軟弱，很多人甚至把希望寄託在大陸的政權之上。那知後來釣魚台就斷送在大陸政府的軟弱態度之上，聽任日本人在島上設了氣象所，將來看樣子是永遠收不回來了。

最可惡的是，日本人在近年來不斷在攪一些不可以令人接受的小動作。譬如說，前日本首相中曾根在任期間，竟去拜祭靖國神社。而日本人幾次三番修改教本，想把「侵略」二字抹去。最近法院還判文部省之修改教本無罪責，理由是南京大屠殺一類的事並無定見，文部省有權修改，而且教本最後並沒有完全採納文部省修改的意見。總之，有許多日本人到現在還不肯承認抗戰時期日本侵華的史實，是可忍孰不可忍！

當然過去政府方面也是作出了抗議的，但完全不能反映出我們民間的激憤的情緒。譬如說，海外曾經有一大群知名的學者參與簽名，以顯著篇幅刊登廣告，譴責這一類的情事。政府由於實際考慮，很難會改變立場的。而民間如果反應過分激烈，結果就不免與政府對立，甚至會受到官方力量的壓制，情況是十分不利的。譬如說，要政府向日本去索賠，這乃是完全不切實際的想法。但這並不排除個人向日本去索賠的可能性，如果最後還得弄上法庭，要通過法院來裁決，那麼最重要的就是受害的證據的提出，而這需要做實際的證據搜集的工作，決不能夠只訴之於單純的情

緒的反應。個人的力量當然是微弱的，但如果有人或有機構來推動，大家一同做，那麼可能發展成爲一股不可輕侮的力量。而民間所做的雖然超過了政府所做的範圍，卻並不一定是對政府不利的。導演牟敦芾說起他拍攝「黑太陽」的過程，最初一直不許他拍攝這樣的影片，暴露出日本在中國做細菌實驗那樣慘絕人寰的故事，認爲這可能會損害到友邦的感情。最後一直攪到胡耀邦那裏才得到批准，在片頭上即說明，友誼還友誼，歷史還歷史，這是十分理性的態度。而民間把這樣的歷史展示出來，等於是給政府增多一些籌碼，對日本施加壓力，而有利於政府與日本的談判。聰明的政府何必去壓制民間出於自願自動自發的這一類的努力呢！「黑太陽」這樣的電影當然不可以當作歷史看待，但它的震撼力仍然是巨大的。而一切都得依靠它背後的根據是不是靠得住。也就是說，一切都指向一個目標！我們得作出一種集體的努力，去研究抗戰時期日本侵華的史實，這才是我們去索賠或者作任何譴責行動的最終的根據。

一旦確定了研究日本侵華史實的必要性，我們就要集合在這方面有專長的學者去實際從事研究的工作。我們必須避免的一個陷阱是，讓情緒與先在的成見影響我們做研究工作。我們只能講所搜集到的材料容許我們講的話，而不可以勉強材料講我們要它們講合乎我們的心願或情緒反應的話。那樣就不是有學術水平的研究，既得不到學者的尊敬，也就根本欠缺說服力，而起不到眞正的作用。

既確立了我們應採取的態度，我們就要立刻發動學者來做這一件工作。我們知道，重要的史料如果不加搜集或者保留，就會

逐漸淹滅或者褪色的。以香港地區為例，據說有一些日本旅客在這裏收購日治時代的軍刀、糧票一類的東西。不需要多少年，這些證據就會漸漸消失，屆時證據不足，許多歷史就會變得真正難以作成定見，而變成我們最大的遺憾了。

最後我要說明，研究日本侵華史並不只是我們中國人的事，也是日本人的事，或者任何要求了解這段歷史的真相的人的事。正因為我們的態度不是訴之於盲目的仇恨的情緒，而是訴之於冷靜的公平的理性，所以我們邀請全世界所有對這一段歷史有興趣的學者都來參與這一個本質上具有開放性的研究計劃。

（原刊於《日本侵華研究》第一期，一九九〇、二）

二、論中日民族性格的差異

抗戰時期日本侵華，這是史實。我們要研究這一段歷史，就不能不搜集大量的史料，加以分析研判，組成一幅信實的圖畫。但我們要解釋日本侵華的原因，恐怕就不能不進一步從事中日歷史與民族性格的探討。我在這裏所謂民族性格，並不需要預設各個民族與生俱來就有不同的特性，這種差異也可以是長期歷史文化發展積累下來的結果。在這篇短文之中，我只能略陳管見，希望得到方家的指正，更希望有心人能夠對於這個題目作深入而細緻的探討和研究。

我們中國人慣常有一種偏見——認為小日本只會模仿，沒有真正的原創性；更可惡的是，由我們中國學去了不少東西，倒頭

來卻反咬一口，專欺侮我們中國人。日本人善於吸收外來的文化，這是不在話下的。事實上也的確是，離開了中國文化的影響，是不能夠了解日本文化的。舉其大者而言，文字、制度（大革）、宗教（禪）就是最顯著的例子。但是日本人的模仿與吸收是有選擇性的，它背後的精神依舊是日本的，與中國並不相同。忽視了這一點，對於許多問題就很難得到適當的解釋。

　　舉例來說，中國的皇帝雖貴爲天子，但天命靡常，由禪讓的故事到朝廷的更替，政治的權力並未永遠集於一家一姓之手。但日本天皇卻是天照女神的後裔，被崇拜爲神，兩千年來就只有一個朝代。中國不幸，最後一個朝代淪於異族的統治之下，戊戌變法不成，就只有走上革命的道路。賽珍珠說，要是不廢皇帝，中國以後或者不會發展成爲那樣的亂局，這是不了解中國歷史特質的皮相之談。進入現代以後，中國並不具備像英國、日本那樣保留皇室的條件。而日本明治維新，把權力由幕府拿回來，卻是合乎天經地義之事。反過來，中國就缺少這樣一個中心的象徵，而日本卻很快可以走上軍國主義的道路，這是歷史的弔詭。

　　日本的民族性與中國的民族性之迥然有異，可以由《源氏物語》那樣的文學作品看出來。日本人一方面極富於感性，尤其是女性，極富於優美纖細的感覺，人生如朝露，很容易體會到世事之無常。由這個角度看來，日本人之吸收佛教的思想，恐怕不是一件偶然之事。另一方面，日本人執着於封建的道路，男性所表現的剛強的性格，視死如歸的氣慨，也是可以凸顯出日本的特色。班乃迪（Ruth Benedict）的書名《菊花與劍》很能夠捕捉到日本人所表現的兩極性。反過來看中國人，很難找到像日本人那樣

的熱狂主義，凡事模稜兩可，不肯走極端，顯現出一種中庸的性格。兩方面的表現適成對比。中國人大而化之，日本人講究儀節。高級日本知識份子飽受中國文化薰陶，學得某種形式，背後支配的精神則終究不同，不可以混爲一談。

　　現在我要略爲談一談一些與現代化有關的論題。最近港大校長歷史家王賡武教授到中文大學來講明朝永樂時代中國的海外世界，聽講之餘令我發生很大的感慨。他說永樂時代鄭和六次下「西洋」，以後又下過一次即劃然而止。他問一個問題：永樂是否眞正有打開海運的選擇呢？他的答覆是沒有。同樣英、葡無法在歐洲發展，必須往東方來，同樣缺乏眞正的選擇。喝咖啡的時候我們繼續這一問題的探討，海運之不能開，全漢昇先生指出一個主要的原因是經濟不能負擔。但我進一步追問，爲什麼經濟不能負擔呢？如果中國人下西洋是爲了做生意，攫取殖民地，搾取土著的資源，乃至販賣奴隸，那就是一本萬利的勾當，怎麼曾有經濟負擔的問題呢？但中國人爲了宣揚國威——接受進貢要加倍奉還，那當然是無法負擔得起了。這顯然與中國人的傳統價值觀念有關連——文化的因素是扮演了一個重要的角色。

　　韋克曼（Frederic Wakeman）接着講清初的情況。有趣的是，中日都曾採取閉關的政策，以致由十八世紀以來逐漸落後下去，到了十九世紀乃造成帝國主義侵凌的現象。在這個階段中日的回應乃有了顯著的不同。魏源的書在日本產生了巨大的影響，在本國卻得不到任何反應。日本人很快地學了西方的一套，打敗了帝俄，擠入列強之列。應該說明的一點是，日本雖然吸收了佛教，但由中國轉手，並沒有接收印度式的遁世主義，正好相反，

日蓮宗還組織了和尚軍，有一種現世的行動的性格，對於現代化
的過程並沒有構成太大的妨礙。日本與中國最大的不同在——中
國是文化母國，從來沒有低頭向其他文化學習的經驗，向印度取
經是出於自己的需要，到了乾隆時代更轉變得躊躇志滿，妄自尊
大，終於受到了歷史的懲罰。而日本卻沒有這樣的心理的障礙，
它先向中國學習，再向西方學習。學習的速度極快，但是否學習
得太成功了，以致造成了二次大戰的失敗，寫下了侵華的醜史，
這是否又是歷史的弔詭呢？！

　　還有一點值得我們注意的是，在進入現代的過程之中，日本
政府發現一切由政府來做是不可能的，於是把銀行放歸私營，立
刻由賠錢變成賺錢，這可能是一個很有關鍵性的發展。需要指出
的是，所謂私營並不是指零散的個人而言，論者早就指出，日本
現在的財閥是由過去的武士轉變過來的。在野與在朝有着某一種
的對抗性，而在一個團體之內卻要求成員的絕對效忠。這成為日
本現代企業的基礎。政治也決不是西方式的政治，宗派之間的傾
軋與調和構成了日本政治的特色。而中國一方面正如孫中山先生
所謂的一盤散沙，而另一方面大陸終於為共產黨所席捲而走上集
權主義的道路。這也是很值得我們反省的一個現象。

　　最後我要談的一點是，在回應西方的挑戰的過程中，雖然日
本也和中國一樣經過許多內心的掙扎，但他們似乎能夠在傳統與
現代之間獲致某一種平衡。一方面他們努力保存他們的茶道、花
道、禪道，另一方面他們又努力吸收西方的科技與商業，竟能夠
青出於藍而勝於藍，促使美國學者竟然寫出：《日本第一》這樣
的書來。而在日本，儒家的古典像《論語》之類，竟然變成了暢

銷書，岡田・武彥這樣的學者經常被邀去講解儒家倫理，因爲日本人相信這有助於他們在實際上的成功。反過來，中國大陸還沒有走出中世紀，而攻擊封建的儒家倫理最烈的地方，恰正是這一最落後、不現代化的地區。我們要怎樣來解釋這樣奇特的現象呢？

總之，我並無意單純地譴責那一個民族的暴行。我們要好好分析日本侵華的成因，了解中日民族性格的優點與缺點，彼此參考學習，走向一個比較合理的未來。

（原刊於《日本侵華研究》第二期，一九九〇、五）

三、有關中日關係的一點感想

一九九〇年八月十日至十二日在香港中文大學舉行了一次大型的，近百年中日關係史的研討會。會後頗有一點感想，立即記下來與讀者諸君分享。

這個學術會議的目的是還出近百年中日關係史的眞相，決不是訴之於情緒反應的聲討大會。我們要客觀地研討，究竟戰爭的責任誰屬？日本侵華像南京大屠殺究竟殺害了多少中國同胞？這場戰爭對於中國究竟造成了多麼大的傷害。胡耀邦曾經說過:「歷史還歷史，友誼還友誼」，這是十分正確的態度。掌握到歷史的眞相之後，當然可以爲了實用的目的，進一步利用這樣的知識。譬如民間可以向日本提出索取適當的賠償的要求，政府則可以採取對策在未來減低日本軍國主義復辟，以及增加中日友好關係的可能性。這次會議海峽兩岸都有學者來與會，而且居然有十多位

日本學者參加，他們的態度客觀，也和我們一樣在努力搜集資料，以求還出歷史的眞相，並且專業的水平很高，這是一個十分可喜的現象。

在中國方面來說，日本不承認侵華，只說爲中國人民帶來了麻煩，這是斷然不可以接受的態度。可惜的是，我們的兩個政府爲了當時的實際需要，不能採取比較強硬的態度，反而唱出以德報怨的高調，以致正義難以伸張，令人遺憾。更可笑的是，美國人當年要求日本無條件投降，在廣島、長崎投了兩個原子彈，後來卻爲了抗蘇，無條件地幫助日本復興，甚至淹滅了天皇介入戰爭的證據，使得歷史還原的工作倍增困難。如今日本變成世界經濟的超級大國，在日本的銀彈攻勢之下，誰還在乎去算那些陳年的舊帳呢？然而歷史畢竟是不容抹煞的。最近盧泰愚訪日，由於南韓的態度強硬，新的日本天皇乃作出了類似道歉的聲明。這是一個轉機，將來日本天皇訪華，中方也應該援南韓的先例，逼使日本作出符合歷史眞相的聲明，才能夠對廣大的中國人民有適當的交代。

然而令我們擔憂的是，六四以後，大陸在國際上的形象不佳，又殷切需要日本的經援協助，只怕免不了又蹈歷史的覆轍，爲實利而犧牲原則。今年大陸七七一類與抗戰有關的紀念日，幾乎全無表示，這就可以看出一些跡象來了。

在開會期間，一位知情人士談到田中政府與中方簽訂和約的經過。田中在訪華之前，就先有三個日本的代表團到北京展開遊說的工作，希望北京方面不要提出賠償的問題，否則日本引起熱烈的爭辯，就會延緩和約的簽訂。其實北京之不索賠，完全不是

由於日本方面的壓力，據說中共的領袖們早就有了不向日本索賠
的共識，主要的理由是：發動戰爭是少數軍國主義者的責任，日
本的人民也同樣是受害者，中國不想讓他們受到更深的損害。這
眞是偉大的人道精神！要是這樣的邏輯能夠成立的話，那麼所有
戰爭索賠都是違反人道精神了！而中共少數幾個決策者就可以把
中國廣大人民所受的損害，應得的賠償，一筆勾消，這是尊重民
意的做法麼？其實中共是爲了當時國際形勢的需要，感到必須盡
快得到日本的承認，於是繼國民黨之後，罔顧廣大人民的權益，
放棄了索賠的要求，而田中訪華始終沒有承認侵華的責任，只談
痛感中國人民所受到的損害，就輕輕地帶過去了。兩個中國政府
的軟弱可謂遺害無窮；如今日本文部省幾次三番意圖修改教材，
掩蓋侵華的史實，今年竟有更多閣員到靖國神社去拜祭，軍國主
義的亡靈始終未曾熄滅。而僅只爲了幾個錢，楊尙昆甚至把笹川
良一那樣的戰犯譽爲中國的朋友，是可忍孰不可忍！比較德日兩
國對於二次大戰的回顧，德國在盟國以及以色列的監督及批評之
下，顯然有比較痛切的反省。日本則因中國的「寬大」而肆無忌
憚，有些學者即指出當時急於與日本簽訂和約，可能是對於日本
缺乏了解所作出的決定，難道我們竟要一而再、再而三地繼續犯
錯誤下去麼？

　　當政者應該了解，民間發動向日本索賠，並不是要跟政府搞
亂。現在由於受到東西德趨於統一的形勢改變的影響，日本拿出
一筆錢來作爲賠償之用，決不是不可以想像的事。而民間的態度
強硬與情緒的激奮，正可以幫助政府與日本談判的時候，爭取到
比較有利的條件。日本現在資金過剩，在世界上到處尋求投資的

機會。不要因爲日本在中國投資與貸款就感激涕零。比較之下日本在絕無淵源的東歐國家的投資與貸款就可以思過半矣！大陸最主要的急務是攪好自己的政治經濟的結構，如果投資條件良好，不怕吸引不到外資來投資。反過來要是自己倒行逆施，思想僵固，拒絕與時推移，那麼儘管處處委屈求全，也一樣難有重大的突破。

日本人最講求實際，一向虎視耽耽，要利用中國的特殊條件來賺錢，並且把經濟上的利益用來作餌，企圖把中國釣入到它的影響圈之內。而中國人最喜歡打腫臉充胖子，專顧面子，罔顧現實。那位知情人士又告訴我們說，大陸現在的領導人最擔心的是日本對臺灣的野心，因爲日本始終未承認臺灣是中國的領土，而持臺灣地位未定論。這是對於客觀形勢的最錯誤的判斷。如果中國自己上軌道，何愁中國在未來不統一。反過來，如果大陸胡作非爲，逼得臺灣走上實際獨立的路，日本又有什麼條件吞噬臺灣？正好像與日本簽訂和約時，得到的只是日本在名目上的承認，現在又去爭取日本承認臺灣是中國的領土這樣的空頭的承諾，這就是我們最擔心的地方。研究歷史的一個重要目的，乃是以史爲鑑，這就是我對於中日關係史會議的一點感想。

（原刊於《日本侵華研究》第四期，一九九〇、十一）

四、由南京大屠殺引起的感想

南京大屠殺慘劇發生，轉眼就屆五十四周年，日本政府始終沒有爲發動侵華戰爭造成巨大的傷亡與損害向中國道歉。九一年七

月我到德國慕尼黑訪問，德國友人告訴我一件事，令我深深感慨。德國的年青人有一部份不肯服兵役，可以用社會服務來代替，其中一個辦法是到以色列去作三年的親善服務。德國納粹在二次大戰時排猶，造成令人髮指的罪行。現在德國的年青人與這些罪行並沒有干係，但他們卻願意做一點事情，多少爲上一代贖罪。這樣的設施實在蘊含了深刻的智慧，兩國的年青人結成朋友，大大地減低了將來互相敵對的機會。德國人認爲不可以遺忘歷史，才能夠領取教訓，不會在未來犯類似的錯誤。日本人剛好相反，儘量想辦法把歷史遺忘。爲什麼兩國的表現有這樣大的差別呢？原因可能有很多。但其中一個重要的原因是，猶太人與中國人的反應截然有異。猶太人在全世界追捕逃匿的納粹殺人狂，逼着德國人要面對自己的歷史。而中國人的兩個政府卻爲了內戰，需要爭取日本承認等等的原因，輕易放棄了向日本索賠的要求，讓中國的老百姓承擔了所有的災難的後果。當然美國人也要負一部份責任，他們爲了要扶植日本抗共，有意掩蓋了歷史的眞相，保全了裕仁天皇的名譽，以致如今要恢復歷史的眞相，不得不遭逢到難以克服的困難。

如今半個世紀過去，日本已經一變而成爲世界第一經濟強國。現在的日本人民有百分之六十三生於戰後，而日本的歷史教科書又有意掩蓋了野蠻侵略戰爭的痕跡，反過來每年都有盛大的紀念會，哀悼原子彈殺傷的無辜的民衆。近時日本的右派力量不斷上升，軍國主義思想也有死灰復燃之勢。政府高官到靖國神社拜祭大戰死難者包括戰犯的亡靈，一直到最近才因鄰國的抗議而受到抑制。海灣戰爭時則由於美國方面的壓力，政府打算派遣軍隊作

象徵性的參與，而引起了國內外激烈的爭論。這些都是可以令人憂慮的現象。最荒謬的是日本的作家兼國會議員石原愼太郎在接受《花花公子》雜誌的訪問時竟說南京大屠殺純係虛構，後來又狡獪說殺死的人不可能有三十萬人之多，因爲那時住在南京城裏的人總數只有二十萬，至多只是死了二萬人左右。而日本人之參與戰爭乃是勢所必然，若謂擴張侵略是罪行，則西方的帝國殖民主義要負更大的責任。

石原講的無疑是一篇歪理，但他這類人之所以出現是有某種現實機緣作爲背景的。日本自戰後一向以美國之馬首是瞻。如今日本對美貿易大量出超，美國人乃要逼迫日本人打開市場，引起了日本人的反感。石原著書：《可以說不的日本》，就是要日本人站起來作自我肯定，不要事事俯仰由人。但石原趁着人們對歷史遺忘的當兒，竟悍然要求纂改歷史，他這樣的意圖是不可能得逞的。就在石原要求提出確實證據來不久之後，德國就找到了記錄南京大屠殺實況的檔案，現存德國聯邦檔案館波茨坦分館，鐵證如山，不可動搖。傳敎士拍攝的影帶見了光，最近剛在香港放映過。從一個角度看，石原的胡鬧焉知非福，它引起了公衆對於這件事情的關注。據說在日本播放南京大屠殺的實況，年青人簡直不敢相信上一代的日本人是這樣的野蠻，沒有人性。廣島市長率先向世界道歉，日本挨原子彈轟炸是日本人自己的罪孽招來的惡果。剛下台的海部俊樹首相，繼位還不太久的明仁天皇，態度都好得多。要是條件許可的話，他們不見得不願意道歉。很明顯，現在是時機，歷史將步入一個新的階段。

十月七日《時代》周刊刊載日本專題，大字標題曰：「接受

歷史」（Coming to Terms with History），並加解釋說，數
十年來，日本人嘗試掩蓋他們過去的陰暗面，但若他們希望日本
在世界上承擔一個重大的角色的話，他們就得面對痛苦的眞實。
《時代》周刊用這種語氣說話，這件事本身就是破天荒的。美國
人一向偏袒日本，就在裕仁逝世時，《時代》周刊還引述美國學
者的評價，認爲裕仁可能是日本歷史上最好的的天皇之一。無疑
美國人不治裕仁的罪，在策略上是完全正確的，這使得日本在投
降之後立即恢復了秩序，沒有發生任何暴亂。但所付出的代價是，
二次大戰歷史眞相的掩埋。事實上很難想像裕仁對發動侵華以及
太平洋戰爭不需要負很大的責任。美國一般的說法是，裕仁是虛
君，根本沒有力量，即使他反對也沒有用，而且有被暗殺的危險。
然而戰爭如果得不到裕仁的首肯以及積極的支持，情況就會完全
不一樣。看着裕仁策馬的神武英姿，可以想見即使他當初曾經提
出過一些顧慮，在戰情順利的時候，他是積極參與的。他惟一可
贊的地方是，一旦了解事不可爲之際，即刻當機立斷，廣播無條
件投降，以免生靈塗炭。據云他後半生並不好過，腆顏事敵，常
常在悔恨的心境之中。我們只能說他不是一個太壞的人，但怎麼
可以說他是一個偉大的君王呢？美國人實在是幼稚得可以！如今
裕仁已逝，日本人本身的態度也有所改變，美國人也就無所用其
顧慮了。亡羊補牢，爲時未晚，即使我們已經不可能恢復歷史全
幅的眞相，至少各方共同努力的話，總還可以保留住一部份事實
的眞相。

　　日本在戰後飽經屈辱，如今終於揚眉吐氣。有謂現在日本打
的是另一種戰爭；多數日本人眞心反對重整軍備，但正因此，他

們可以把資源人力完全集中，專心一志打經濟戰爭，贏得超特的成就，洗刷二次大戰以來所受的屈辱。但如今日本在經濟上雖然是個巨人，在政治上依然是個侏儒，這種境況是不可能永遠如此繼續下去的。就世界大勢而論，美洲是一個經濟圈，歐洲是一個經濟圈，很明顯亞洲也是一個經濟圈。如今世界上最活躍的經濟如四小龍等都在這一個圈內，日本有如此雄厚的經濟力量，注定了要扮演一個重要的角色。奈何亞洲人普遍對日本人缺少信任，而日本人的算盤又打得太精，在亞洲的捐獻與貸款，與其經濟力量相比，也實在不成比例。日本人要取得亞洲鄰邦的信任，首先就得面對二次大戰的歷史，眞誠地悔過，對大戰時期受到損害的鄰邦的老百姓，作出適當的賠償。同時也不應該允許右派猖狂，決不可以聽任軍國主義的思想與作爲重新構成對於鄰邦乃至世界的威脅。實在日本人必須根本改變自己的態度才行。年青的日本人在亞洲地區旅行，神氣活現，卻不明白爲何到處都不受歡迎。其實道理很簡單，就是因爲他們不知道自己的歷史，不了解日本人在亞洲其他地區曾經造成了多大的傷害。下一代的日本人和德國人一樣，也必須有心理上的準備，爲他們的上一代還償。而日本人是否在將來能夠在亞洲以及世界上扮演符合於他們的國力的重要角色，這完全取決於他們對於歷史的尊重與內心的覺悟。現在恰正是一個轉變的契機！在南京大屠殺五十四周年的前夕，我懷抱着一種複雜的心情，等待着歷史翻開它的新頁。

（原刊於《日本侵華研究》第八期，一九九一、十一）

十七、哲學家旅行記

一、歐遊緣起

　　在大學讀書時，我就喜歡歐洲哲學，特別是德國哲學。但在現實上，我卻與歐洲無緣，我在美國留學讀博士，以後留在美國任教，卻因移民法例的限制，在七〇年以前不能離開美國本土一步，以致與歐洲的學者缺少連繫。然而我對美國哲學的主流如分析哲學、實用主義，雖然吸收了他們的方法學，卻在氣味上不相投契。而我的碩士論文寫的是卡西勒，博士論文寫的是田立克，在中大第一個開設解釋學的課程，與歐洲哲學反倒有更多的共鳴。

　　去年七月國際中國哲學會第一次在歐洲開會，地點在慕尼黑。我見到巴黎遠東學院的主持人汪德邁教授，他近年對當代新儒家發生興趣，表示有可能邀我明年到巴黎訪問，作一系列有關當代新儒家的演講，我非常樂意有這樣的機會。我一九八八年第一次到歐洲旅遊、開會，以後又到歐洲開過兩次會，每次都是來去匆忙，沒有機會作較長時間的逗留。這次我決定在歐洲待久一點，於是積極進行這項計劃。正好中文大學與法國領事館都有作進一步交流的意向，計劃得以順利實現。汪德邁教授要我五月中就到巴黎，因為六月間學者都去度假，就難以作學術交流了。我乾脆向大學提出了兩個半月暑期休假的研究計劃。我的興趣在傳統向

現代乃至後現代的轉化。歐洲與中國一樣，背負着長遠的歷史，他們是怎樣作這樣的轉化呢？東歐在共產體制崩潰之後正經歷急遽的變化,它的意涵究竟如何呢？哲學家向來游心於抽象的觀念，但有時也需要輔之以具體的觀察，所謂百聞不如一見，才能夠進一步印證自己的一些想法。我這次的法國、德國（特別是東德）、捷克、匈牙利之旅（回程經過美國），收穫是豐富的。二十世紀初年凱薩琳的：《哲學家旅行記》是一部膾炙人口的名著，我缺少凱薩琳的直覺與洞察力，也無意模倣他的寫作風格。但哲學家旅行，總有一些與一般人不同的視域，故襲用了凱薩琳的名詞，談一談我自己這一次環遊世界一周的觀感。

二、在巴黎介紹新儒家

我和安雲五月十八日抵達巴黎，汪德邁教授親自來接機，把我們安置在國際城的羅勃·伽里克學人宿舍。這裏環境幽雅，收費低廉，只有一個問題，在國際城服務的法國人，竟然完全不通英文，我們沒法打電話出去，朋友打電話進來也找不到我們，陷入一種與外界隔絕的狀態。然而塞翁失馬，焉知非福，我們依賴自力，利用地圖，巴黎的地鐵交通系統完善，只要在城內幾乎無遠弗屆，我們尋幽探勝，毋須借助於人，反而學到了新的經驗。不久我們就學會用電話卡與人連絡，不再覺得那麼不方便了。國際城由各國政府投資建館，安置自己的留學生，以利彼此間的交流。每一個館的設計都別出心裁，富麗堂皇，貌似王宮，彼此爭奇鬥艷，中間更有巨大的綠茵草坪，可惜乏人問津。但正在這裏

顯出了巴黎文化城的特色，巴黎公園多，連同十多間大學佔地面積廣濶，留出了寶貴的空間，使它不像其他現代城市那樣擠迫醜陋。可惜的是，國際城沒有中國館，只有一個東南亞館，裏面有些不三不四的中國裝飾，與鄰館相比，不免相形見絀，令人遺憾。在這樣優美的環境之中竟然也有一個館殘破不堪，經詢問之下，才知道這是柬埔寨館。柬埔寨與法國斷交後，沒有人有權去用這座建築物，也沒法加以維修，實在可惜。但雙邊正在恢復關係中，不久以前汪德邁教授即受到邀請去訪問了柬埔寨，他們現在又希望恢復與法國的連繫，問題在要怎樣籌款來支持文化交流的事業。

　　我演講的地點是在法蘭西學院的漢學研究所。一系列的演講中，我先介紹先秦儒學與宋明儒學的背景，而後指出當代新儒學興起的一個主要原因是因為外在的革命並不能解消人內在的安心立命的需要，最後才討論到當代新儒學在現代與後現代的義蘊問題。湊巧加拿大的秦家懿教授也在巴黎訪問，他們乃安排我與她作一次對談，探討儒家思想的宗教意涵問題。我們同意儒家思想是一種「內在的超越」的形態；超越的天道流行於世間；不像基督教的上帝是一種「純粹的超越」的形態，上帝創造人與萬物，絕不是世界的一部分。在討論中間，汪德邁教授獨持異議，他認為超越就是超越，怎麼能夠內在？而不能接受「內在的超越」的觀念。秦家懿認為他過分株守於西方的傳統，所以缺乏相應的理解。他是一位很好的學者，早年研究金文與古代中國，但都是做客觀的研究，並不把儒家思想當作活的東西看待。近年來才有顯著的改變，肯定儒家思想有宗教的意涵。但當代新儒家提出了與西方傳統不同的終極關懷或終極託付，他雖然還是無法接受「內

在的超越」的觀念，可謂是轉身而尙未移步，但他肯主動邀請秦家懿和我來介紹與討論當代新儒家思想，這已經是一個突破，也是一個好的開始，值得我們珍視。

在巴黎除了每周作兩次演講之外，就到處去遊覽，特別着眼於理念與文化的結合的表徵方面。巴黎是一個旅遊人的天堂，到處是博物館與名勝古蹟。每到周末，巴黎本地人多到外地去度假，要是沒有了旅遊人，巴黎就變成一座死城。而旅遊人對巴黎的興趣顯然是在它歷史遺留的豐富遺產，而不在它的現代建設。法國有強固的天主教傳統，到處都是教堂，最有名的像聖母教堂與聖心教堂，正是遊人集結之地。哥德式的建築令人自生渺小之感，對於超越的精神力量油然而生一種震駭、膜拜之情。無疑這樣的建築以及天主教的儀式都促成對於超世的祈嚮，但是我們不要忘了，教會組織也是現世之中一股強大的力量。要沒有雄厚的財力與人力，怎麼可能建造得出如此宏偉的建築物，維持得住如許數量的聖職人員？在西方歷史上，教權與王權互相消長，宰制了一個漫長的時期，一直到近代，城市興起，民權高漲，才產生了新的變局。不錯，現在宗教的力量日漸減弱，但它無形的影響仍然無所不在。有些知識分子在努力另求出路，像漢學研究所所長施博爾教授是一位研究道教儀式的專家，他對古老的東方充滿了傾慕之情，卻對天主教感到絕望。但傳統宗教的影響深入民間，決不是一下子可以去除的。沙特說上帝死亡造成了精神上的眞空，這變成了焦慮的根源，而構成了巨大的問題。有神論與無神論之間的爭議仍然在持續着。

在巴黎，我可以明白地感覺到漢學界與哲學界的脫節。這一

次我的接觸僅限於漢學界，有研究生向我埋怨漢學家哲學素養之不足，只有極少數人才有兩方面的專長。但我並沒有主動向哲學界打交道，因為當前法國流行的思想像德利達的解構論幾鄰近於相對主義的看法，與我的脾胃不投，很難產生交流溝通的效果。西方太多理論構造，所以需要解構，中國人絀於理論建構，兩千年前老子的「道可道，非常道」就已經在做解構的工作，沒有急需向西方引進這一類的思路。我主張重新改造宋儒「理一分殊」的觀念，在一元與多元之間尋找一種新的平衡，目前還難覓知音，大概還有待於下一代漢學與哲學的合流而有所新的開展罷！

無論如何，法國保留了他們的名勝古蹟以及獨特的傳統，同時正在加速地現代化，乃至作後現代的探索。他們可不像中國文革時期那樣肆意破壞祖宗留下的寶貴的遺產，而刻意保存皇宮寺院供全世界人觀賞。他們規定在巴黎城內根本不許造高樓大廈，卻特別劃出一區，專造現代乃至後現代的建築，新的凱旋門與舊的凱旋門遙遙相對，相映成趣。這是法國人解決傳統與現代問題的一種方式，值得我們參考。我們也曾離開巴黎，坐高速的子彈車到亞維儂、羅亞河谷等地去探勝，新舊的結合構成了一種特殊的典範。令我們詫異的是，幅員不大的法國還保留了大片的農地，有的地方竟要付款給農民要他們不要耕種。環境污染的呼聲響徹雲霄，但仍然到處綠蔭，破壞的程度似還遠遜於中國，人口的壓力也輕得多。

當然這不是說法國就沒有問題。法國的人口集中在巴黎，城鄉的差距愈拉愈大。從事農業生產的年輕人愈來愈少，這樣的工作待遇不高，又得不到滿足感。有的小市鎮已經死去，沒有了咖

啡館，沒有了學校，就沒法子讓人繼續住下去。據說在美國也有類似的情況，這是現代文明還不能夠解決的問題，農業人口雖是佔很少的比例，卻還在繼續不斷流失之中。同時各國政府都對農業採取保護政策，拒絕自由開放，這與國防相關，經濟效益並不是唯一的考慮。所謂世界的新秩序還在形成之中，美國、歐洲共同市場，日本各自的觀點不同，彼此間的矛盾還不是短期之間可以消除的障礙。環保問題，美國與其他各國的態度也有差距，第三世界更有完全不同的視野，難以一概而論。

三、中國人在巴黎

在巴黎免不了會碰到一些中國人。有趣的是，他們多告訴我，沒來法國之前，對於法國有一種美好的理想的形象，來了之後，好的印象就慢慢褪色，而住得越久，越覺得西方的一套簡直是千瘡百孔，觸處都是問題，中國文化也不是那麼一無是處。

法國在西方列強之中對於異族是最寬容的，而且大門敞開，來者不拒。六四事件之後，法國收容中國的異議分子，態度最為積極，甚至不惜開罪中共當局，這無疑是法國的優良傳統的表現。但在法國，雖然少數民族的數量不斷增加，卻並不能達致融和的效果。一位住在我們的學人宿舍的年輕加拿大女教授說，雖然她連續幾年到法國來做研究，法語說得十分流利，還沒有一個法國朋友邀請她到家裏去作客。種族、階級的分別其實是很森嚴的。法國警察的權力很大，中國人因為多數勤勞守規矩，比較受到善待，阿拉伯人就不免受到歧視，有時被懷疑販毒，竟受到搜

身之辱。巴黎街上人種混雜，但基本上還是安全的，黑夜行街，
沒有被襲之虞，遠沒有紐約那樣可怕。然而老巴黎卻異口同聲說，
情況越來越亂，秩序越來越壞。中國人到巴黎，也是人數愈來愈
多，有許多還是非法移民。特別是溫州人，成群結隊的來，現在
人數已經超過兩萬。好多是誤信謠傳，以爲巴黎遍地黃金。來了
以後才知道不是這麼回事，卻又沒臉回去，只得苦熬下去，有工
就打工，沒工就四處遊蕩，而警察只抓非法勞工。這些人過着
最起碼的生活，新的中國城已移到城外去了，但地鐵交通方便，
並未特別感到不便。我覺得中國人和蘇聯人最大的不同可以由一
個電視片集看得出來。有記者訪問蘇聯農民，問他們政府把地轉
讓給他們如何？他們的答覆是不要，因爲土地私有，今年有收成，
就有洋芋吃，明年歉收，便得餓肚子，日子怎麼過？試問中國農
民會不會白送上門的土地都不要？這說明蘇聯的集體農場已經徹
底消除了農民的自發性，而中國人則還在那裏的鑽空子想賺錢、
想發財，雖然這樣的夢常常是殘破的。

　　六四晚上我去參加了紀念儀式，至少有超過一千人參加，表
示群衆還沒有忘記六四。民陣好幾位主要人物都到了。面對着群衆
講話，嚴家其有了顯著的進步，吾爾開希則是一個天生的演說家，
同一個主題一次又一次地湧現，就像交響樂一樣，效果越來越強
烈，雖然內容只是那麼一點點。鄧麗君也來了，開始時因爲情緒
激動，幾乎泣不成聲，根本唱不出來。中國人要民主，建立客觀
的體制，還得好好向西方學習。但這並不表示傳統文化就全無是
處。一位由中國出來的學者，娶了法國太太，在巴黎研究華人社
團，這才知道年輕時跟着文革徹底否定傳統文化的錯誤。在巴黎，

許多華人從事餐館業，不需要多少時間，生活便過得去。法國政府懷疑他們有黑社會的關連，委託華人學者去調查，這才明白真相，根本與黑社會沒有任何瓜葛。一般華人膽小怕事，不敢做違法的勾當。但他們確有一種很鬆散的組織叫做義會，基本上是親戚朋友的組合。一家開餐館，用了一個忠誠勤勞的夥計，覺得他可靠，就大家湊份子幫助他另開一家餐館，完全不用契約，有困難大家幫忙，失敗率幾乎是絕無僅有。這位學者回到廣東的家鄉去做研究，發現民間傳統自有一套機制，有它的規律與活力，都被共產黨破壞了。鄉下人被迫遷到外國，反而在異域顯示了傳統的力量。這些現象與學者們平時凌空的高談闊論沒有任何關係，而是在日用常行中表現出中國文化的韌力，與別的族群相比，很明顯地取得了優勢。

法國的烹飪水準高，但法國的中國飯館卻並不那麼高明，多是中越泰國餐館的混合。最奇怪的是沒有豆腐吃，有的餐館有供應也嫌硬、不可口，當年勤工儉學時期的豆腐廠好像並沒有留下什麼痕跡。但我們的同胞在異域奮鬥，完全靠他們的勤勞節儉立住了脚根，甚至連一些日本餐館都是他們開的，真是令人嘆服。到下一代受到較好的教育就把握機會爬進社會的另一個階層，這是一個常常聽人講的典型的中國人的故事。

四、東德之旅

在巴黎待了一個多月以後，先到海德堡把箱子寄存在友人處。夫妻倆一人帶一個旅行包，輕裝到東歐去旅行。友人告訴我們，

由文化的觀點看，不必去柏林，而必須去耶拿，這是歌德和席勒
的領域，不可不去見識一下。哪知我們因爲聽不懂列車員德語的
廣播而鬧了個笑話，我只了解德國哲學中抽象的術語，卻不識會
話。我們應該在愛爾福特轉車，才能到耶拿，但我們卻坐到萊比
錫是東德僅次於柏林的第二大城市。天色已晚，我們就在離開車
站不遠的酒店歇宿，一晚要一百六十馬克包括早餐，誰說東德的
花費比西德便宜很多！次日我們到城中心去遊逛，百貨店和街邊
的貨源充足。馬克思大學就在附近，校園很平靜，卻有長幅標語
籲人不要忘記過去民運的一個重要日期。萊比錫的建築物十分宏
偉，市內有人民英雄紀念碑，原來與共產黨沒有什麼關係，碑塔
有數十丈高，黑黝黝的，氣氛極爲凝重，造像是持劍的武士，下
臨一個長方形的巨池，給人一種壓迫的感覺。萊比錫的市內有電
車的交通網，所以區域雖廣，行動並沒有感到不方便，在尋訪名
勝古蹟時，我們頗得到市民的協助。我們找到了巴哈的銅像和紀
念館，原來巴哈就葬在此地，他的音樂在這裏演奏才有它特殊的
風味。

　　由萊比錫，我們折回到耶拿去訪問。通過海德堡友人的介紹，
這次我們是校長許慕才博士的貴賓。他們把我們安置在新區的宿
舍休息。第二天早上，就有車來接我們，哲學系的漢納博士帶我
們參觀舊城，我們最喜歡歐洲的小城，街道狹小而整潔，建築有
特色，不像現代的洋房那樣沒有趣味。每一個小城通常有一個市
政廳，有一個教堂，這裏是市民聚集的中心點。現在城中心的空
地都變成了自由市場，我們看到有亞洲人、拉丁美洲人在這裏擺
攤子做生意。中午許慕才校長請我們吃飯。我們談到東德現在的

情況還是十分嚴峻，但漸漸走進了一個新的階段。我自己歸納出來的結論是，在第一個階段，東西德的統一突然變成了事實，柏林的圍牆倒塌，舉國歡喜若狂，處於一種精神的亢奮狀態之內。但很快這個階段就過去了，雖然東德人可以自由到西德去，那裏有的是貨品，但沒有錢買也是枉然，而東德人面臨失業的威脅，第一流的人才，特別是年青人，一窩蜂移民到西德去。東德的工業比想像的衰退得更快，試問還有誰要買東德製造的汽車？這樣東德被籠罩在一種失望甚至絕望的情緒之中。現在則開始進入第三個階級，可以走的人已經走了，畢竟還是有一些人才決定留下來重建自己的家園。西德人現在知道必須竭盡全力幫助東德人站起來，他們也了解局勢緊張嚴峻，但還是感覺到可以樂觀，問題總得要解決的。東德的經歷事實上等於一場革命，哲學系原來敎馬列的有四十五個人，後來都已被辭退，現在的哲學系只有十來人，主要是弄科學哲學的，也有人弄分析哲學，下一年請一位西德的教授來做系主任。耶拿的馬克思像也被敲爛了，所有人一致的看法是決不可能走回頭路了。

次日學校派車載我們去儂堡看敎堂，裏面的雕像是希世奇珍，連我們這樣藝術史修養不足的外行人也感到嘆爲觀止。回程還看了瑠堡盛開的玫瑰花園，一生從來沒有看過這麼繁盛美麗的玫瑰花，下面又可以眺望河谷，實在是賞心悅事。最妙的是這些地方現在還看不到遊人，再過幾年旅遊事業發達以後就不是這麼回事了。這裏已經是歌德的領域。耶拿的大學後來命名爲席勒大學，歌德則設計了這個大學的植物園，他做敎育部長任內也特別支持這一間大學。又翌日哲學系的史德采博士陪我們去遊威瑪。歌德

在這裏盤桓了半個世紀之久，我們去了他常去的花園，由他的別業樓上看出去的正是他生時看到的景緻。花園裏有莎士比亞的像，據說是英國本土以外第一個莎像，一邊看來輕鬆微笑，另一邊看來嚴肅悲苦，象徵他寫悲喜劇的兩面相。歌德的住所也保留得很完整，他由意大利帶回雕像，由此可以看到他徹底開放的胸襟。據說他娶了個沒有知識的太太，平時不許她進入他工作的房間，裏面還放置了一張單人床，供他累了休息之用。威瑪城內有歌德與席勒並肩站在一起的塑像。使得我驚奇的是，東德共產黨統治了幾十年，卻努力保存他們文化的根源，不像中共文革時瘋狂地破壞傳統的遺產，這是從何說起呢？

離開耶拿，我們去德萊斯敦，預訂了旅館，一晚要兩百馬克。原來這是在新區，是美式的商場與酒店的組合，不只有麥當勞漢堡包，甚至還有一間史畢堡影劇院。舊區只茲溫格宮殿比較完好，規模不下於羅浮宮，成百上千表情誇張的巴縷刻雕像是它的特色。城中到處在施工，作修葺教堂、古堡的努力，將來無疑要走旅遊的路線，而我們也遇到台灣來的旅遊團，成員多是年齡比較大的阿公阿婆。我的歐洲友人卻沒有錢遊亞洲，世界就是這樣顛倒過來了。

五、布拉格與布達佩斯

在歐陸旅行，主要是靠火車。去歐洲之前就得先買好歐洲派司，價錢既公道，又可以坐頭等，不受擠迫之苦。但捷克不屬於這個系統，就得臨時去另買車票。我們由法國到德國坐火車，通

行東西德從來沒查過旅行證件，難怪我的德國友人誇稱，現在西歐還有什麼國界問題！一過捷克邊境，就有兩個官員來查證件，好在我離開香港之前早就辦了捷克與匈牙利的簽證，他們把我的香港身份證明書當作奇物一般看了老半天，這才蓋了印。火車的質素也有改變， 在法國坐最新型的子彈車， 聽說將來一直會通到剛打通的英法海底隧道，但海的那一邊則一切仍舊，沒有任何動靜，島國心態與英國人的保守傾向難免對未來的發展構成障礙。西德的火車沒有那麼新，但清潔準時，每一趟快車都印發時間表。由西德而東德而捷匈，車卡愈來愈陳舊骯髒，時間也不那麼準時，有些僻遠的小車站就給人一種頹敗的感覺。這裏所反映給我們的只怕恰正是事實的縮影罷！當然，德國的經濟力量之雄厚其實勝過法國，只不過她有着東德甚至蘇聯的拖累還不能振翅高飛。然而德國在近來已多少有點自己作主的味道，有些法國人已經開始在擔憂了，而這可以是共同市場向前發展的一個絆腳石。

我們較預定行程提早一天到布拉格，我又把電話號碼弄錯了，以致沒有與查理士大學的克拉爾教授取得連絡，只得臨時找了一個宿處，寄住在一個家庭之內。外表看來並不太差，那知布拉格的電車系統夜裏只有幾個鐘頭停駛，空曠中的噪音傳來令人難以安睡。幸好第二天一早就打電話與克拉爾取得了連絡。他約我們在河邊的國家歌劇院前面見面，雖然他曾經到中大訪問過，我們卻還是初識，他是通過友人的介紹，請我作一次演講。由於時間已經是正午，他請我們在附近的寫作協會午餐。原來這裏就是文人出沒之地，以前昆德拉、哈維爾都常在這裏吃飯。他告訴我們，昆德拉雖然還保留一些捷克的特色，但流亡到法國以後，

已經有許多改變，比較適合西方人的胃口，哈維爾才是道地的捷克風味。捷克在歷史上曾經有過她的光采，但處於四戰之地，每爲強鄰所屈，乃學會了用笑來睥睨對方，也學會了一套在隙縫中求生存的本領，這正是昆德拉寫《笑忘書》的背景。他把坦克的蹂躪與弱女之被強暴聯想在一起，但捷克人的反應並不是反抗的憤怒，而是一種特殊的幽默感。反過來看中國，雖然也是積弱，被列強宰割，但廣土衆民，歷史悠久，華夏人的感情反應的模態便迥然有異。捷克人的笑雖無奈，卻並未屈膝，也不能夠了解成爲阿Q式的無賴，而這就是他們生存的方式。二十多年前的捷克之春很快被蘇聯撲滅，現在又來第二度捷克之春。但順着蘇、東、波的大潮流，這次眞正走上了不歸路，不會再有反覆了。

　　六月間，哈維爾還在當總統，還想盡力維持捷克人與斯拉夫人的統一之局。我問克拉爾實際情況究竟如何。他說分裂之局不可免，甚至這不是什麼民族的問題，兩方面一向和平相處，而是由於其他社會文化等問題導致了分離的傾向。既然斯拉夫人不願意留，又何必勉強呢？事實上捷克人執經濟之牛耳，損失不大，而兩方面勢必要維持某種實質上的連繫，決不至於兵戎相見。這樣談判出一個解決辦法，甚至可以爲蘇聯、東歐分裂的趨勢之中，樹立一個新的好分好散的典範。後來哈維爾果然被迫下野，但這不是他的政治生命的終結，因爲他還是捷克最孚人望的政治家，分裂以後的捷克還有可能選他做總統。哈維爾以前在反專制極權時曾經提倡荒謬劇場，得志之後並不唯利是圖，而強調人性尊嚴，這是世界政壇上所僅見的獨立特行的表現，令人耳目一新。我很欣賞、佩服他這種不盲目追隨西方、努力嘗試找尋自己的道路領

袖人物。

我初到布拉格時，到處向街上的人打聽大學的所在地，均不得要領。原來遠東系就在中心市場不遠一條橫街的樓房裏，外面連招牌都沒有一個。其他的系散在各處，根本就沒有一個集中的校園，難怪沒有人知道。昆德拉《笑忘書》一開始最有名的場景就發生在市中心廣場一個不起眼的平台上面———一位同志爲了好意，把他自己的皮帽戴在領袖的頭上以禦突來的風雪，後來他因叛國罪處死，留下來的相片中此人已無影無踪，剩下來的就只是那一頂帽子。平台下面就是卡夫卡的出生地，布拉格眞不愧爲現代文學發源的一個重要據點。緊接着廣場的就是猶太區，卡夫卡生長在一個典型的中產家庭之中，不知怎樣竟會孕育出他所擅於描寫的那種與周遭世界徹底隔絕而被圍困起來的感覺，不謂之爲天才瘋狂的產物而不可得。市中心照樣有教堂與市政府，最特別是鐘樓在正午打鐘時，有一列聖者像排隊順着次序過去，吸引大批遊客，每每圍觀如堵。由火車站通過市中心順着石子路可以一直通到河邊，克拉爾說這是皇路，以前國王要看戲，車駕就走這一條路。橫跨兩岸的是極負盛名的查理士橋，由這頭到那頭，兩邊都是巴縷刻的雕像。到了對面往高處走，就可以到一個規模宏大的堡壘，現在的總統府也就在那裏。附近又有民族藝術的博物館，參觀的遊客簡直川流不息。布拉格的建築物因爲未受大戰戰火所毀，比巴黎還要整齊美觀。市中心左邊的範圍都可以用兩條腿走得到，而到處都有外幣兌換的服務，這些新行業想必像是雨後春筍一樣地生長出來。據說捷克老百姓還是很窮，但到處都是店和攤販，專做遊客生意。一個捷克克郎約與港幣三角等值，

所以外來人都感到物價便宜，但我們沒法子負重，只有放棄購物的機會了。

克拉爾把我們安置在大學宿舍的高樓住宿，這裏離市中心要坐二、三十分鐘的巴士或電車，但環境幽靜，晚上可以安睡。我在遠東系作演講，由於聽衆的背景是漢學，所以不由哲學入手，改由爲己之學的線索重新闡釋先秦儒家孔孟以及宋明儒家朱熹的思想，最後談到當代新儒家興起的原因。他們聽得有些新鮮感。後來與克拉爾作進一步傾談，才知道他翻譯了《紅樓夢》與《儒林外史》，並著書介紹莊子，令我大吃一驚；他還說捷克的創作曾經受到中國唐詩的影響，這就更超乎我的想像了。但他們的研究畢竟比較偏向在道家與文學方面，現在他打算研究儒家，翻譯《論語》，希望得到我的協助，我當然很樂意在將來與他作進一步的學術上的交流。

布拉格有許多博物館，收藏頗富，特別是河邊一個古修道院改建的博物館更是別出心裁，收藏了大量由中世紀直到近代的捷克畫家的作品。反倒是市中心那間最大的博物館，裏面只是一些礦石之類，並無足觀。但在它正前方的大廣場有著名的守護神的騎像，後來又有抗暴的人民英雄在此捐軀，一直到現在還有香火紀念他們。共產當局曾下令不准人群在此集結，卻又提不出很好的理由，乃將之改建成爲花園，不許人們踐踏。由博物館望下去，是一幅極爲壯觀的圖畫。如今馬路兩邊都是商店，遊人如鯽，也眞正是異數！最後要離開布拉格的一天，在市中心擠地鐵，左邊口袋放克郎的皮夾被扒竊，好在沒有放其他重要的東西在裏面。一個都市現代化以後，也就會帶來一些附隨的壞處，這大概也是

無可避免的趨勢罷！

　　我們決定夜裏搭火車坐臥舖去布達佩斯，次日清晨抵埠，在那邊只宿一宵，遊覽的時間也差不多了。到布達佩斯，火車站有兜售住宿的個體戶，拿着相簿介紹他的房間，一間雙人房只兩千一百福林，折合二十七美元。我們住定之後買了一天的交通派司，就搭地鐵、巴士到處去逛。我們先到多瑙河對面的堡壘，由高處眺望全市的風景。河中央有一個大島，像是一個大公園，乘巴士可以抵達。我們逛累了就在公園裏面午膳，一人只吃一盤匈牙利式的燒牛肉，就要一千七百福林，遊覽區的食物可沒有住宿那樣便宜。在歐劇院附近問訊，碰巧遇到一對中國夫婦。他們是北方人，乃是製造風箏的世家，幾年前應邀來展覽示範，受到熱烈的歡迎。但匈牙利人太窮，買不起他們製作的大風箏，他們只賣小風箏，卻也有相當收入，在當地立了足。他們說去年此時來的話，滿坑滿谷都是中國人，來此地做生意，總數超過兩萬，在街上只消講華語便可以通行。後來政府加以取締，必須取得簽證才可以留下去，這才人數銳減，但對正式的生意人則並沒有影響。由他們的指引，我們搭地鐵到河邊的行人街，車輛不許駛入內。但這些摩登商店多是賣西方的名牌貨品，和香港沒有什麼兩樣，對於我們來說，反倒沒有什麼吸引力。天色轉趨陰晦，好在沒有下雨，我們去逛了規模宏大的公園，裏面有個很大的湖可以蕩舟，一條寬闊的馬路把湖截成兩片。園內有博物館，可惜我們沒有時間進去參觀。在公園臨近的地鐵出口處有廣場，中間有躍馬彎刀的英雄人物雕像，兩邊配上十多名武士，個個神情威猛生動，大約是當年對抗十字軍的力量。在這裏才感覺到非西方的文化的象徵符

號在傳遞着一些不同的信息。但匈牙利現在卻是自由化最早也最開放的地區，經濟比鄰國好得多。然而她也不免受到附近騷亂的影響，匈牙利政府已發表聲明，並無吞併接壤土地的野心，也無改變疆界的企圖，但確有保護土裔僑民的決心。這不失爲一種合理的態度。由於時間不足，我們沒法去逛市區外圍的跳蚤市場，觀光地圖上列了這個項目，問當地人卻得不到要領，只能自我安慰說，這並不是什麼眞正重要的市集罷！

六、維也納與薩茲堡

在歐洲旅行不覺已經累積了一些經驗——先兌換了需用的外幣，抵埠後即找距火車站不太遠的酒店住宿，搜集旅遊資訊，購買交通派司，劃一條路線，然後就出去逛。我們在維也納，住克來頓酒店，兩個人一晚折合七十美元，還包括早餐，比東德還便宜，大出我們意料之外。吃東西方面我們隔幾天才吃一大餐，有時找中國飯吃，平時就試着買當地的東西糊口。我們走過的這些地區以吃豬肉、牛肉爲主，有的香腸十分油膩，不合我們的胃口，菜蔬吃不夠，我們一有機會就買一大堆水果，總算沿途都沒有結便的問題。我們住在城中心的外圍，得先坐地鐵到卡爾廣場，在這裏改搭電車，有鐵軌環繞一圈，沿途各站都可以下來遊覽，還可以瞥到多瑙河一眼。

維也納不愧爲文藝音樂之都，我們按圖索驥，找到席勒廣場、舒伯特園、貝多芬廣場、史特勞斯像，卻以莫扎特園整修得最美觀漂亮。我們穿越博物館、皇宮，正感覺到維也納規模太大，不

利於步行的遊人，卻好我們就碰巧撞到了維也納的行人街。天色已暗，有一些街頭的音樂家在賣藝，遊客坐在路邊的雅座喝酒，流連忘返，情調浪漫，這才像我們心目中想像的維也納。

第二天，上午我們先去看尤金王子的宮殿，正好碰到整修，不能進去參觀。但這裏有名的是它的花園，前園已經規模不小，後院的景緻更爲艷麗開闊。在烈日下逛花園，走一陣就要停下來休息，這才警覺到舊時的貴族是以馬車代步，所以才會建造這樣大的園子。我們又坐地鐵去逛熊布朗堡，現在已改建爲博物館。這裏規模更勝尤金王子的花園，前院固然大，進去以後，後面還有三進，有好幾里長。先是廣大的花園，兩邊有密林，綴以女神雕像，林蔭路左繞右轉，不小心就會繞不出來。中間有巨型的神話雕刻隔開，再往上還有一層，遠望有一座好多柱子頂上有飛鷹的建築物。我們看到有藝術家在作這一個建築計劃的素描。感覺上令人想起凡爾賽宮，但色調比較單純，似乎更可愛些。

中午回到酒店，下午有巴士來接我們作維也納森林之旅。我們去參觀了發生魯道夫王子與他的情人一同自殺殉情的哀艷故事的那間別墅；又經過舒伯特譜《菩提樹》的歌曲的黃色小屋。最後坐木舟逛歐洲最大的地下湖，這裏本來是一個礦石坑，二次大戰時被德軍佔領作基地，披着借來的氈子，逆着感覺上好像洶湧而來的地下水蕩舟，別有一番異樣的感覺。晚上到音樂廳聽維也納的青年音樂家作十八世紀的打扮演奏莫扎特的音樂，輕鬆而華麗，眞令人感到賞心樂事。莫扎特實在是一個天才，他熟悉當時作曲的所有技巧而有所突破，但由他的音樂之中，實在很難體察到他一生的悲劇性格。他竟像一個工具把美妙的天樂帶到塵寰來

增添人間的歡娛。

　　由維也納到薩茲堡，每小時有一班火車，我們消消亭亭，午後抵埠，就去尋訪莫扎特的故蹟。在新城的莫扎特的居停實在沒有什麼可看，它本來只是個射擊俱樂部，莫扎特偶爾在那裏活動罷了！舊城有莫扎特的生地，裏面有家族的畫像，以及他的歌劇的舞台設計。隔壁鄰居的住宅也保留了當時的擺飾，讓人可以了解當時人生活的情況。莫扎特的父親是位傑出音樂教授，他的敎本現在還保留着，他一早就發現莫扎特的天才而刻意加以培養。莫扎特的姊姊雖然也有天才，卻自甘退讓下來成全於他，但他的婚姻和生活方式不健全，這大約是造成他英年早逝的根由。但他那麼短促的生命卻留下了那麼多優秀的作品，實在令人嘆爲觀止。

　　爲了嘗新，我們看了傀儡戲的《魔笛》，配音雖然是用錄音帶，但由第一流的歌唱家演唱，還是令人擊節讚賞。莫扎特之後接着有貝多芬、舒伯特、布拉姆斯等，活動範圍不出周圍兩百里方圓以外，實在是個奇蹟！伯恩斯坦雖然自詡他的《西城故事》放在這些大師的作品邊上也可以毫不遜色，其實這只是他的自吹自擂。比較起來，他還是矮了一大截，至多是個侏儒罷了！我承認音樂要創新不能不嘗試走新的道路，人也不能只聽古典音樂，有時也需要聽流行音樂，所以要鼓勵多樣化。但把二者視爲相等的成就，卻是我所不能接受的觀點。人權是平等的，人的成就卻不是平等的。古典之爲古典，正在於它之出類拔萃、不同凡響，時式過去了，它還是在不斷被演奏，永垂不朽。我在這方面決不接受流俗的見解，而堅決拒絕價值相對主義的看法。已開創出來的價值，就得努力保存，不可輕易聽其失墜，否則要博物館和學校

幹什麼呢？人所貴的正是知識與智慧的積累與傳授，否則豈不是要復歸於蠻荒！

　　除了莫扎特，薩茲堡還有另外的吸引節目，原來《仙樂飄飄處處聞》就是在這裏拍攝的。薩茲堡以前的領主雷納的一個後裔腦筋異常靈活，竟然利用這個機會把薩茲堡轉化成爲比維也納更熱的一個旅遊點。現在薩茲堡每年有音樂節，是歐洲的一件大事，想參加的話，幾年前就得訂旅館，否則冒冒然跑來，根本就沒有落脚之地。

　　這回我們是參加旅遊團去遊覽。出發點是新城的大花園，這是薩茲堡大主教爲他的情婦建造的園子，據說他有十四個兒子。在郊外有他的水園，這是他的別墅，據說有一次他約了地方上的仕女去他那裏參加一個盛大的派對，正當冠蓋雲集之際，突然水龍齊發，把大家淋得像落湯雞一樣，大主教哈哈大笑，但衆人畏懼他的權勢，都敢怒而不敢言。試想這樣的大主教究竟有多少上帝在他的心中呢？過去西方有錢有勢的家族，往往讓一個兒子繼承爵位，一個兒子去做教士，左右逢源，兩頭都不落空，這眞是對原始耶穌基督祈禱他世的精神的一大諷刺！《仙樂飄飄處處聞》就是借這些王公大人遺下的莊園和教堂拍攝的電影。茱莉·安德魯絲扮演的瑪莉亞現在已深入觀衆的心裏，留下極其深刻的印象。

　　但導遊的解說卻破壞了電影所塑造的那種浪漫的形象。男爵其實並不愛瑪莉亞，他是爲了孩子們才勉強和瑪莉亞結婚的。瑪利亞爲人很嚴肅，並不那麼隨和可親。她和男爵生了三個孩子，後來在美國終於離異，眞實和虛構之間有着多麼大的距離啊！但電影選在附近拍攝是有充分理由的，周圍有好多湖泊，一個比一

個美。連接薩茲堡新舊城的橋下的流水是碧藍的，這已是歐洲難
得一見的景象了，因爲一路旅行過來，我只看到灰色的多瑙河，
看不到藍色的多瑙河。薩茲堡的景色才像童話故事裏描繪給我們
的景色。

　　我們還花了半天時間攀登上古堡去參觀，居高臨下有大炮控
制沿河兩岸的據點。進去要買兩次門票才能看到博物館內陳列的
東西。我們這才體會到堡壘與城堡之間的差異。城堡裏可以住人，
不只有武士的家屬，還有附屬的佃農。但堡壘是作戰的據點。原
來薩茲堡正是爭戰之地，不斷被捲入戰爭之中，陳列的武器，由
中世紀的槍矛一直到兩次大戰的槍炮，各式各樣莫不應有盡有。
而更令人心悸的是一進門就看見的種種整人的刑具，教人不寒而
慄。戰爭所凸顯的，一面是黑暗的死傷酷刑，另一面是光榮的勳
章制服。雷納的祖先世系圖都在這裏。薩茲堡的建築物曾經在二
次大戰時毀壞了一半，但這個城的富足已經修復一切，使人看不
到痕跡。薩茲堡原來是鹽的集散地，現在卻只靠旅遊賺錢。我們
曾經沿山邊搭電梯上去找到一間賭場，本來帶着旅遊客的心情想
進去賭兩手碰碰運氣，哪知卻因衣冠不整不能入場。仕女都要盛
裝打扮才能去這樣的場合。

　　德奧兩國的關係最爲密切，奧國貨幣雖然用先令，但德國的
馬克在這裏一樣通用，語言也相通。但德國的朋友卻告訴我，彼
此的傳統仍有很大的差異。他們說奧國人好戰，希特勒即是在奧
國發源的，以後星火燎原，才蔓延到德國。由薩茲堡搭火車，我
們又回返到海德堡，剛好走了一個三百六十度的大圓圈。

七、海德堡

在海德堡我有好幾個朋友，下午抵埠，立刻打電話給哈都，要他來接我們。他正在惦掛着，怎麼我們一去就杳如黃鶴，沒有了消息。其實我沒事不喜歡打長途電話，既然是按預定的日程歸來，就不另外通知了。哈都是一位怪傑，我認識他總有二十年了。一九七四年他在京都組織了一次大會，讓歐亞頂尖的知識分子齊集一堂交流討論有關自然的問題，以後有日文的論文集出版，由名哲學家西谷啓治主其事。現在他仍主持文化交流研究所，但卻缺乏經費，而且又離了婚。我們本來可以住在他那裏，但我們要待一個禮拜，不想一直煩擾他，我們自己也喜歡多得一點自由，所以寧可另覓自己的住所。他的秘書代我們在舊城中心的大外衣街找到一家衞瑟旅館，一間雙人房，洗澡間廁所在外面，只要八十馬兒一晚，還供應早餐。大哲學家高德美也把他的客人安置在那裏，可見情況不壞，眞令我們喜出望外。在海德堡待一個禮拜，時相過從的還有馬丁與嘉布莉亞蘭夫婦，是哈都和我共同熟識的朋友。馬丁是海德堡大學藝術史的教授，嘉布莉亞蘭有漢學的碩士學位，現在瑪堡大學兼課教古漢語。去年在慕尼黑開會，會後我曾到他們大金湖畔景色秀麗的森林祖屋渡過了愉快的一宵。我的這幾位德國朋友十分熱情，不拘禮數，一見面就要大談哲學文化問題，意見不合，甚至辯得面紅耳赤，卻不傷彼此間的和氣。德國的知識分子有深厚的文化根底，與美國人的浮淺實用的性格大異其趣，我們之間有說不完的話題可以討論。

　　海德堡是個美麗的古城，也是文化薈萃之地，我們一方面在
市內自行遊覽，另一方面也用它做基點，到附近的名勝古蹟去觀
光。海德堡大學的建築物就散列在我們住所的附近，大學教堂隸
屬基督教，不像天主教堂那樣隨時可以讓人參觀，做禮拜時才開
門。後來我們才知道兩種教堂建築方式的一個主要差異是，天主
教因為注重儀式，所以禮壇的規模宏大，基督教只佈道，講壇需
要的空間小，裝飾布置也就愈來愈沒有那麼講究了。大學圖書館
內經常有展覽，用舊式德文草書體印刷有繪畫插圖的古書很可以
一看，海德堡最常用的建材由當地出產呈暗紅色，這構成了她的
特殊的色調。由舊城可以步行過橋，到市的另一邊，沿着蜿蜒小
徑攀緣而上，可以到哲學家之路，也可以說是詩人之路，因為附
近有寫「上帝之隱退」的名句的詩哲荷德林的紀念碑。路只一丈
寬，不准行車，依山傍河，綠蔭覆蓋，走一段就有眺望點，可以
看到對岸古堡，以及舊城的景緻，我們走哲學家之路那一天剛好
遇到雨，在雨中走了兩個小時，極盡浪漫之能事。舊城有博物館
音樂廳，在維也納因為買不到票，看不成歌劇，那知卻在海德堡
看了一場《茶花女》，可以說是意外的收穫。

　　我們曾經上古堡去參觀，海德堡的王公多是酒囊飯袋，沒有
政績可言。堡內有一個特製的酒桶，有兩層樓那麼高，要不是親
眼目睹，很難想像世上真有「酒池」一類的情事。堡內有酒管一
直通到小教堂，有需要的話，連行儀式的時間都可以吮酒為樂。
有一位王公的造像腰大十圍，想來是十分寫實的了。友人告訴我
南德的人喜歡喝酒，很隨和，不像北德的人那麼舉止僵硬，像電影
裏演的那麼樣。導遊講歷史，海德堡的腓德烈娶了英國的伊利莎

白，生了幾個兒女，後來因為古堡繼承權的問題，打了三十年戰爭。

我們買的歐洲派司特別留下一天作萊茵河之遊。一早出發坐快車到柯布蘭茨，回程逆流而上，坐船到坪根，轉搭火車回海德堡，都不需要另外付錢。中午十二點半登舟，晚上六點下船。一路上看兩岸的風景、古堡、市鎮，品鑑建築風格，簡直是目不暇給。船上正好遇到一群香港大學生作畢業旅行，談笑頗不寂寞。我們多數時候都留在甲板上，只午餐時下去用膳，由玻璃窗看出去，河水洶湧而來，反倒感覺目奪神搖。中間經過著名的妖女岩，據說以前舟子沉迷於妖女的歌聲而葬身洪流之內。船上播放這首有名的歌曲，大家曼聲相和，但機器輪船行舟，水流雖較前湍急，並沒有險峻的感覺，想像將來在長江三峽行舟，大概也會變成這樣。由此使我有了一個感想，中國人所謂「人傑地靈」要四個字一口氣讀下去才對，正因為人傑，所以才地靈，要不是海涅的詩譜成歌曲，這頑岩只是河岸一邊的山景，更因為科技的發達而對人失去了威脅力，神話時代留下的情操又怎能永繼呢？在海德堡，友人帶着我們到一個座落手套鎮的小館去吃德國餐，外觀並沒什麼特別，當年韋伯就常在這裏用膳，現在一眼看去也多像是與大學有關的知識分子，不乏碩學鴻儒在此地高談濶論。這一餐吃得特別香，餐館後院的花樹顯得特別清雅，也必定是人傑地靈原則所產生的特效罷！

哈都曾經特別抽出一天來，驅車帶我們作精神之旅。洛許是一個小地方，可以找到遺跡，是查理曼聚會諸侯之地。渦姆斯因馬丁·路德而聞名於世，那裏有一間天主教建造起來贈送給基督

教的教堂。但更特別的是我們去看了猶太人的聚會所，這是當年
大師拉昔寫他的經文釋義的地方。外人入內也要戴上小帽表示崇
敬的意思。邊上的危樓下有深井，沿着古舊的樓梯下去，涼氣襲
人，頭腦卻趨清醒，這是猶太人極爲神聖的一個地方。還有一個
神聖的地點是猶太的墓園，由最早極爲簡陋的墳墓到後世頗爲舖
張的佳城，前後時間超過一千年之久，奇怪的是納粹居然沒有破
壞這一切。在一些聖者墓前還留了記號祈福許願，這是長久以來
留下的習慣。我們最喜歡古老單純的那種寧靜肅穆的氣氛。哈都
雖然是天主教徒，卻說他眞是希望此地乃是他異日埋骨之所。他
又帶我們去看史派耶的大教堂。除了門口有後世王公加上的巴縷
刻的雕像有點不倫不類之外，現在負責監修的藝術家卻能夠體會
古之遺意，倣古而不留痕跡，可謂難能可貴。裏面一進又一進，
教堂原來是羅馬人依古代遺下的建築改造的，後來天主教又再加
以改造。建築規模宏偉，色調單純，雍容大方，絕不需要後世的
誇張的浮飾，卻更能表達一種更深刻的宗教的感情，委實令我們
嘆爲觀止。

　　哈都認爲歐洲是一個特殊經驗，不同於亞洲，但猶太教、基
督教、回教則分享了共同的歷史，二十世紀的兩大貢獻是科技與
神學。他與歐洲著名的哲學家馬賽爾、海德格、高達美都有密切
的關係。他覺得現在人越來越不了解西方本有的傳統，他在致力
給予它正確的解釋。原始猶太教的身心決非隔離的，後來諾斯替
的異端興起才劃分靈肉，造成巨大的威脅，護教派雖殲滅了這一
異端，遺留的毒素卻扭曲了日後西方的思想。哈都這種看法十分
特別，我以前從來沒由這個角度去看歐洲思想史。他又認爲歐洲

的經驗決不可以無條件地普遍化推廣到其他地區。他主張平等尊重東方如印度教、佛教、儒家、道家的思想。源出歐洲傳統的現代西方式的科技、經濟的效果我們都不真正了解，不加批判地跟着走，肆無忌憚地破壞自然環境、人文傳統，不旋踵就會讓世界走上毀滅之路。所以他的志趣是集合世界各地的精英，跳出已有的模型，互相討論交流，增加了解，謀求因應之道。但他的想法雖然有它深刻的地方，卻與常規的學院派所習慣的那一套格格不入，以致變成一個獨行俠。雖然他創辦了一個所，也建立了一個通訊網，卻有着難以開展的苦惱，而這也是一件無可奈何的事！

　　七月三日海德堡大學漢學系的主任兼文學院長華格納請我去作一次有關當代新儒家的演講，炎暑居然有幾十人來聽講，馬丁說是很難得的了。華格納說系圖書館有我的《中國哲學與現代化》一書，卻被人借出去了，可見有人對我的東西有興趣。我仍由先秦、宋明講到當代，學生似乎可以領會，講完以後他們猛敲桌板，表示贊許的意思。後來有幾位年輕的先生留下來繼續討論，德國的學者中文程度很好，學力紮實，思想縝密，有的更有哲學訓練，提的問題比較深刻。哈都也來捧場，但他和另外幾位學者覺得把中文翻譯成英文，用「理性」一類的詞語很容易滋生誤解。我承認這是一個問題，但文化交流必經過「格義」的階段，這是沒法避免的事，日久才能產生比較深入的了解，只不過我們需要作更大的努力增加彼此的了解罷了！他們是對現有的漢學界之墨守，表示強烈的不滿。

　　我們後來又到嘉布莉亞蘭處喝茶吃點心，繼續我們的討論。她提出一個問題我覺得有更深的意趣。她很同意我提出的理念，

但追問如何具體落實的問題。大家都感覺到現代人的精神失墜，聽其墮落下去，有不知伊於胡底之勢。他們兩夫婦與一般的西方人完全不同，馬丁是天主教徒，她是基督徒，兩個人都雅愛東方文化，結褵之後，他們花許多時間精力在家庭上面，三個男孩子，小的還沒有上學，老大十多歲，教得彬彬有禮，肯幫忙做家務，眞不知他們怎麼教的，令我們自愧不如。

傳統宗教除了一個理念之外，還有教會團體與儀規典禮加以具體落實，現在卻漸漸失去了吸引力，需要尋求新的象徵符號，使得精神的要求有適當的出路。我坦承當代新儒家到現在爲止還沒有很好的答案。幾年前在新加坡的一次會議中，余英時兄提出「遊魂」的觀念，正是碰到同一個問題。當代新儒家重新建立了超越的理念，但新外王雖已指出「曲通」的必要，卻還難以具體落實。也正因此，當代新儒家迄今爲止還只是一個限制在學院範圍以內的思想運動。然而至少現在問題已經提了出來，東西方的知識分子都要殫盡心力，奮勉以求，爲未來探索一條可能的出路。

八、華府與普林斯頓

七月七日由法蘭克福搭飛機直飛華府。這次歐遊正像安雲所說的，像劉姥姥逛大觀園一樣，眞正是大開眼界。我們在華府待一個禮拜，住安雲的妹妹家，把節奏放慢下來，休養生息，免得累病了；同時也正好把由歐洲吸收的經驗趁機會消化一下。

華府是舊遊之地，而且天氣酷熱，不必去做觀光客，連週末都寧可待在家裏，不要開幾個鐘頭車去參觀門羅的莊園。美國的

特色是洋房汽車，空間寬敞。兩百年的歷史還沒多久，雖然由於開國元老的卓識建立了良好的基礎，走上了民主富強的道路，如今更因為蘇聯解體，成為世界第一強國，但制度上已經出現了破綻，經濟不景氣，都市犯罪率高漲，傳統價值瀕臨崩潰，簡直觸處都是問題。在歐洲成天在外面跑，同時因為語言不通，根本不看電視。在美國正好碰到大選年，傳媒在大作秀，報章雜誌有許多分析的文章，正好利用這個空檔補課。民主黨大會克林頓與高爾連票，營造出一種年輕有活力的氣氛，佩洛特像一顆彗星，很快竄升，也很快沉沒，只有美國才可能出現這樣的現象。共和黨暫時還沒有什麼舉動，只有布希在苦着臉勉強撐持，負隅頑抗。

躲在郊區，休息夠了，這才坐地鐵進城去參觀博物館。我已不記得華府的地鐵是這個樣子，素樸的石塊鐵條，有點超現實的味道，也自有其特色。我們看博普藝術展覽，始終得不到多大感應。畢加索的畫，初看好像不太容易接受，的確是藝術。但安迪·華荷的瑪麗蓮·夢露的招貼女郎就難說了。更何況一排排金寶罐頭湯的複製畫！還有巨幅的油畫佔滿一塊牆壁，就只塗上一種顏色，另外什麼都沒有，這不像皇帝的新衣麼？我們特別去看了藝術館裏的中國瓷器，雖然多是清瓷，質素之高，只怕舉世無雙，特別是一些單色的瓷碟，素雅絕倫，為什麼我們的祖先有這樣高級的品味和技巧，現在竟然一路倒退，好一點的瓷器常常是出自日本製造，理由究竟安在呢？

離開華府前夕，我才找了老友柯雄文，天主教美國大學哲學系的資深教授。他是菲律賓華僑，在柏克萊得博士學位，本來是研究西方倫理學的，後來才對中國哲學發生興趣。現在他已用英

文著了王陽明與荀子兩本書，後者由賴顯邦譯爲中文在台北黎明出版。他的思考縝密，析理精緻，能夠由一個新的視野擷發中國哲學的義蘊，表達的方式則比較容易爲西方人所接受。八九年夏他應邀參加在夏威夷舉行的東西哲學家會議，論文被選出版，我們很需要更多像他這樣的人才。

離開華府，安雲與我分道揚鑣，她急着去看孩子。我們兩個兒子都在洛杉磯，老大剛得到社會心理學的博士學位，老二在唸戲劇碩士。我則要先去普林斯頓與芝加哥，然後與他們在洛杉磯會合。以前我在中西部執教，不常來東部。到了新澤西州也沒去普林斯頓盤桓。這次因爲余英時兄和我都是中央研究院新成立的文哲所的諮議委員，有一些事要談，所以我們約好，英時兄由台北開完院士會議回來以後在普林斯頓一敍。普大的校園風景秀麗，進來就有一個大湖，據說是一位富豪爲他的子女建造的。我住在鎮內的納塞酒店，只要過一條街就可以走到校園。這裏有許多建築是倣歐建造的，也有幾間教堂，可沒歐洲的可觀了。

英時兄約我爲中國學社作了一次演講，我報告了東歐的觀感，聽衆裏包括有劉賓雁、蘇曉康、陳奎德、蘇煒等二十多位學者。在討論時我提出了兩個問題：中國的情況與蘇聯、東歐究竟有些什麼不同，使得現在的政權還能夠繼續存在下去？在這樣的情形之下，海外的民運分子究竟能夠做些什麼？要有怎樣的心理準備來面對當前的困局？大家多認爲中國大陸，特別是沿海地區，其實已經有了根本的變化；開放的趨勢不容逆轉，中央的權力相對減弱，老人過去以後，終必會產生巨大的變局。但盼望現在的政權在短時間以內垮台，卻是不切實際的幻想。大家同意，在這樣的

情形之下，惟有苦撐待變，努力加深自己的學殖以寄望於未來。民陣不久就要選舉，我在巴黎時也略爲了解到一些實際情況。我們外人自然很希望民陣內部能夠超越派系的鬥爭，講道理，辨是非，健全體制，理清賬目，講求個人品德，以免授人以柄，拖累整個團體蒙受不好的污名。好在中國學社不是政治組織，毋須捲入現實政治的漩渦，但大家更應本着中國知識分子的立場作深切的反省，才能不辜負普林斯頓這樣美好的環境。

我在普林斯頓三天，到最後一晚在英時兄處，才有機會單獨晤談，並討論了一些學術的問題。英時兄出身新亞，師承錢穆先生，我讀台大，受教於方東美先生，又受到父執牟宗三先生深刻的影響。我們一個攻歷史，一個攻哲學，所受的訓練十分不同，而共同的興趣在思想史。我們雖受惠於師長的教誨，繼承了他們許多睿識，但並不株守於上一代的想法。我在五月底台北的朱熹會議提出論文討論理學的名義、分系與影響問題，裏面有相當篇幅討論到英時兄反智論的說法，我事先把原稿寄了一份給他討教。我們能夠坦承地交換意見，互相攻錯，超出門戶的陋見，或許可以樹立一種新的典範罷！

九、芝加哥與洛杉磯

我是應芝加哥的社會心理研究中心之邀去訪問一週的。中心的負責人是華裔學者李湛忞，他對當代流行的社會心理的理論瞭如指掌，而銳意創新。中心向洛克菲勒等基金會申請經費，得到一些博士及研究的名額，同時不斷開工作會議，邀請了像查理士•

泰勒那樣的名家，針對時代尖端的一些問題，不拘形跡地互相攻錯，以收集思廣益之效。有了研究成果，可以在機關雜誌《公共事務》上刊出，他們也出了相當有分量的論文集。他的妻子查建英女士是一位作家，也是他的得力助手。他們去年曾到中大來訪問，商討與我們合作，今年底在香港開一個有關文化批判的國際會議。我趁這次旅行之便，特別到芝加哥停留一個星期作觀察員，嘗試了解他們的運作方式，以利於雙方在未來探索進一步合作的可能性。七月十八、十九兩天正好是他們有關市民社會的工作會議，我有機會親身參與他們的例行學術活動。

芝加哥對我來說並不是那麼陌生，我在南伊大教了十多年書，每隔一段時間就會到芝加哥來開會。但自八十一年移居香港之後就沒回來過，記憶已經變得模糊了。中心在運河邊上的伊利諾中心大廈之中有一個套間，可以在裏面開小型的工作會議。我們則住在芝加哥大學附近的一座公寓大廈，高層可以眺望密西根湖的景緻。在空閒時，我們還可以到湖邊去散步。這個湖其實是個內海，看起來無邊無際。市政府在近年花了大錢，整治污染的湖水，現在已經可以下去游泳，白天有救生員在值班。

這次工作會議只有十多人參加，但背景各殊，分別來自美國、英國、俄羅斯、以色列、印度、香港、台灣與中國大陸。會議用美國學者克雷格・卡爾弘的《哈柏瑪斯》一書的導論作為基礎展開有關公開領域的討論。我先看了相關的背景資料，聽了兩天，大概了解到其中的來龍去脈之後才參與發言。我同意李歐梵的說法：要往中國古代去找市民社會，可以說是根本做錯了題目。杜維明曾撰文討論這個問題，他說中國過去一直有公的傳統，在精

神上與西方崇尚理性的傳統有相通之處，這是不錯的。但西方講市民社會有一定的內容，在中國找不到同樣的東西。西方的傳統是政教分離，到城市興起，市民階級的力量促成現代民主誕生，這樣的事情既根本沒有在中國歷史上發生過，當然不可以互相比附。但大陸迄今爲止雖然沒有看到市民社會形成的跡象，難道就絕對不可以走上民主的道路嗎？我們看到，差額選舉的實施已經發生了一定的作用。香港的情況不同，它有市民社會，但沒有國家，情況十分特殊。只有台灣近年經濟商業發達，政治控制放鬆，才有接近於市民社會一類的問題，值得學者作進一步探索和研究。而大陸目前最重要的是如何現代化的問題，西方過度工業化商品化社會所產生的一些時髦觀念根本用不上去，要到台灣才能看到一些所謂後現代的徵象。他們覺得我的發言線索很清楚，很高興我第一次參加開會就能進入情況，用一些中國的實際情況舉證，檢驗一些抽象的理論和觀念，收到了交流的實效。

我住宿舍，與台灣清華大學的廖炳惠共用一個客廳。他帶我去逛芝大附近的西書店，有好多新書，但只有一家中文書報社，簡直沒有什麼東西。芝加哥大學的漢學近年來留不住人才，日趨下游，只剩下余國藩一人在撐持大局，令人慨嘆！廖炳惠沉靜寡言，但努力吸收新的東西。過了幾天，比他更年輕的清華同事陳光興也住進來。他正好趕上聽兩位俄國學者的報告，馬上爭先發言，嚴厲批評他們套用流行的西方觀念分析俄國的公開領域之不當，一時造成一種緊張的空氣。陳光興的背囊中有最新式的微型電腦、電視，又不停地打電話，現在新一代的台灣出來的學者的確與以前完全不一樣。參加芝加哥工作會議的學者有好多位在年

底也會來中大開會，屆時免不了會有一番熱鬧。

　　由芝加哥到洛杉磯，我在加大洛杉磯分校的聯絡人是李歐梵教授。但他不喜歡洛杉磯的環境，住屋昂貴，開車緊張，下年要轉到哈佛去。他以前曾在芝加哥大學執教，與中心有密切的關係，籌備年底的會議他也扮演了一個重要的角色。將來他打算經常抽出時間到香港科技大學來做訪問。多年前他曾經在中大崇基書院教過書，一向對香港有良好的印象，現在香港在三邊交流會扮演一個重要的角色，所以格外感到興趣，而香港文壇當然很歡迎他這樣的生力軍來加入。

　　在洛杉磯短短幾天，主要是和家人相聚。大兒子豁夫剛由加大得到學位，即將到佛羅里達州去做博士後研究。他論文有關樣板的問題，這是當前社會心理學的一個熱門題目。他的理論架構既不偏於羅許一派的過分重視構造上的相似性而墮入決定論的危險，也不偏於墨丁一派的過分強調理論的作用以至漫無歸止。他在認知理論上另覓蹊徑，找到兩方面互補的結構，執兩用中，才利於範疇之形成。他用這個架構去研究樣板問題，做經驗研究，積累了大量統計資料來證驗他的假設。他的指導思想恰與中國哲學之主客渾融的睿識相合。小兒子杰夫則在加大專攻戲劇，他的抱負是要編導演出足以表達華裔美人的心聲的戲劇。他認為現代知識之過分專門會使人喪失統觀，而理論不可以與實踐分家，一方面不能完全接受白人的價值，另一方面又不能放棄有普遍性的價值標準，他很贊成我的想法——必須在絕對主義與相對主義之外另覓第三條路。兩個孩子都在中學畢業之後就出外去留學，在家時從來沒有和我談論哲學的機會。他們自己獨立去探索自己的

道路，結果思想的指導原則卻和我的若合符節，這使我感到莫大的安慰。

十、尾 聲

七月底返港，八月初立刻參加杜祖貽教授主持的有關知識的移植與轉化的研討會。台灣有許多學者來參加，由剛從大陸回來的中央研究院院長吳大猷教授帶隊。這個暑假我出外兜了一大圈，現在回到了原點，重新印證了自己的想法。外來的東西是不可能一成不變地照搬的，我們必須由自己的傳統出發去吸收外來的知識。事實上每一個傳統各有所長各有所短，成就決不是平等的。一個傳統要有未來，就必須不斷自我擴大，由這個觀點看，中國的現代化是有其必要的。但西方式的民主與科學又各有它的限制，難怪由現代到後現代，要受到嚴厲的批判。然而後現代又有相對主義的傾向，不可肓從。故此我們既要重視分殊，也要重視通貫的共識，否則就有墮入多元分立矛盾鬥爭的局面的危險，今日南斯拉夫的亂局正是一個活生生的例子。未來的人類既必須活在同一個地球村，就得努力學習怎樣和平共處，同心協力來解決大家共同面臨的難題。傳統各異不一定妨礙彼此間的交流與共識，中國傳統的睿識，「一多相即」、「理一而分殊」正是極有價值的資源，如能給予全新的解釋，可以用來為未來尋覓到一條可能的出路。

（原刊於《信報月刊》總一八六、一八七、一八八、
一八九期，一九九二、九、十、十一、十二）

附　錄

十八、五年來的學思

　　回敘我的學思過程長文發表，距今不覺已經五年。有問我這五年（一九八六—一九九〇）來做了些什麼？我仍然鍥而不舍，做我對於傳統的闡發、解構以及改造的工作，中間也有一些轉折，可以略加報導一下。

　　一九八六年初，我由香港中文大學休假，到新加坡東亞哲學研究所去做半年研究工作。原來打算專做《周易》，那知在飛機上點讀大陸出版《黃宗羲全集》第一冊，是有關他的哲學思想的部分，不覺思如湧泉。抵埠以後，乃參考其他相關文獻，下筆撰述《黃宗羲心學的定位》一書，幾乎可以說是一氣呵成，寫得相當順利。梨洲是我國著名的思想史家，研究宋明儒學的人沒有人不讀他著錄的《明儒學案》、《宋元學案》，但他本人的哲學觀念，對於心的了解如何？卻是一向講得糊里糊塗，缺乏確解。我的這部著作可以說是填補了這一個空隙，同時對於前輩學者錢穆先生、牟宗三先生的一些看法，提出了不同的見解。此書已於八六年尾在允晨出版。

　　在新加坡，我讀了不少有關《周易》的資料。我一向對於《周易》有濃厚的興趣。一九七四年我在一篇討論中國人的思維方式

的英文論文之中❶，首先提出了一種想法。我認爲《周易》之中可以找到四種不同的符示，表示了四個不同的思想層面：即神秘符示、自然符示、宇宙符示、與道德形上符示，它們之間找不到實質的統一性，但卻可以找到功能的統一性。然而我一直騰不出時間來做有關《周易》的考據以及有關象數方面的研究，所以無法對這一論題作進一步的發揮。恰好近年來大陸興起了一股《周易》熱，出土的文物不斷增加，對於所謂的數字卦有了新的理解。我在新加坡讀了這方面的文獻，把第一個層面做了出來，撰〈由發展的觀點看《周易》思想的神秘符示層面〉一文，已在新加坡東亞哲學研究所單行發表。同時我也搜集了一些有關象數的資料，並形成了一些自己的觀點，後來把第二個層面也做了出來，撰〈《周易》思想的「理性／自然」符示〉一文。八八年四月臺灣清華大學邀請我去作洪建全講座，我就講《周易》，這篇文章以後在《清華學報》刊出（新十八卷第二期）。由於對於《周易》有了較深刻以及全面的了解，我乃回頭研究朱子的易說，並撰〈由朱子易說檢討其思想之特質、影響與局限〉一文，在八七年尾赴廈門參加國際朱子學會議時宣讀。八二年我出版的《朱子哲學思想的發展與完成》一書，並沒有專章講朱子的易說，顯然是一個缺憾，但當時既沒有把握寫這個題目，乃不敢隨便動筆，現在才算是補上了這一個缺口。本來由新加坡返港，就應該把這一部有

---

❶ Shu-hsien Liu, "The Use of Analogy in Traditional Chinese Philosophy" Journal of Chinese Philosophy, Vol. I, Nos, 3/4 (June — Sept., 1974), 313-338.

關《周易》的專著完成。宇宙論、道德／形上學、功能統一觀，這些都是我一向熟悉的東西，撰寫起來不會有太大的困難。那知這幾年大陸與海外突然興起了一股文化熱，我也參與到一連串的文化論爭之中，於是把《周易》研究暫時擱置了下來，不想一擱就是三、四年過去了，大概還需要兩三年的時間才能夠完成這一個計劃。

這兩三年間的文章已經在八九年結集出版：《大陸與海外——傳統的反省與轉化》（臺北、允晨）。全書共分三個部分：一、大陸的反思；二、海外的質疑；三、轉化的方向。在第一部分之中，我對大陸當前有活力的一些思想潮流作出了介紹與批評，檢討了湯一介、金觀濤、甘揚、包遵信等學者的觀點。在第二部分之中，我對海外學者如孫隆基、丁肇中、水秉和、殷惠敏等向儒家傳統提出的質疑作出了回應。在第三部分之中，我由新儒家內部對於這個思潮作出了批評的回顧與檢討，並嘗試以現在的觀點重新對人與自然的關係、倫理、教育等問題作出了新的闡釋。可惜的是此書出版在六四以後，未能充分發揮到刺激海內外意見交流的實效。

其實這本書與我前幾年在臺北學生書局出版的兩本書的論旨是完全一脈相承的。八六年出版《文化與哲學的探索》，內容也分三個部分：一、現代中國知識分子的困境；二、比較哲學信息的追尋；三、傳統與現代化問題的探索。八七年則出版《中西哲學論文集》，裏面收進了好幾篇已往未結集的舊文，內容也分三個部分：一、傳統思想的開拓；二、西方思想的追尋；三、系統哲學的探索。本文一開始時提到的回敍我的學思過程的長文，即

收在本書之內作爲附錄。

我組織的兩個國際會議論文集編妥以後也都順利出版了:《儒家倫理研討會論文集》於八七年由新加坡東亞研究所出版,《和諧與爭鬥》的英文論文集則在八八年由香港中文大學出版❷。此外,哲學系與教育學院同人合開一門教育哲學的研究院課程,也出了一本論文集:《哲學、文化與教育》,由教育學院院長杜祖貽教授與我合編,於八八年由中文大學出版。

八〇年代東亞的經濟成就有目共睹,交通、資訊發達,參加國際會議的機會較前遽增。我自己並不那麼熱衷開會,仍然出席了不少會議。但我開會必提夠水準的論文,主題必屬於我自己專業的範圍,或者是我所關心的問題。八六年我去寧波參加國際黃宗羲討論會,八七年則去廈門參加國際朱熹會議,這是八一年我去杭州參加國際宋明理學研討會以後十年間應邀回大陸去參加僅有的兩個學術會議。八七年初我還去新加坡參加了由杜維明組織的討論傳統與工業東亞的國際會議,提英文論文對於當代新儒家思想作出了批評的檢討。又於同年去臺灣參加國際方東美會議,這是爲了紀念先師義不容辭不能不參加的會議,我應邀作了有關東美師的文化哲學的報告,又在年底參加了在臺北舉行的國際孔學會議,提出了改造傳統的內聖外王理念的英文論文。

八八年八月我到英國去開世界哲學會,參加了有關中國哲學

---

❷ Shu-hsien Liu and Robert E, Allinson ed., Harmony and Strife: Contemporary Perspectives East & West (Hong Kong: The Chinese University Press, 1988).

對人的理解的圓桌會議。這是我有生以來第一次去歐洲，已往因
簽證問題從來沒有機會到歐洲去訪問。九月則應邀去漢城參加奧
林匹克前的國際學術會議，提出了以現代方式重新闡釋天人合一
理念的英文論文。八九年二月我又應邀到巴黎參加由六個不同傳
統論世界和平的國際會議，我代表儒家傳統發言，另外的五個傳
統是：基督教、猶太教、回教、印度教與佛教。代表基督教傳統
發言的是著名的德國天主教神學家孔漢思（ Hans Küng ），他的
思想中有很濃厚的人文主義的信息，與我之間有很好的交流。他
主編的學報《 Concillium 》曾於八六年二月世界宗教專號約我以
英文撰稿，他們將之譯為德文、荷文、法文、意文以及西班牙文
同時發表。大半生沒去過歐洲，如今半年間竟然連去兩次，世事
之難料在此。八九年暑停開了二十年的東西哲學家會議復會，世
界許多知名的哲學家聚集在夏威夷開會，我應邀在全體大會宣讀
英文論文：〈理一分殊的現代闡述〉。我在文中以現代的觀點批
評傳統，試圖指出中國文化創造的轉化的方向，同時以傳統批評
現代以及後現代的哲學觀念，對於當代西方流行的一些極端的相
對主義的思潮有所彈正。今年七月在中文大學舉行的「中國知識
分子：理想與行止」的國際會議，我也以英文宣講，對於儒家的
理想與實踐的疑思有批評的反省與回應。

在平時，我忙於行政與教學的工作，除了擔任哲學系務之外，
我被教務會的同人選為教務籌劃委員會的委員，去年又被選入中
大校董會。教學方面除了教本科的基礎課程西方哲學史之外，每
年我都在研究院開一門中國哲學的課程。我們哲學系的主修生總
共有八十多位，教員則有十多位，所以我們能夠在高班開設一些

課程讓同學們自由選修。但哲學系得肩擔起全校通識教育的重任，竟有一半的人力用在通識教育的服務之上。我們又有指導研究生的負荷，每年有十多位碩士研究生，以及少數幾位專攻中國哲學與比較哲學的博士研究生。今年湊巧有三位博士生結業，分別的專長是宋明儒學、政治社會哲學與中國美學，相信將來他們都會爲學術文化作出積極的貢獻。我們的校外委員白脫勒大學文理學院院長余英華教授曾寫信給中大，稱讚我們是遠東最好的哲學系之一，這是過譽。但同人確各有專長，站在自己的崗位上努力做教學和研究的工作，並不時以知識分子的身分針對時代問題發言，總算是盡到了自己的責任。八八年十月由我們系組織開的一次「分析哲學與科學哲學研討會」，海峽兩岸都有學者來參加，最難得是八十高齡的洪謙教授也來與會。論文集已於八九年作爲《新亞學術集刊》第九期出版，其時適當新亞書院四十週年院慶。以新亞新儒學人文主義的背景，居然可以出《分析哲學與科學哲學論文集》，這不能不說是新亞傳統的增富與擴大。明年三月我們將再接再厲，開「分析哲學與語言哲學研討會」。同時我們也正在積極參與對於中國民族性格以及思想方式的研究工作。

　　往未來看，我首先要完成的是我對《周易》的研究計畫。然後我要以英文寫一本有關當代新儒家的專著，並編一本資料書與之相輔而行。這個計畫是由好友傅偉勳敦促，與 Greenwood Press 達成協議，已經簽約要在五年之內將初稿完成。我本來無意做這一件工作，但自己的思想沒有發展完全成熟，還不能着手寫自己的系統哲學；同時英文裏面也的確缺少這方面夠份量的論著，乃同意挑起這一付擔子。對自己來說，竟好像是在作一次精

神的回顧，希望能夠多積蓄一些資源，然後再重新出發，向未來
作開創的工作。

　　那知就在這時，大陸傳來消息：許多別的學術文化工作雖然
在六四之後受到頓挫，對於現代新儒家的研究卻有方興未艾之勢。
原因可能是當代新儒家思想拒絕全盤西化的說法，對於傳統與現
代化的問題作爲深切的反省，對於他們可以有參考的價值。第一
步計畫確定以十位學者爲研究的重心：熊十力、梁漱溟、張君勱
（第一代），馮友蘭、賀麟、錢穆、方東美（第二代），唐君毅、
牟宗三、徐復觀（第三代）。最近又把這個計畫進一步擴大，在
第一代之內增加了馬一浮，同時爲了說明新儒家在海外還有進一
步的發展，又增添了三人：余英時、杜維明、劉述先（第四代），
要出一套十四本書的叢書❸。這樣選當代新儒家，顯然是採取一
個十分寬鬆的觀點。而我的思想雖未發展完成，但大陸既然願意
選編一本三、四十萬字的文錄讓讀者可以接觸到我的思想，這當
然是一個可以歡迎的計畫。

　　香港九七將屆，前途有許多不確定的因素。表面看來，這是
一個不利於哲學工作者的時機。但在另一方面，也有許多新的契
機開出。譬如在臺灣，中央研究院突然決定成立文哲研究所，有
三十六個研究人員名額，我受聘爲文哲研究所籌備諮詢委員會的
委員，大家初步同意哲學方面的名額應不少於五分之二。中央研

---

❸　「現代新儒學輯要叢書」第一輯，包括牟、唐、方、杜、余、劉等六
　　冊，已於一九九二年五月由北京廣播電視出版社出版。現又加上成中
　　英，總共是十五冊。

究院能夠成立文哲研究所，這是已往不能夠想像的事情，不能不說是一個重大的突破。在這個時代，現代西方更有人宣告哲學的終結，哲學還有前途嗎？但「知其不可而為」，這是《論語》記載下來當時人對於孔子的寫照，它也正是我們現代人能夠繼承之於孔子的鍥而不捨的精神之所在。

儒家思想一向為西方學者所批評，認為它相信人的可完善性，對於人生採取了一種過分樂觀的態度。我最近對於這種說法有所彈正。今年六月在洛杉磯舉行的國際孔孟思想與中國文化前途研討會議，我以英文宣讀論文，重新檢討孔子對鬼神、祭祀與天道的態度。我特別對於孔子的天命觀進行了反思。為什麼孔子要到五十才能夠「知天命」呢？顯然他不只是知的宋儒所謂的「理命」，即《中庸》所謂「天命之謂性」的天命，他也在同時體悟到宋儒所謂的「氣命」的重要性，也即人在實然世界之中所遭逢到的不可控制、不可了解的命運，它的來源依然在天——那個神秘的超越的令人敬畏的創造的根源。人在年輕時以為無事不可為，臨老乃知道個體生命的有限性，有德者不必有位，人只能在自己時代、環境、具體生命的重重限制之下發揮出一點點創造的力量。中國的「天」是屬於一種「內在的超越」的型態，故此真正要了解儒家的睿識，就要同時悟到天人的合一（內在）以及天人的差距（超越）的意義。人要到五十多歲才能夠真正看到自己氣質的缺陷與有限性，以及理想與實踐、言與行之間有多麼大的距離。這一層意思我也曾經在幾次儒耶對談的國際會議中加以強調。我現在才慢慢在一個實存的體驗的層面上了解到，過去我曾經說了太多自己做不到的話，做了太多自己不該做的事，而不可以事事設詞為

自己辯護。人的確一方面有仁心與創造性的種子，另一方面又必須面對內外在嚴重的限制而不可空談光景，這大體顯示了現階段我對於道理的體悟。

（原刊於《國文天地》六卷六期，一九九〇、十一）

國立中央圖書館出版品預行編目資料

理想與現實的糾結／劉述先著 . --初版 .--臺北市：臺灣
　學生，民82
　　面；　　公分 .--（文化哲學叢刊；7）
　ISBN 957-15-0552-8（精裝）.--ISBN 957-15
-0553-6（平裝）

　1.文化—論文，講詞等

541.207　　　　　　　　　　　　　　　　82005507

理想與現實的糾結（全一冊）

著　作　者：劉　　　述　　　先
出　版　者：臺　灣　學　生　書　局
本書局登
記證字號：行政院新聞局局版臺業字第一一〇〇號
發　行　人：丁　　　文　　　治
發　行　所：臺　灣　學　生　書　局
　　　　　　臺北市和平東路一段一九八號
　　　　　　郵政劃撥帳號 0 0 0 2 4 6 6 8
　　　　　　電　話：3 6 3 4 1 5 6
　　　　　　FAX：(0 2) 3 6 3 6 3 3 4
印　刷　所：常　新　印　刷　有　限　公　司
　　　　　　地　址：板橋市翠華街 8 巷 13 號
　　　　　　電　話：9524219・9531688
香港總經銷：藝　文　圖　書　公　司
　　　　　　地址：九龍偉業街99號連順大厦五字
　　　　　　樓及七字樓　電話：7959595

定價　精裝新台幣三八〇元
　　　平裝新台幣三二〇元

中華民國八十二年八月初版

19108　　版權所有・翻印必究

ISBN 957-15-0552-8（精裝）
ISBN 957-15-0553-6（平裝）

臺灣 學生書局 出版
文化哲學叢刊